Alan Roxburgh / Fred Romanuk
MISSIONALE LEITERSCHAFT

W0233755

Alan Roxburgh / Fred Romanuk

Missionale Leiterschaft

*Gemeinde bauen in
einer sich verändernden Welt*

Edition Emergent im
Verlag der Francke-Buchhandlung GmbH

Herausgegeben von
Tobias Faix, Thomas Weißenborn & Peter Aschoff

Die Edition Emergent beschäftigt sich mit den Herausforderungen,
die durch das Zusammenkommen von Kultur und Evangelium im
Kontext von Kirchen und Gemeinden entstehen. Im Zentrum steht dabei
die Frage, wie die christliche Botschaft in der aktuellen Wirklichkeit
unserer Gesellschaft verkündigt und gelebt werden kann.

Bibliografische Information Der Deutschen Bibliothek
Die Deutsche Bibliothek verzeichnet diese Publikation in der Deutschen
Nationalbibliografie; detaillierte bibliografische Daten sind im Internet
über http://dnb.ddb.de abrufbar.

ISBN 978-3-86827-245-1
Originaltitel: The Missional Leader.
Equipping your Church to Reach a Changing World
© 2006 by Alan J. Roxburgh und Fred Romanuk
Published by Jossey-Bass. A Wiley Imprint. 989 Market Street,
San Francisco, CA, 94103-1741
All Rights Reserved. This translation published under license.
Deutsch von Mareike Künkler
© 2011 by Verlag der Francke-Buchhandlung GmbH
35037 Marburg an der Lahn
Umschlagbild: © iStockphoto.com / Maciej Noskowski
Covergestaltung: Verlag der Francke-Buchhandlung GmbH / Sven Gerhardt
Satz: Verlag der Francke-Buchhandlung GmbH
Druck: Bercker Graphischer Betrieb, Kevelaer

www.francke-buch.de

Inhaltsverzeichnis

Vorwort der Herausgeber der Edition Emergent

Im angelsächsischen Sprachraum gehören Alan Roxburgh und Fred Romanuk mit ihrem „Missional Network" seit Jahren zu den führenden Gemeindeexperten. Sie beraten Gemeinden unterschiedlicher Denominationen und erstellen praktische Hilfestellungen, wie diese angesichts der rasanten sozialen und kulturellen Veränderungen geistlich gesund wachsen und zugleich in der Gesellschaft vor Ort verwurzelt sein können. Neben diesen Beratertätigkeiten reisen die beiden weltweit, um ihre Expertise auf Kongressen, Tagungen und in Netzwerken weiterzugeben sowie selbst wieder neue Impulse zu sammeln. In diesem Zusammenhang haben wir Alan Roxburgh in Erlangen und Marburg kennengelernt, wo er als Hauptredner zum Thema Veränderungsprozesse in Gemeinden gesprochen hat. Besonders gefiel uns dabei, dass Alan Roxburgh eine hohe Wertschätzung gegenüber Gemeinden und ihren Traditionen hat und trotzdem nötige Veränderungsprozesse anspricht. Diese Erfahrungen hat er nun mithilfe des Organisationspsychologen Fred Romanuk, der seit 25 Jahren Wirtschaftsunternehmen in Amerika, Europa und Asien strategisch berät, gebündelt und in diesem Buch auf das Thema Leiterschaft fokussiert.

Roxburgh und Romanuk sehen in den momentanen gesellschaftlichen und kirchlichen Veränderungsprozessen eine besondere Herausforderung für die Leitungsebene. Um sich in einer sich wandelnden Welt zurechtzufinden, müssen Leiterinnen und Leiter nicht unbedingt härter und mehr arbeiten, sondern brauchen vor allem neue Kompetenzen, die ihnen helfen, die neuen Herausforderungen zu meistern. Dabei geht es Roxburgh und Romanuk nicht um das nächste neue „Leitungsmodell", sondern um die Förderung einer neuen Gemeindekultur, die flexibel auf Veränderungen reagiert, Netzwerke verstärkt, nachhaltige Prozesse einführt und bei alledem den Menschen in den Mittelpunkt stellt.

Die Autoren erreichen in diesem Buch zweierlei: Sie entwerfen

8

zum einen eine hilfreiche Landkarte der Veränderungsprozesse, die Gemeinden typischerweise durchlaufen, wenn sie sich auf die Veränderungen in Kultur und Gesellschaft einlassen. Zum andern erklären sie, welche Rolle Leiterinnen und Leiter dabei spielen, diese Prozesse konstruktiv zu begleiten, und welche neuen praktischen Fertigkeiten sie dazu lernen oder weiterentwickeln können: Authentizität, Konfliktfähigkeit und Mut. Die Geschichten, die sie dabei erzählen, sind erfrischend „normal" und zeigen, dass man aus Gottes Sicht keine Gemeinde abschreiben darf, nur weil sie nicht aus jungen, hippen Leuten besteht oder den jeweils angesagten Trends folgt.

In den großen Diskussionen um ‚emerging church' und die Zukunftsfähigkeit der Gemeinde schreiben Roxburgh und Romanuk einen sehr praktischen Beitrag zu einem zentralen Thema. Ein herausforderndes und wichtiges Buch zur richtigen Zeit.

Tobias Faix, Thomas Weißenborn & Peter Aschoff
Marburg, Sommer 2011

Einführung

„Missionale Gemeinden – was soll man sich darunter vorstellen?"
Obwohl der Begriff „missional" immer häufiger gebraucht wird, ist
oft nicht klar, was damit gemeint ist; diese Frage wird uns also immer
wieder gestellt. Deswegen soll gleich zu Beginn dieses Buches kurz
erläutert werden, was wir darunter verstehen.

Gott hat etwas in und mit der ganzen Schöpfung vor. Gemeinden
gibt es, um dieses Vorhaben zu verwirklichen, und gleichzeitig, um
jetzt schon einen Vorgeschmack darauf zu geben, wohin es mit Gottes Schöpfung geht. So, wie es Gott um dieses Vorhaben – diese Mission – geht, so gibt es auch Gemeinschaften von Christen nicht um
ihrer selbst willen, sondern um dieser Mission willen. Entsprechend
kann nicht die Rede sein von Mission als Projekt oder Arbeitsbereich
von bestimmten Leuten in der Gemeinde, wie z.B. in *Missionseinsatz*
oder *Missionswerk*. Die Gemeinde selbst besteht von Grund auf aus
Gottes Missionaren. Das ist es, was wir mit *missional* meinen. Wir
versuchen mit diesem Begriff, dieses unterschiedliche Verständnis
kenntlich zu machen: *Mission* bezeichnet nicht ein bestimmtes Ar-
beitsfeld innerhalb der Gemeindearbeit, Mission ist keine einmalige
Veranstaltung, bei Mission geht es noch nicht einmal darum, Missionare auszusenden. Eine missionale Gemeinde ist eine Gemeinschaft
von Christen, die den Menschen außerhalb der Gemeinde Gottes
Wesen spiegelt.

Teil 1

Der Kontext und die Herausforderung missionalen Leitens

1. Sechs zentrale Aspekte
für das missionale Leiten

Bei einer Tagung über neue Formen der Jugendarbeit in San Diego führte Alan einen Workshop durch, an dem mehrere Hundert Leiter aus den unterschiedlichsten Gemeinden teilnahmen. Aber egal ob aus experimentellen oder traditionsreichen, etablierten Gemeinden, bei allen lautete die immer wiederkehrende Frage: „Wie sollen wir diese missionalen Gemeinden denn gestalten und leiten, von denen du ständig sprichst? Wie bauen wir missionale Gemeinde, ohne die Gemeinden, in denen wir arbeiten, zugrunde zu richten bzw. ohne gefeuert zu werden?"

Wir schreiben dieses Buch, weil wir glauben, dass Leiterschaft in missionalen Gemeinschaften neu gedacht werden muss. Bei unseren Begegnungen mit Pastorenteams und Gemeindevorständen gewinnen wir immer wieder den Eindruck, dass diese mit Programmen und Konzepten arbeiten, die bei den entscheidenden Fragen über die Gestaltung missionaler Gemeinschaften im Reich Gottes nicht besonders hilfreich oder überhaupt passend sind, insbesondere, da wir in einer Zeit von rasanter und radikaler Veränderung leben.

Will man missionale Leiterschaft für unsere Zeit neu denken und konzipieren, müssen aus unserer Sicht sechs zentrale Aspekte berücksichtigt werden.

Erster Aspekt: Missionales Leiten ist das A und O.
Die Frage bleibt – wie sieht das praktisch aus?
Während es jede Menge nützliche theologische und biblische Beiträge gibt, die sich dem Aufbau missionaler Gemeinden und Gemeinschaften widmen, fehlen das praktische Gespür bzw. die konkrete Hilfestellung für das Leiten solcher Gemeinschaften.

Auf einem Treffen mit dem Leiter eines großen Gemeindeverbands unterhielt Alan sich mit ihm darüber, wie nötig Veränderung für Gemeinden ist. Dieser Leiter hatte das Buch „Missionale Gemeinde: Eine Vision vom Auftrag der Gemeinde in Nordamerika" (Missional Church: A Vision for the Sending of the Church in North America) gelesen und meinte nun zu Alan: „Ich bin begeistert von der missionalen Theologie und ich stimme dem zu, was ihr sagt. Die Auseinandersetzung mit kulturellen Fragen, wie Gemeinde und Theologie eingeschätzt werden, all das halte ich für hervorragend. Die Frage ist nur, was fange ich mit den neuen Erkenntnissen an? Wenn mich Pastoren um Hilfe bitten, bezweifle ich, dass sie mit irgendwelchen 5-Schritte-Plänen wirklich weiterkommen. Aber auch mit diesem Buch nicht, dafür ist es einfach zu theoretisch. Vermutlich würden es die meisten Pastoren sogar lesen und trotzdem letztlich keine Ahnung haben, was sie damit anfangen sollen, selbst wenn sie es verstehen. In der Regel kommen die Pastoren zu mir und brauchen Hilfe in anderen Bereichen oder bei anderen Problemen. Dann kann ich ihnen sofort diverse Bücher oder Konzepte an die Hand geben, mit denen sie weiterarbeiten können. Aber mit diesem missionalen Diskurs ist das etwas anderes, es ist eben nicht mehr als das – ein Diskurs. Darin gibt es nichts, was uns bei der tatsächlichen, alltäglichen Arbeit in unseren Gemeinden helfen könnte."

Etwas ganz Ähnliches erlebte Alan beim Abschluss eines Kongresses für Leiter aus der Emergent-Bewegung. Hier sprach ihn ein junger Pastor an, der in einer experimentellen Gemeinde im mittleren Westen arbeitete: „Al, was du über Gemeinden und unsere Kultur zu sagen hast, ist völlig richtig. Du hast da vieles in Worte gefasst, was ich vorher schon irgendwie geahnt hatte; ich fühle mich wirklich angesprochen und angeregt. Ich frage mich nur, wie und wo ich lernen kann, ein solcher Leiter zu werden!"

Darauf hatte Alan keine Antwort. Leiter sind zwar hochmotiviert, sich am missionalen/emergenten Diskurs zu beteiligen, aber sie sind ratlos, wie sich dieser Diskurs auf ihr Leiten in der Gemeinden auswirken kann.

Zweiter Aspekt: In den meisten Modellen sind alte Paradigmen lediglich neu verpackt

Aufgrund der hohen Nachfrage gibt es inzwischen jede Menge Bücher, die missionales Vokabular – auch im Titel – verwenden. Leider werden damit häufig lediglich die vertrauten Begriffe wie Gemeindewachstum oder Gemeindeeffektivität umetikettiert. Mit anderen Worten: Die Autoren dieser Bücher haben sich gar nicht damit auseinandergesetzt, welch grundlegenden Wandel ein missionales Paradigma erfordert; sie bieten lediglich ein paar gute Methoden an, mit denen die alten Ideen effektiver umgesetzt werden können. Die verwendeten Leitungsmodelle kommen aus der Psychologie (Beraterin, Therapeut), der Medizin (Arzt, Heilpraktikerin), der Wirtschaft (Werbefachfrau, Trainer, Managerin) und aus dem Bildungskontext (Lehrer). In zahlreichen Gemeinden gelten diese Modelle als die einzig praktikablen. Ein Verantwortlicher aus einem Gemeindeverband berichtete uns von einem drastischen, aber realen Beispiel: Die etwa 150 Mitglieder einer Gemeinde beschrieben ihm, wie sie sich ihren neuen Pastor vorstellten, dessen Stelle sie gerade ausgeschrieben hatten. Dieser Pastor sollte nicht irgendetwas verändern wollen. Vielmehr stellten sie sich ihre Gemeinde wie ein Krankenhaus vor, in dem sich der Pastor um alle Belange kümmern sollte und – metaphorisch gesprochen – bei Bedarf die Verbände wechseln würde. Diese Vorstellung bringt ein medizinisches Pastorenmodell zum Ausdruck, das an Palliativpflege erinnert. Das mag extrem erscheinen, deutet aber darauf hin, dass die Konzepte, die wir unserer Kultur entleihen, unser Verständnis von Gemeinde genauso bestimmen wie die Erwartungen, die wir an unsere Leiter herantragen. Der Verantwortliche räumte ein, dass dies zwar ein krasses Beispiel für die Pastorensuche sei, dass es aber dem recht nahe käme, was sich viele tatsächlich wünschen.

In einem anderen Fall erkundigte sich eine Gemeinde bei uns, wie sie ihre Pastorin loswerden könne. Sie habe einfach nicht die gewünschten Leiterqualitäten (Effektivität, Durchsetzungsvermögen), mit denen sie geschäftstüchtig Gemeindeangelegenheiten verändern könne. Die Stellenbeschreibung der Gemeinde sah einen unternehmerischen Pastor vor, der Dinge in Gang bringen würde – also eindeutig ein an der Wirtschaftswelt orientiertes Pastorenmodell. Beide Beispiele verdeutlichen, dass unsere gängigen Gemeindeleitungsmodelle nicht dafür geeignet sind, um missionale Gemeinden zu gestalten. Sie mögen in ihrem ursprünglichen Kontext – in der Medizin, der Wirtschaftswelt oder in der Seelsorge – angemessen sein; wenn Gemeinden diese Modelle aber einfach übernehmen und auf die Gemeinschaft von Christen anwenden, kann Leitung nicht im biblischen Sinne ein Umfeld kultivieren, das die missionale Gestaltungskraft mitten unter Christen inspiriert und auslöst. Was aber meinen wir, wenn wir von „Umfeld" sprechen? Wir gebrauchen dieses Wort auf ganz ähnliche Weise, wenn wir davon sprechen, dass wir für unsere Kinder ein Umfeld wollen, in dem diese gut gedeihen können. Anders gesagt, welche Fähigkeiten, Eigenschaften und Gewohnheiten wünschen wir uns für unsere Kinder, damit diese sich bestens entwickeln können? Wenn z.B. von der Wasserqualität eines Sees die Rede ist, können wir die Bestandteile des Wassers beschreiben, die notwendig sind, damit Fischbestand gedeiht; wir können außerdem dafür sorgen, dass wir als Menschen nichts in den See leiten, was die gute Wasserqualität gefährden würde, sodass man sorglos davon trinken und darin schwimmen kann. Genauso wenig, wie wir unsere Kinder zu dem *machen* können, was sie letztlich werden, können wir auch sauberes Wasser kaum *machen*. In beiden Fällen können wir jedoch – mal als Eltern, mal als verantwortungsbewusste Menschen – den Kontext beeinflussen, damit sich unsere Kinder bzw. die Wasserqualität optimal entwickeln können.

Ganz ähnlich geht es beim missionalen Leiten darum, ein Umfeld zu gestalten, in dem sich Christen gemäß ihrer Berufung entfalten können.

Dritter Aspekt: Radikale Veränderung ist der neue Maßstab
Bei einer Konferenz mit dem Leitungsteam eines Gemeindeverbands beschrieb eine Teilnehmerin, dass sich die Dynamik ihrer Gemeinde so unbeständig anfühle, als veränderten sich die Dinge immerzu.

Kaum habe sie halbwegs den Überblick gewonnen, sei im nächsten Augenblick alles wieder ganz anders. Ein Mitarbeiter ergänzte: „Die Art und Weise, wie Veränderung vonstatten geht, hat sich selbst grundlegend verändert; aber ich blicke einfach nicht durch, was es mit dem Konzept der radikalen Veränderung auf sich hat. Inwiefern unterscheidet diese sich denn von beständiger Veränderung?" Nach einer Weile sah ein dritter Mitarbeiter in die Runde und sagte: „Es ist doch so, dass radikale Veränderung inzwischen beständig, also der Normalfall ist. Und das Problem ist, dass wir überhaupt nicht ausgebildet wurden, um mit dieser Welt umzugehen." Zustimmendes Nicken – die Welt hat sich verändert!

Bei einer dreitägigen Konferenz, bei der es um einige kniffige Fragen rund um die Umstrukturierung eines größeren Gemeindeverbands ging, erlebten wir mit dessen Leiter ganz Ähnliches. Wir stellten den etwa 30 Teilnehmern der Konferenz einen umfangreichen Bericht vor, der (basierend auf ca. 100 detaillierten Interviews) von den wesentlichen Fragen handelt, mit denen Gemeinden und ihre Leiter sich auseinandersetzen müssen. Der Verbandsleiter sah sich den Bericht an und seufzte: „Ganz ehrlich, ich bin all diese Fragen über den Wandel und die Veränderung leid; es kostet einfach zu viel Kraft, mich damit auseinanderzusetzen!" Doch kurz darauf meinte er lächelnd: „Mir ist aber schon klar, dass dieser Bericht unsere Lage gut wiedergibt und dass auch ich mich mit diesem neuen Wandel befassen muss!"

Kaum ein Buch und kaum eine Tagung zum Thema Leiten kommen heute ohne den Verweis darauf aus, dass unsere Kultur massive Veränderungsprozesse durchmacht und zwar auf jeder Ebene. Und mit ihr befinden wir selbst uns in einer unberechenbaren Phase radikalen Wandels. Veränderung hat es natürlich immer schon gegeben, gar keine Frage. Im Folgenden sollen zwei Arten von Veränderung genauer in den Blick genommen werden: beständige und radikale Veränderung. Doch wie unterscheiden sich beide voneinander?

Beständige Veränderung bezeichnet die stetige Veränderung dessen, was war und ist; wir rechnen mit dieser Veränderung, können sie zum Teil vorhersehen und werden entsprechend meist ganz gut mit ihr fertig. Bei der Entwicklung von Kindern ist das ganz ähnlich. Wir sind ja nicht die Ersten, die Kinder aufwachsen sehen: Seit Menschengedenken erziehen Erwachsene Kinder und sehen, wie diese selbst erwachsen werden. Wir haben deswegen eine Ahnung von den Phasen, die unsere Kinder durchlaufen, schon bevor es so weit ist; wir können uns entsprechend darauf einstellen und die Veränderungen in gewisser Weise mitgestalten. Wir schöpfen dabei aus einem riesigen Erfahrungsschatz und unsere Beobachtungen und Erlebnisse stimmen oft mit denen anderer Menschen überein. Vor diesem Hintergrund kann man hier von Veränderung als Wachstum oder Entfaltung sprechen: Etwas Bestehendes verändert sich. Auch mit dieser Veränderung muss mittels geeigneter Kompetenzen umgegangen werden, nicht umsonst müssen Kinder erzogen werden; die Veränderung selbst geschieht jedoch in vorhersagbarer und selten überraschender Weise.

Radikale Veränderung hingegen geschieht unvermittelt und kann bedrohlich wirken. Unsere bislang hilfreichen Kompetenzen greifen hier überhaupt nicht mehr.

Die gewaltigen politischen Umbrüche, die Europa und sicher auf ganz besondere Weise das bis dato geteilte Deutschland ab 1989 erlebt hat, stehen beispielhaft für das, was wir unter radikaler Veränderung verstehen. Buchstäblich von einem Augenblick zum anderen ändert sich der Bezugsrahmen für Millionen von Menschen. Ein Bauwerk wie die Berliner Mauer, die an Gefängnismauern erinnert und für viele zur Todesfalle wurde, wird über Nacht zu einem Ort des Feierns und Staunens. Was richtig ist, was falsch, was erlaubt, was verboten – diese Fragen sind auf einmal nicht mehr eindeutig zu beantworten. Von der Frage nach der Normalität ganz zu schweigen.

Im Film „Goodbye Lenin" steht die Verwirrung über die massiven Veränderungen vor allem der kranken Mutter ins Gesicht geschrieben; aufgrund ihrer angeschlagenen Gesundheit verheimlichen ihre Kinder ihr als Anhängerin der Sozialistischen Partei die Geschehnisse um den 9. November 1989. Als sie ein halbes Jahr nach dem Mauerfall selbständig durch die Straßen Berlins läuft und Augenzeugin der ungeheuren Veränderungen wird (DDR-Möbel werden entsorgt,

Westprodukte beworben, Westdeutsche ziehen wie selbstverständlich in die alten Plattenbauten), fehlt ihr der passende Verständnisrahmen, um all das angemessen einordnen zu können. Sie bleibt ratlos zurück.

Wenn wir von radikaler Veränderung sprechen, dann gilt, dass

- es keine Lösung gibt, wenn man lediglich härter und länger arbeitet, als man es gewohnt ist.
- eine unberechenbare Situation neue Kompetenzen erfordert.
- dies keine kurzzeitige Ausnahmesituation ist, in der wir die Zähne zusammenbeißen müssen, um wieder den Normalzustand zu erreichen. Diesen gibt es gar nicht mehr.

Historisch betrachtet hat es radikale Veränderung immer dann gegeben, wenn eine Gesellschaft einen grundlegenden Wandel erfahren hat, hinter den sie nie wieder zurückkonnte. Wenn wir zum Beispiel von Israels Exodus lesen, dann sehen wir eine lose Gruppe ehemaliger Sklaven, die sich für alle Zeiten zu einem neuen Volk gewandelt haben. Die Erfindung des Buchdrucks im 15. Jahrhundert hat in der westlichen Welt den Anstoß für die Moderne gegeben und so die pluralistische, individualistische Kultur ermöglicht, in der wir heute leben. Kaum waren Bibeln und Bücher für viele Menschen erschwinglich geworden, hatte dies enorme Folgen für die europäische Kultur. Beispiele gibt es in Hülle und Fülle: von der Reformation zur Entwicklung neuer Medien wie Computer oder Internet. Wenn man sich ihre Wirkung genau ansieht, versteht man schnell, was es mit den Folgen radikaler Veränderung auf sich hat.

Veränderung, die so radikal ist, dass das Neue mit dem Alten kaum mehr etwas zu tun zu haben scheint, unterscheidet sich grundlegend von Veränderung, die in erster Linie auf Entwicklung aus bereits Bestehendem basiert – alle Veränderungen geschehen hier immer noch im gewohnten Paradigma. Wenn eine Gemeinde den Gottesdienstraum renoviert, wenn sich eine Lobpreisband ein neues Schlagzeug anschafft, wenn ein Buch über missionales Leiten altbekannte Vorstellungen von verbindlicher Mitgliedschaft vermittelt, anstatt tief gehende Fragen nach Zugehörigkeit zu stellen, dann haben wir es mit Veränderung zu tun, die innerhalb des Bestehenden, des sichtbaren Bestands geschieht. Die zugrunde liegenden Fragen jedoch, die nur schwer zu formulieren sind, weil wir es nicht gewohnt sind, sie zu stellen, werden von Veränderungen dieser Art gar nicht berührt. Mit dieser Art von Veränderung umzugehen ist genau das, was Leiter und Pastoren innerhalb der Gemeindesysteme und in den Ausbildungsstätten lernen. Entsprechend gibt es in Gemeinden und Verbänden eine bestimmte Vorstellung davon, was ihre Pastoren und Leiter können müssen – das, was in der Vergangenheit gut funktioniert hat. Diese Kompetenzen können dann an bestimmten Ausbildungsstätten erworben werden, um die Leiter für alles auszurüsten, was da kommen mag.

In Nordamerika war es über weite Teile des 20. Jahrhunderts so, dass Gemeinden fest in der Kultur verankert waren, sie gehörten ganz einfach grundlegend zum Glauben und Wertesystem der meisten Menschen dazu. Eine Gemeinde zu besuchen war also die Regel und nicht die Ausnahme; entsprechend gestaltete sich Leiterschaft primär um die Frage, wie sich die Menschen effektiv ansprechen ließen, die zur Gemeinde kamen. Zugespitzt formuliert bedeutete Leiten also, Zweigstellen des Gemeindeverbands erfolgreich zu führen und so zu gestalten, dass diese die zu erwartenden Erlebnisse und Veranstaltungen stetig im Angebot haben. Je besser man es schaffte, eine solche Gemeinde zu leiten, umso mehr Prestige und Einfluss konnte man als Leiter einheimsen.

Nun, diese Zeiten sind größtenteils vorbei. Das Verhältnis zwischen Gemeinde und Kultur hat sich ebenso verändert wie die Kultur selbst. Der Grad an Komplexität, die diese Veränderungen für Leitende mit sich bringen, ist viel höher als der, den wir aus beschaulicheren Zeiten kennen. Deswegen ist es kein Wunder, wenn Leiter feststellen, dass sie mit den üblichen Ideen und ihren bislang erfolgreichen Kompetenzen nicht mehr weiterkommen. Was also ist zu tun, wenn man dieses feststellt? Wenn man merkt, dass es nicht mehr funktioniert, Gemeinden auf die Menschen auszurichten, die diese besuchen und Teil von ihr werden, einfach, weil immer weniger

Menschen Interesse an Gemeindeveranstaltungen und Kirchenge-
bäuden haben?

Vierter Aspekt: Gemeinden sind immer noch relevant
Immer wieder heißt es, Gemeinden seien derart ausgelaugt und kraft-
los, dass sie es nicht schafften, sich in diesem neuen Kontext missional zu orientieren. Wir behaupten hingegen, dass Gemeinden für
missionales Leben zentral sein können.

Dabei sind wir uns der Schwierigkeiten durchaus bewusst. Viele
Gemeinden erleben beispielsweise einen heftigen Mitgliederrück-
gang. Für viele ist die Gemeinde lediglich ein Zufluchtsort in einer
kalten, ruhelosen Welt, wo man sich nach eigenem Gutdünken reli-
giöse Serviceleistungen abholen kann. Die Gemeinde ist aber auch
ein Ort, an dem es vor Christen nur so wimmelt. Außerdem sucht
Gott sich oft die widrigsten Umstände aus, um Zukunft zu gestalten.
Mit Blick auf die Auferstehung erkennen wir, dass Gott oft dort am
Werk ist, wo wir es am wenigsten vermuten – dort, wo wir in erster
Linie Leblosigkeit oder Schwäche sehen. Wenn wir davon ausgehen,
dass Gottes Geist in den Gemeinden lebt – und zwar nicht in den
Gemeinden, wie sie sein sollten, sondern in den Gemeinden, wie sie
sind! –, dann müssen wir einsehen, dass Gottes Geist auch in unseren
Gemeinden lebt und an der Arbeit ist. Deswegen sind Gemeinden
relevant. Gleichzeitig brauchen wir dort Leiter, die dazu imstande
sind, ein Umfeld zu kultivieren, in dem sich die von Gottes Geist
geprägte Zukunft entwickeln kann.

**Fünfter Aspekt: Leiter brauchen neue Eigenschaften *und* neue
Strukturen**
Als ein älterer Vertreter eines Gemeindeverbands gebeten wird, sich
mit einigen Pastoren aus dem Verband zu treffen, spürt er sofort Ner-
vosität und einen inneren Widerstand, sagt aber dennoch zu. Diese
Pastoren wollen mit ihm darüber sprechen, wie sich ihre Gemeinden
missional ausrichten könnten. Mit verschränkten Armen und Beinen
hört er sich schweigend an, was diese Frauen und Männer ihm zu

sagen haben. Ihm, der sein Leben lang diesem Gemeindeverband gedient, Jahr für Jahr alles gegeben hat und dabei auch ordentlich hat einstecken müssen. Natürlich kennt er die Zahlen: Der einst so erfolgreiche Verband verliert seit geraumer Zeit stetig Mitglieder, was sich entsprechend auch auf die Finanzen sowie auf die Mitarbeiter auswirkt, die immer mehr Verantwortung schultern und Aufgaben erledigen müssen. Ihm ist schon klar, dass es so nicht weitergehen kann. Als er endlich an der Reihe ist, vermitteln seine Worte den Eindruck eines unsicheren und provozierten Mannes. In seinen Ohren klingt die missionale Bewegung vor allem nach Kritik: Zählt all das, wofür er sich jahrzehntelang eingesetzt hat, nicht mehr? Ist seine gesamte Erfahrung als Leiter einer großen Organisation auf einmal nicht mehr zeitgemäß? Dabei denkt er ja nicht mal nur an sich, sondern ebenso an seine Kollegen, deren Arbeit und Leitung er ebenso der Kritik ausgesetzt sieht.

Dieser Leiter hat gleichzeitig recht und unrecht. Wie auch seine Kollegen arbeitet er vorbildlich, leitet professionell und umsichtig. Die Qualifikationen und Fertigkeiten der Leiter im 20. Jahrhundert waren größtenteils genau die richtigen für die jeweiligen Kontexte. Wir haben daran gar nichts auszusetzen. Was wir jedoch betonen wollen, ist, dass die Welt – der Kontext, in dem wir leben – sich verändert hat. In dieser Welt, geprägt von radikaler Veränderung, müssen unsere Annahmen und Grundsätze in Bezug auf Leitung neu gewichtet und bewertet werden. Das ist nicht gleichbedeutend damit, die bisherigen Leiter samt deren Leitungsstil zu verurteilen oder abzulehnen, dieses Vorgehen nimmt aber den grundlegend veränderten Kontext ernst, in dem wir leben und arbeiten müssen. Genau dies müssen alle Missionare lernen, die aus ihrer vertrauten, heimatlichen Umgebung in eine neue Kultur eintauchen und sich eine ganze Reihe geläufiger Verhaltensweisen abgewöhnen – und neue lernen – müssen, um in ihrem neuen Kontext sinnvoll und effektiv arbeiten zu können. In unserer heutigen Welt sind wir gleichermaßen dazu aufgerufen, neue Kompetenzen zu erwerben, um unsere Gemeinden erfolgreich missional gestalten zu können.

Dabei sollten wir nicht aus den Augen verlieren, dass wir alle in dieser Situation stecken und umdenken lernen müssen. Deswegen ist es völlig unsinnig, die bisherigen Leistungen derer zu verurteilen oder abzutun, die uns mit großer Integrität, Leidenschaft und Talent geleitet haben. Wir alle – altgediente Leiter ebenso wie frischgebackene Pastoren – müssen gemeinsam eine neue Art der Leiterschaft entwickeln. Das heißt weder, dass die klassische Ausbildung von Leitern verkehrt war, noch, dass diese in einer Zeit radikaler Veränderung als ausreichend oder angemessen zu bewerten ist. Ähnlich erginge es uns, wenn wir uns auf ein Fußballspiel einstellen und vorbereiten und auf einmal spielen alle um uns herum Hockey – mit dem anderen Spiel gehen eben auch andere Regeln einher. In dieser Situation müssen neue Leitungskompetenzen entwickelt und kultiviert werden. Neben den herkömmlichen Fähigkeiten, die Pastoren für ihren Dienst brauchen, müssen diese ebenso lernen, ein Umfeld für missionalen Wandel zu bereiten.

Ein 5-köpfiges Pastorenteam einer großen Gemeinde hatte immer wieder damit zu kämpfen, den eigenen Erwartungen gerecht zu werden und denen, die die Gemeindemitglieder an sie herantrugen. Sie hatten zwar ein gutes Verständnis von missionaler Ekklesiologie und hatten diverse Bücher über missionale Gemeinde gelesen, aber sie hatten gleichzeitig große Schwierigkeiten damit, die unterschiedlichen Erwartungen an sie als Leitende unter einen Hut zu bekommen. Um diese Situation besser zu verstehen, listeten sie die Stichpunkte auf, die für sie zu zwei ganz unterschiedlichen Paradigmen gehörten. Das eine war für sie als Leitende gültig, das andere für ihre Gemeindemitglieder (vgl. Tabelle 1.1). Dabei meinen wir nicht, dass diese Liste sämtliche Erwartungen und Rollenverständnisse korrekt abdeckt; sie kann dennoch hilfreich sein, um zu verstehen, wie es Leitern in unseren Gemeinden aktuell ergeht.

Tabelle 1.1 *Modelle des Leitens*

Pastoral	*Missional*
Damit ein Treffen oder Arbeitskreis wirklich bedeutsam ist, muss die Pastorin oder der Pastor dabei sein.	Hauptamtliche Mitarbeiter sind als Berater und Mentoren tätig und schaffen einen Kontext, in dem die Treffen der Mitglieder auch ohne Leiter funktionieren und relevant sind.
Pastoren sind für die Menschen da und unterstützen sie persönlich, auch wenn andere Menschen in der Gemeinde eigentlich besser dafür geeignet wären. Es zählt einfach mehr, wenn man Aufmerksamkeit von Hauptamtlichen bekommt.	Leitende gestalten die Gemeinschaft so, dass das allgemeine Priestertum aller Gläubigen gelebt wird.
Das, worin die Menschen ihre Bedürfnisse sehen, ist ausschlaggebend für die Frage, wofür wir unsere Kraft, Zeit und Aufmerksamkeit einsetzen.	
Pastoren kennen die Lösung.	Leitende werfen Fragen auf, die Kreativität, Gaben und den Einfallsreichtum in der Gemeinde fördern, sodass über Probleme und deren Lösungen facettenreich gesprochen werden kann.
Predigten sind so angelegt, dass man aus ihnen Antworten erfährt und weiß, was richtig und was falsch ist. Sie sind didaktisch wertvoll und bestätigen das, was wir bereits wissen. Sie geben uns wichtige Prinzipien an die Hand.	Predigten laden Menschen ein, sich mit der Bibel als lebendiges Wort zu befassen. In dieser Begegnung setzen wir uns gemeinsam mit Themen auseinander und erleben so etwas ganz Besonderes. Predigten beinhalten Metaphern, Erzählungen und werfen viele (neue) Fragen auf.
„Professionelle Christen"	Was wir üblicherweise von Pastoren erwarten, bleibt wichtig, ist aber nicht alles.
Die Pastorin oder der Pastor ist etwas ganz Besonderes, wie eine Berühmtheit.	
Pastoren lösen Streit und Konflikte schnell auf und sorgen für Harmonie und Eintracht.	Leiter unterdrücken Spannungen nicht, sondern machen sie fruchtbar.

Pastoren beflügeln ihre Gemeinden immer wieder mit dem Gedanken, eine FC-Bayern-München-Gemeinde zu sein, stets auf Erfolg getrimmt und mit den meisten Fans.	Leiter nehmen Bezug auf den lokalen Kontext und fördern die Kompetenz, sich über die Entwicklung der Gemeinde unvoreingenommen Gedanken zu machen.
Leiter wissen, wie man Herausforderungen so meistert, dass am Ende alles wieder so ist wie früher.	Leitende kultivieren die schöpferische Vorstellungskraft in der Gemeinde.
Leiter fungieren als Manager von einer Reihe von Veranstaltungen und Programmen, die im Gemeindehaus stattfinden. Diese Aktivitäten sind zentral für das Gemeindeleben und werden von sämtlichen Mitgliedern getragen. Auch wenn Verantwortung delegiert ist – bei großen Fragen und Problemen helfen Pastoren stets weiter.	Leiter kreieren ein Umfeld, in dem die missionale Vorstellungskraft aller Mitglieder gefördert wird und in diversen missionalen Diensten und Teams zum Tragen kommt. Diese sind dazu da, in der Nachbarschaft, der Stadt, dem Land und auf der ganzen Welt das Evangelium Jesu Christi auszubreiten.

Das pastorale Modell in der Tabelle dieses Pastorenteams steht für das Rollenverständnis, das Gemeindeleitern zugeschrieben wird und das viele auch selbst haben. Die Grundannahme lautet, dass Menschen in eine Gemeinde kommen, um geistliche Serviceleistungen in Anspruch zu nehmen bzw. religiöse Waren zu erhalten. Pastoren spielen in diesem Modell eine priesterliche Rolle, sie sind dazu da, um sich mit den spirituellen Bedürfnissen der Menschen zu befassen und diese zu erfüllen. In diesem Modell zeigt sich die für Gemeindemitglieder und auch für Pastoren nach wie vor gültige Vorstellung von einem guten Gemeindeleiter. Ein Leiter nach diesem pastoralen Modell verfügt über genau die Kompetenzen und Eigenschaften, die in der Ausbildung der meisten Pastoren eine zentrale Rolle spielen; es sind die seelsorgerlichen Eigenschaften, die für einen Großteil der Gemeindemitglieder die wichtigsten sind, wenn sie an ihren Leiter, ihre Leiterin denken. Das Pastorenteam, das diese Tabelle erstellt hat, meint jedoch, dass diese Kompetenzen nicht ausreichen: Will man sich mit dem stetig verändernden Kontext einer Gemeinde auseinandersetzen, genügt es nicht, sich um Menschen kümmern zu können, die in die Gemeinde kommen. Deswegen haben sie das missionale

Modell (auch in Tabelle 1.1) entwickelt; dieses drückt für sie das sich abzeichnende Leitungsparadigma aus, welches sie gern in ihrer Gemeinde entwickeln würden. In diesem Modell wird berücksichtigt, dass Menschen heutzutage vielfältige Möglichkeiten haben, ihr geistliches Leben zu gestalten. Eine Gemeinde muss demnach ein Ort werden, an dem sich die Mitglieder wie kulturübergreifende Missionare verstehen lernen. Das ist natürlich ein ganz anderes Selbstverständnis als Gemeinde, die wie eine Verteilerstelle religiöser Dienstleistungen funktioniert. Beim Erstellen dieser Liste stellt sich schnell heraus, dass man dafür eine ganze Reihe neuer Leitungskompetenzen benötigt.

Man kann an dieser Stelle eigene Kategorien und Beschreibungen formulieren, diese Modelle sind lediglich ein Beispiel. Fest steht jedoch, dass Leiter in einer Zeit radikaler Veränderung Kompetenzen und Fähigkeiten entwickeln müssen, mit denen sie ihre Gemeinden und Verbände entsprechend dem Kontext nicht pastoral, sondern vielmehr missional ausrichten.

Sechster Aspekt: Eine Gemeinde ist eine einzigartige Organisation

Obwohl eine Gemeinde keine Firma ist und man sie nicht als eine solche „betreiben" kann, greifen die meisten Bücher und Projekte, denen es um missionales Leben in Gemeinden geht, diese Vorstellung auf. Hier tauchen Ideen und Konzepte auf, die eigentlich aus der Wirtschaftswelt stammen; mit den passenden Vokabeln werden diese dann nachträglich „missionalisiert". Im Laufe des 20. Jahrhunderts haben sich die Denominationen in Nordamerika in Anlehnung an die damals erfolgreichen Unternehmensformen entwickelt, sodass sie am Ende ganz ähnlich strukturiert und ausgerichtet waren. Gemeinden sind aber keine Unternehmen und sollten nie als solche geführt werden; Unternehmensplanung und ausgeklügelte Pläne sind nicht die richtigen Mittel, um Gemeinden zu leiten. Gemeinden bestehen aus Menschen, die Gott zu einer einzigartigen Gemeinschaft berufen hat, die nicht um ihrer selbst willen besteht, sondern um zu zeigen und zu bezeugen, was Gott in und für seine Schöpfung tut. Das geschieht bisweilen höchstens bruchstückhaft und kann trotzdem einen Vorgeschmack liefern auf das, was Gottes Zukunft bringt. Die frühen Christen haben für dieses außergewöhnliche gemeinsame Leben einen Begriff gefunden, der mitnichten religiös, sondern vielmehr politisch geprägt war: Ekklesia. Genauso müssen Gemeinden heute neu verstehen, dass sie Gottes Volk sind und damit missional. Diese Berufung bedeutet, die Vision von einer Gemeinschaft im Reich Gottes zu entwickeln und in diese hineinzuleben; das ist natürlich etwas ganz anderes, als Parallelen inhaltlicher oder sprachlicher Art zu säkularen Organisationen zu ziehen.

Das, was viele Gemeinden und deren Leiter heute auszeichnet, hat oft nicht mehr viel mit dem zu tun, wozu sie eigentlich berufen sind. Deswegen müssen wir neue Formen und Strukturen für das Gemeindeleben entwickeln, anstatt unreflektiert Metaphern und Ordnungen aus anderen Bereichen zu übernehmen. Die Aufgabe für Leitende besteht an dieser Stelle darin, Gemeinden darin zu unterstützen,

- zu erkennen, dass Unternehmensplanung und ähnliche Modelle Gemeinden in die Irre führen und sie von ihrer eigentlichen Berufung abbringen können.
- selbst Formen des gemeinsamen Lebens und Dienens zu finden. Gemeinden müssen ein hilfreiches Umfeld werden, um diese Prozesse in Gang zu bringen.
- inmitten aller Ungewissheit und Veränderung aufzublühen.

Damit werden die gewohnten Aufgaben einer Gemeinde und ihrer Leitung nicht gänzlich obsolet, andere Bereiche erfordern aber nun ebenso Aufmerksamkeit. Leiter sind dazu aufgefordert, inmitten massiver Veränderungen die Vorstellung einer missionalen Gemeinschaft Gottes zu entwickeln und zu kultivieren. Dazu soll dieses Buch helfen, indem es entsprechende Kompetenzen des Leitens nicht nur vorstellt, sondern ebenso aufzeigt, inwiefern diese relevant sind und eingebracht werden können.

2. Die Entwicklung der Vorstellungskraft missional Leitender

In einem Gemeindeverband nahm sich ein Vorstandsmitglied seit einem halben Jahr jeden Monat Zeit, um sich mit uns und einer Gruppe von Pastoren zu treffen und die Kompetenzen einzuüben, die relevant sind, wenn man missionale Veränderung bewirken will. Nach einer Weile dachten sie gemeinsam darüber nach, was denn für ihre jeweiligen Gemeinden eine ganz konkrete missionale Herausforderung sein könnte. Das wollten sie am nächsten Tag bei einer Besprechung mit insgesamt etwa 80 ehrenamtlichen Mitarbeitern aus den Gemeinden diskutieren.

Bei einer Kaffeepause sprach ein Pastor einen seiner Ältesten an, der gerade vor dem Gemeindehaus Schnee schippte. Er wollte sich vergewissern, dass dieser auch an der Besprechung teilnehmen würde. Geknickt kam er wieder hinein. „Ach, es ist doch immer das Gleiche hier. Ich wollte nur eben nachfragen, ob Robert morgen auch kommt, aber er meinte, das ganze Zeug interessiere ihn einfach nicht, er wird wohl nicht kommen." Der Pastor war vor allem enttäuscht, weil Robert offensichtlich keine Ausnahme war; die meisten Mitarbeiter kamen nur, wenn sie nichts Besseres vorhatten. Dieses Pausengespräch beschäftigte plötzlich alle, weil die anderen Pastoren diese Situation nur zu gut verstanden und ihren Frust loswerden wollten. Uns, die wir nur zuhörten, wurde immer mehr das Unbehagen bewusst, das die Pastoren fühlten. Die meisten konnten sich gar nicht mehr vorstellen, dass sich irgendetwas in ihren Gemeinden ändern würde! Sie hatten zwar monatelang ihren eigenen Leitungsstil reflektiert und sich mit Aspekten missionalen Leitens auseinandergesetzt, aber die Fragen, ob Gott irgendetwas durch ihr Leiten tun könnte oder würde, sind gar nicht aufgekommen. Und es machte den Anschein, als würde kaum einer wirklich damit rechnen.

Das betrifft nicht nur die Hauptamtlichen, auch die Gemeinden selbst und ihre ehrenamtlichen Mitarbeiter sind zuweilen verdrossen und pessimistisch, wenn es um Veränderungen geht. Ein guter Freund von uns meinte einmal, dass es kaum etwas Wichtigeres in Gemeinden gebe als Hoffnung: Wenn die Hoffnung fehlt, bleibt auch sonst nicht viel übrig. Und das ist in vielen Gemeinden der Fall: Man hat ja kaum etwas unversucht gelassen – man hat neue Konzepte ausprobiert, ist auf große Kongresse gefahren und hat sich an so vielen Stellen umorganisiert. Aber substanzielle Veränderungen hat es nicht gegeben, irgendwie fühlt sich alles noch ziemlich so an wie immer. Natürlich leidet darunter das eigene Selbstvertrauen. Entsprechend werden nicht nur Pastoren, sondern auch ganze Gemeinden mutlos und sprechen vielleicht von Gottes gegenwärtigem Geist, aber ob sie wirklich daran glauben, das steht auf einem anderen Blatt.

Wenn so viele Gemeinden und Pastoren in dieser Lage sind, ist es kaum verwunderlich, wenn Veränderungen im missionalen Gemeindeleben auf sich warten lassen. Woran wir als Leiter bzw. als Gemeinden glauben und womit wir rechnen, ist von größter Bedeutung. Deswegen sollen im Folgenden einige biblische bzw. theologische Erzählungen – gewissermaßen als Wegweiser – zeigen, wie ein christliches Verständnis von Gottes Handeln in der Welt aussehen muss. Anstelle von Leiterschaftsmodellen aus anderen Disziplinen sind diese Wegweiser die Grundlage für das, was wir in diesem Buch vermitteln wollen. Zwar sind diese Modelle und Anregungen nicht nutzlos, will man missionale Leiterschaft neu denken, alle Überlegungen müssen jedoch biblisch und theologisch begründet sein.

Eine biblische Vorstellungskraft kultivieren

Die Erzählungen der Bibel stellen das infrage, was wir über Gott und sein Handeln in der Welt zu wissen meinen. Durch sie werden wir kontinuierlich daran erinnert, dass Leiter wunderbare Dinge erleben können, wenn sie ihre Erwartungshaltung auf Gott ausrichten. Missional Leitende sehen es als ihre Aufgabe an, ein Umfeld zu gestalten, in dem Gemeinde einen Blick dafür gewinnt, was Gott tut und vorhat – und zwar sowohl innerhalb der Gemeinde, vor allem aber auch in der Gesellschaft, in der wir leben. Die Bibel selbst ist voller Erzählungen von hoffnungslosen Menschen und trostlosen Orten, in denen und durch die Gottes kreativer und schöpferischer Geist handelt und dabei die Welt verändert. Hier ist ein Prinzip erkennbar, das nach wie vor gültig ist und überforderte Gemeinden und Leiter entlastet, die immer wieder mit den Wachstumszahlen und Erfolgsgeschichten anderer Gemeinden konfrontiert werden. Dieses Prinzip drückt weder frommes Wunschdenken noch Naivität aus, sondern Gottes Wesen, wie wir es in Jesus sehen. Genau wie die Menschen der biblischen Berichte sind wir dazu eingeladen, dieses Prinzip zu erkennen und uns darauf einzulassen; nur so können wir ein Verständnis davon entwickeln, was Gottes Geist mit uns und den Menschen, die wir leiten, tun will. In den biblischen Erzählungen werden einige Aspekte missionalen Leitens deutlich.

Die Inkarnation

Für missional Leitende ist die Inkarnation Jesu mehr als eine wichtige Lehre, sie ist von zentraler Bedeutung, wenn man verstehen will, was Gott in, mit, durch und mitten unter uns tut. Die Inkarnation weist uns darauf hin, wo Gott zu finden ist: an den Orten, die uns am gottverlassensten erscheinen; in den schmutzigsten Winkeln, den unglücklichsten Menschen und den aussichtslosesten Situationen, da, wo wir ihn am allerwenigsten vermuten. Aus einer Gruppe verlauster Sklaven, die im hinterletzten Winkel der Welt durch die Wüste wandern, entsteht ein Königreich. Wie viele andere unscheinbare Völker wäre auch dieses beinahe Opfer eines Völkermords geworden: Um das wachsende Volk in Schach zu halten, wollten die Ägypter alle Erstgeborenen töten. Später erhörte Gott ihre bitteren Klagen und befreite sie als sein Volk aus der Sklaverei und dem Elend. Das vormals namenlose Nomadenvolk geht als Israel für immer in die Geschichte ein. Jahrhunderte später wird dasselbe Volk in die Gefangenschaft nach Babylon geführt, einen Ort, der wie kein anderer Sinnbild für Gottlosigkeit geworden ist. Die Begegnung mit Gott verändert wieder alles. Zacharias und Elisabeth haben im Alter längst die Hoffnung aufgegeben, Kinder zu bekommen; in diese Situation hinein handelt Gott und verändert alles. In einem abgelegenen Dorf wird ein junges Mädchen, vermutlich gerade in der Pubertät, schwanger mit göttlichem Leben. Immer wieder begegnet Gott seinen Leuten im hellen Licht seines Reichs – und zwar dort, wo es am hoffnungslosesten und dunkelsten erscheint.

Diese biblischen Erzählungen zeigen uns einen Gott, der völlig entgegen unserer Logik unterwegs ist und handelt. Wenn wir ehrlich sind, würden wir doch oft gern die aus unserer Sicht unpassenden Gemeindemitglieder loswerden, um den Laden vollzubekommen mit brauchbaren Leuten. Was man so nicht alles erreichen könnte! Was für eine großartige Organisation man werden könnte! Gott hingegen sucht sich lauter unpassende Leute und will gar keine großartige Organisation. Er lässt sich nicht in ein Schema pressen und tickt nicht annähernd so, wie wir uns das vorstellen. Es ist eins dieser Geheimnisse Gottes, dass er sich solche Leute und Orte aussucht, um sein Reich zu bauen. Hesekiel sah dieses Geheimnis im Bild und musste die Frage beantworten: „Meinst du, diese Gebeine werden wieder lebendig?" Gott selbst gibt – und ist! – die Antwort, in Jesus, der fleischgewordenen Gegenwart Gottes.

Viele Gemeinden und Leiter, denen wir begegnen, füllen irgendwie ihre Rollen aus, aber sie haben kaum noch Erwartungen oder Träume. Nicht wenige haben überhaupt keine Perspektive mehr für ihre bestehenden Gemeinden und können es kaum abwarten, in Rente zu gehen; oder sie gründen neue Gemeinden, um ganz von vorn anfangen zu können. Die biblischen Erzählungen jedoch, die in der Inkarnation ihren Höhepunkt finden, zeigen uns einen Gott, der an genau solchen Orten handelt, die uns zur Verzweiflung bringen. Am deutlichsten wird dies natürlich in der Person Jesu. Wenn man sich darauf einlässt und wenn Pastoren dieses Prinzip in den Gemeinden vermitteln, dann entsteht Hoffnung. Und das ist erst der Anfang – in einer postmodernen Welt, in der viele für Gemeinden gar keinen Platz mehr sehen, kann Gemeinde ein zukunftsträchtiger Ort werden.

Der Geist Gottes ist mitten unter Menschen

Für viele sind Gemeinden heutzutage kaum mehr als kuriose Überbleibsel einer vergangenen Zeit, wo man museumsreife Bräuche
pflegt. Selbst für manche Pastoren! Bei einer Konferenz über die Zukunft der Gemeinde behauptete einer der Redner, wir müssten uns
von unseren Gebäuden und Institutionen verabschieden, im Gegensatz zur „institutionellen" Ausrichtung von Gemeinden läge die Zukunft einzig in einer „organischen" Ausrichtung. Es gab zwar den
einen oder anderen Einspruch, alles in allem war man sich aber einig, dass bestehende Gemeinden kaum Bedeutung hätten für Gottes
Zukunft. Dieser Redner kannte sich mit den biblischen Erzählungen
offensichtlich nicht besonders gut aus. Aus dieser Sicht lassen sich
bestehende Gemeinden nicht einfach abschreiben. Manche Gemeinden sind möglicherweise zu Tode geschrumpft und können nichts
Besseres tun, als ihre Ressourcen abzugeben. Das gilt aber nicht für
die meisten Gemeinden. Diese sind zwar auch nicht die mit den besten und fähigsten Mitarbeitern, im Gegenteil, nicht selten sind Gemeinden von Menschen überschwemmt, die enttäuscht sind und
nicht wissen, was sie im Angesicht von Zerfall, Verlust und einer sich
radikal verändernden Welt tun sollen. Nichtsdestotrotz ist Gottes
Geist unter ihnen, auch mitten in den öden Gemeinden; genau an
diesen Orten kann missionales Leben entstehen. Auch Israel ist nicht
in der Business Class ins gelobte Land geflogen, es hat sie viel Mühe
und Strapazen gekostet; missionalen Wandel gibt es nicht billiger.

Die Zukunft Gottes beginnt mitten unter seinen Leuten

Die Zukunft Gottes beginnt mitten unter seinen Leuten, in den Gemeinden. Was wie eine Selbstverständlichkeit klingt, ist alles andere
als das. In Johannes 20 lesen wir, wie die Jünger Jesu sich aus Angst
vor den Juden eingeschlossen haben; sie befürchteten, genau wie Jesus verhaftet und ermordet zu werden. Diese zusammengewürfelte
Gruppe aus Galiläern, sowohl Männer als auch Frauen, von denen
sich einige gerade fragten, wie es überhaupt passieren konnte, dass sie
zu diesen Leuten gestoßen waren, sie alle waren entsetzt und verstört,

vor allem hatten sie alle Hoffnung verloren. Auf einmal, wie aus dem Nichts, erscheint Jesus im Raum – seine Jünger wissen gar nicht, wie ihnen geschieht, sie sind verwirrt, sie hatten doch die Tür abgeschlossen! Aber da steht er tatsächlich: Jesus. Das ist einfach nicht zu glauben, Jesus ist doch tot! Gut, es gibt die Gerüchte und das, was die Frauen erzählt haben ... Jesus zeigt ihnen seine Hände und die Seite, die sichtbaren – und für Thomas fühlbaren! – Merkmale, dass er wirklich der ist, der vor wenigen Tagen am Kreuz gestorben war. „Schalom!" Jesus durchbricht die sprachlose Fassungslosigkeit der Jünger. Auf den ersten Blick erscheint es, als wolle Jesus die Jünger damit beruhigen und ihre Angst besänftigen. Wenn wir uns den Rest des Textes jedoch genauer ansehen, dann wird deutlich, dass der Autor dieses Evangeliums, Johannes, dieses „Schalom" als etwas ganz anderes verstand als ein simples „Regt euch nicht auf, alles wird gut". Weil die Menschen, die sich in diesem Raum eingeschlossen hatten, die heiligen Schriften genau kannten, wussten sie auch, dass Jesus nicht einfach „Schalom" sagte, um die Jünger zu beruhigen und für eine bessere Stimmung zu sorgen. Vielmehr bezieht Jesus sich hier auf die Sprache und Bilder, mit denen die Propheten und Liedschreiber seit eh und je von dem Tag sprachen, an dem Gottes Reich anbrechen würde. Dieser Tag war mit der Vorstellung verbunden, dass das Exil ein Ende hat und ein neues Zeitalter anbricht. Mit diesem „Schalom" beantwortet Jesus also Gottes Frage nach den Gebeinen an den Propheten Hesekiel. Mitten unter diese Gruppe verzweifelter Jünger kommt Jesus und verkündigt, dass dieser Tag gekommen ist.

Was Jesus vorhat, wird auch im restlichen Abschnitt deutlich. Er wendet sich seinen Jüngern zu, haucht sie an und sagt: „Empfangt den Heiligen Geist!" Bei dieser für uns befremdlichen Geste gekoppelt mit diesen Worten müssen die Jünger unweigerlich an die Schöpfung denken. Durch Wort und Tat rekapituliert Jesus hier Gottes Handeln zu Beginn der Welt; Gott nimmt Erde, haucht ihr Leben ein und schafft auf diese Weise die Menschheit. Mit anderen Worten: Jesus beginnt mit diesen eingeschlossenen, ängstlichen Leuten ein neues Kapitel Menschheitsgeschichte. Es ist doch erstaunlich, welche Menschen Jesus sich hierfür ausgesucht hat. Aber es passt zur Art und

Weise, wie Gott seit eh und je handelt. Diesen Menschen gibt Jesus seinen Auftrag, in der Welt sein Reich zu verkünden.

Was wir hier sehen, ist der Geist Gottes mitten unter seinen Leuten. Unter seinen ganz normalen, wenig spektakulären Leuten in unseren Gemeinden. Wenn wir wissen wollen, wie wir als seine Leute in der Welt leben sollen, dann brauchen wir keine Super-Leiter, die „das Christsein draufhaben". Gottes Geist lebt unter ganz normalen Leuten, von denen man oft annimmt, sie seien zu nichts zu gebrauchen, weil sie eh nicht recht verstehen, worum es geht. Dieser Aspekt verweist auf einen weiteren, der die Bibel genauso durchzieht.

Gott lässt sich an den gottverlassensten Orten finden

Es sind die scheinbar gottverlassenen Orte, an denen Gott sich zeigt. Durch die gesamte Schrift hindurch sind es die Menschen und Orte ganz am Rand der Gesellschaft, diejenigen mit dem kleinsten Potenzial, in denen Gottes unvergleichliche Zukunft Gestalt annimmt. Man braucht sich bloß einmal Abram anzuschauen, oder die in Ägypten beinah zugrunde gehenden israelischen Sklaven, eine heidnische Frau namens Ruth, ein zerstreutes Volk im Exil. Oder ein junges Mädchen namens Maria, einen Hinrichtungsort namens Golgota, eine Gruppe enttäuschter und enttäuschender Menschen, die sich hinter verschlossenen Türen treffen und nicht begreifen, was los ist. In diesen Situationen zeigt sich Gottes Zukunft und verändert die Welt.

In unserer Welt schreiben wir Gemeinden ab, die aus unserer Sicht längst jegliche kulturelle Relevanz verloren haben. Stattdessen strömen wir zu Konferenzen, um uns von namhaften Leitern mit Erfolg versprechenden Konzepten inspirieren zu lassen. Damit bewegen wir uns kaum entlang der biblischen Erzähllinien und vergessen, dass Gottes Reich an den ungewöhnlichsten Stellen zutage tritt. Wenn wir so zu denken lernen, werden wir schnell erkennen, dass wir ganz anders leiten müssen als eine Geschäftsführerin, ein Unternehmer oder ein bejubelter Leiter bzw. eine gefeierte Leiterin mit großartigen Plänen für die Gemeinde. Was wir brauchen, sind Leitende, die es schaffen, ein Umfeld zu kultivieren, in dem Gottes Leute lernen, viel weiter zu denken, als sie es bislang gewöhnt sind.

Organisationskultur und missionale Leiterschaft

Gemeinden sind Organisationen – und wie in anderen Organisationen auch entsteht dort eine bestimmte Kultur. Je nachdem wie diese im konkreten Fall aussieht, kann sie die Entwicklung missionalen Lebens behindern oder wirkungsvoll voranbringen. Wie sich eine Gemeinde organisiert, ist zwar nicht die alles entscheidende Frage, wenn es um die Entwicklung einer missionalen Gemeinschaft geht. Trotzdem kann sie sich auf dem Weg dorthin als hilfreich erweisen.

Für manche Menschen ist es ein Problem, über die Organisationskultur von Gemeinden zu sprechen, weil dies aus ihrer Sicht vor allem Managementfragen berücksichtigt und das Wirken des Geistes außen vor lässt. Eine ehrenamtliche Leiterin, Michelle, schrieb uns in einer E-Mail ihren Frust: „Nur, wo ist denn hier Jesus? Wenn das alles nur weltliche Gedanken sind, in denen Jesus keine Rolle spielt, dann kann ich gut darauf verzichten!" Michelle ist nicht die Einzige, deren Verständnis von Auferstehung begrenzt ist, weil sie das Geistliche scharf vom Weltlichen trennt. Das Reich Gottes erstreckt sich über das Geistliche *und* das Weltliche, in Jesus verschwimmt die Grenze zwischen diesem Gegensatzpaar: Alles gewinnt an Bedeutung.

Als Jesus sich mit den Pharisäern über den Sabbat und die religiösen Regeln für ganz normale Leute auseinandersetzt, macht er vor allem klar, wie sehr die durchaus guten Menschen innerhalb ihrer Organisationskultur für das Wirken Gottes blind werden. Durch ihre institutionalisierten Bräuche und Überzeugungen entwickeln sie eine Haltung, in der sie kaum noch auf Jesus blicken. In unseren Gemeinden müssen wir mit genau dieser Dynamik rechnen: dass unsere Organisationskultur beeinflusst, wie wir die Welt um uns herum wahrnehmen und beurteilen. Wenn sich eine missionale Gemeinschaft entfalten soll, müssen deshalb unbequeme Fragen zu unserer Organisationskultur erörtert werden.

„Warum können die anderen nicht einfach lernen wie wir?"
In den meisten Organisationen verstärkt die Kultur bei ihren Mitgliedern auf Dauer die Einstellung, dass ihren Strukturen und Arbeitsabläufen eine gewisse Notwendigkeit zugrunde liegt und diese letztlich mustergültig sind. So kann sich auch eine anfänglich lebensnahe und dynamische Organisationskultur irgendwann derart entwickeln, dass Herausforderungen – etwa durch einen sich verändernden kulturellen Kontext – kaum wahrgenommen geschweige denn in Angriff genommen werden. Alan hat Folgendes erlebt: Seine Familie ist von Liverpool in England nach Kanada ausgewandert, als seine Mutter Mitte 50 war. Sie ist nicht nur in England geboren, sie ist dort auch aufgewachsen, hat dort geheiratet und ihre Kinder dort bekommen, und zwar alles im selben Haus in derselben Straße in Liverpool. Die Menschen dort hatten ein ausgeprägtes Zugehörigkeitsgefühl zu ihrer Gegend, sie hatten sogar ihren eigenen Dialekt, Scouse, den man wirklich nur verstehen kann, wenn man ebenso in dieser Gegend groß geworden ist. Als dann die Familie nach Kanada auswanderte, hätte sie genauso gut auf den Mond ziehen können, so groß war für sie die Umstellung.

In Kanada wurde zu dieser Zeit viel darüber debattiert, was es bedeutete, eine Nation mit zwei Amtssprachen zu sein: Französisch und Englisch. Wie viel Französischunterricht sollten Schüler außerhalb von Quebec bekommen und sollten alle Beamten bilingual sein? Das war zu kompliziert für Alans Mutter, die immer noch versuchte, die Welt vor dem Hintergrund ihres Liverpooler Lebens zu verstehen. Ihre Kinder bemühten sich, ihr die Zusammenhänge von zwei Gründungsnationen und entsprechend zwei Amtssprachen zu erklären, sie aber meinte nur: „Warum um alles in der Welt können die Franzosen nicht einfach Englisch lernen? Wir mussten das schließlich auch!" Alans Mutter konnte die Welt lediglich vor dem Hintergrund ihrer eigenen, sehr spezifischen Erfahrungen im englischen Liverpool verstehen.

Wenn dies auch ein außergewöhnliches Beispiel ist, so gilt doch für jeden von uns, dass wir in ganz bestimmten Kulturen und in einem ganz eigenen Umfeld groß geworden und davon geprägt sind;

das beeinflusst natürlich die Art und Weise, wie wir die Welt um uns herum wahrnehmen und interpretieren. So auch die Pharisäer: Natürlich wollten sie Gott lieben, aber ihr Umfeld hat es ihnen schwer gemacht, Gott in Jesus zu erkennen. In den Gemeinden erleben wir das in derselben Weise, wenn die Menschen dort diese Zusammenhänge nicht verstehen. Sie können dann ihrerseits kaum verstehen, warum andere nicht so lernen können, wie sie selber das schließlich auch getan haben.

Veränderungen in der Kultur, Veränderungen in der Gemeinde

Viele von uns fühlen sich, auch wenn sie nie ausgewandert sind, wie in einem fremden Land, so umwälzend sind heutzutage manche Veränderungen, die eine Fülle an neuen Bildern, Nöten, Ansprüchen, Erwartungen und Einstellungen mit sich bringen. Die Traditionen und Veranstaltungen, die im Gemeindekontext eine große Rolle spielen, spielen für immer mehr Menschen eine immer unbedeutendere Rolle. Organisationen und Institutionen werden zunehmend argwöhnisch betrachtet, als Orte, wo alles Kreative und Neue im Keim erstickt wird. Insbesondere die jüngere Generation ist weniger von einer traditionellen, familienorientierten Gemeinde, als vielmehr von unverbindlichen Beziehungsgeflechten geprägt. Jüngere Menschen verzichten nur allzu gern darauf, eine Insider-Sprache lernen zu müssen, um in Beziehung zu anderen zu treten; Loyalität zu Institutionen ist für sie ebenso wenig attraktiv wie langfristige verbindliche Mitgliedschaft in irgendwelchen Gruppen oder Vereinen, egal, wie professionell deren Programme aufgezogen werden. Die Realität sieht so aus, dass viele Gemeinden über Generationen hinweg eine Organisationskultur entwickelt haben, die es ihnen schwerfallen lässt, sich mit Veränderungen ihres kulturellen Kontextes bzw. mit der jüngeren Generation sinnvoll auseinanderzusetzen. Weil sich so viel in so kurzer Zeit verändert hat, ist eine Distanz kultureller Art entstanden, die bei vielen Gemeindmitgliedern dafür sorgt, dass sie sich wie Fremde in der Heimat fühlen. Vor diesem Hintergrund kann man einige Punkte aufzählen, die missionale Leiter berücksichtigen müssen.

Gottes Handeln erkennen – auch in Veränderungen

Missional Leitende müssen erkennen, was Gott in und durch Veränderungen in der Gemeinde tut. Um dies zu erreichen, müssen Leitende ihren Gemeindemitgliedern bei der Reflexion ihrer Erfahrungen mit einer sich radikal verändernden Umwelt helfen; sie müssen Raum schaffen für den Austausch darüber und für Begegnungen. Das ist eine ganz andere Herangehensweise als die, in der man lediglich über Gemeinde selbst spricht. Vielmehr ist dies eine Art Entdeckungsreise, bei der man auf die Suche geht nach den tief liegenden Erzählungen, die die Menschen auf spezielle Weise prägen, die aber nur schwer in Worte zu fassen sind.

Gemeinden stützen sich seit Langem auf organisatorische Prinzipien, um Menschen ins Gemeindeleben einzuladen und um so zu wachsen. Zwar ist diese Absicht völlig in Ordnung, die Vorgehensweise impliziert jedoch, dass wir bereits wissen, was Gott in der Gemeinde und in unserer Gesellschaft zu tun gedenkt und es „nur noch" unsere Aufgabe ist, Menschen in unsere Gemeinde zu locken. Missionale Gemeinschaften stellen zunehmend fest, dass dies nicht funktioniert. Sie üben sich vielmehr darin, darauf zu hören und zu schauen, wie es den Menschen in der Gemeinde und in der Gesellschaft geht. Sie stellen immer wieder die Frage, was die Menschen umtreibt, was Gott durch ihre Geschichten und Gedanken eventuell sagen könnte, wenn man ihnen Raum gibt. Ist Gott uns möglicherweise weit voraus? Wenn ja, wie können wir uns einklinken in das, was Gott bereits tut?

Eine Familie, mit der wir regelmäßig zu tun haben, hat sich auf diesen Weg gemacht. Sie sind jahrelang regelmäßig zu ihrer Gemeinde gefahren, ca. 20 Autominuten von ihrem Zuhause entfernt und haben ihre Kinder immer wieder zu unzähligen Gemeindeveranstaltungen chauffiert. Dabei merkten sie zunächst noch gar nicht, dass sie zwar ständig Termine in ihrer Gemeinde hatten, mit den Gemeindemitgliedern aus der unmittelbaren Nachbarschaft aber so gut wie gar nichts zu tun hatten. Irgendwann fiel ihnen auf, dass ihr Gemeindeleben – analog zu ihrem ganzen Leben – randvoll mit Aktivitäten und Geschäftigkeit war, aber echte Gemeinschaft kam wie vieles andere zu kurz.

Eines Tages lief das Fass über – während einer anstrengenden Autofahrt zu einem Gemeindetermin beschlossen sie, diese Art von Gemeindeleben hinter sich zu lassen. Anstatt ihre bisherige Liste von wöchentlichen Gemeindeterminen abzuarbeiten, trafen sie sich von nun an regelmäßig mit anderen Christen aus der Nachbarschaft. Sie tauschten sich über ihr Leben aus und über das Gefühl, Getriebene zu sein. Sie stellten fest, dass sie nicht die Einzigen waren, die zwar eine tiefe Sehnsucht nach echter Gemeinschaft und Zugehörigkeit hatten, aber nie so recht wussten, wie und an welchem freien Abend in der Woche sie dieser nachgehen konnten. Sie setzten sich mit der Bibel auseinander und mit dem, was ihre Nachbarschaft beschäftigte.

Der Weg dahin war nicht leicht; im Gegenteil, er erwies sich als so herausfordernd, dass aus ein paar Wochen und Monaten mehrere Jahre wurden. Mit der Zeit wuchs das Bewusstsein, dass sie auch als eine solche Gemeinschaft Gottes Gemeinde waren. Sie setzten sich aktiv mit ihrer Nachbarschaft auseinander, kooperierten mit anderen Initiativen und engagierten sich bei Projekten, um anderen zu helfen. Was sie genau gemacht haben, ist hier gar nicht so wichtig. Der Punkt ist, dass sie lernten, grundlegende Fragen darüber zu stellen, was es bedeutet, Gottes Gemeinde zu sein. Dies geschah unter anderem dadurch, dass sie die Bereitschaft aufbrachten, einander kennenzulernen und zuzuhören. Gemeinsam verbrachten sie viel Zeit damit, zu überlegen, was für Gott wirklich zählt, was das konkret bedeuten kann und welche Rolle sie dabei spielen könnten. Menschen bei diesen Überlegungen zu helfen, gehört zu den Aufgaben von missional Leitenden.

Gemeindekultur aktiv gestalten

Die Kultur einer Gemeinde aktiv zu gestalten, diese zu entwickeln und dynamisch zu halten, ist eine Aufgabe von missional Leitenden. In seinem Buch „Leiterschaft ohne einfache Antworten" („Leadership Without Easy Answers") unterscheidet Ronald Heifetz zwischen organisatorischen und kulturellen Veränderungen. Von organisatorischer Veränderung kann man beispielsweise sprechen, wenn eine Gemeinde die Kleingruppenarbeit umstrukturiert, also z.B. aktuelle Erkenntnisse über Gruppenprozesse umgesetzt werden. Das sind nützliche und hilfreiche Mittel, um die Gemeindearbeit dynamisch zu halten. Was dabei jedoch aus dem Blickfeld gerät, ist die Tatsache, dass die meisten Kleingruppen auf sich selbst bzw. ihre Mitglieder ausgerichtet sind, und dadurch wird ein großer Teil der Energie und Aufmerksamkeit auf die individuellen Belange in Kleingruppen gerichtet, nicht auf Gott.

Kulturelle Veränderung wird dort wirksam, wo Kleingruppen ihren gemeinsamen Fokus verändern: weg von sich selbst, hin zu Gott. Allein durch Umstrukturierungen oder neue Hauskreisprogramme lässt sich diese Veränderung aber nicht herbeiführen, dazu werden ganz andere Kompetenzen benötigt. Um diese soll es in diesem Buch gehen, weil missionale Gemeinden eben nicht durch neue Programme oder Konzepte entstehen. Vielmehr geht es darum, in unseren Gemeinden ein Umfeld zu schaffen, in dem Gott stets der zentrale Bezugspunkt ist und so das Denken und Handeln der Menschen formt. Wir gehen davon aus, dass Gemeinden in einer Weite denken lernen müssen, die sie bislang kaum erahnen können. Das missionale Gemeindeleben erfordert eine progressive Vorstellungskraft, die mit einer Veränderung der Gemeindekultur einhergeht. Eine solche zu ermöglichen, ist Aufgabe missional Leitender.

Alte und neue Modelle von Leiterschaft

Wie bereits in Kapitel 1 erörtert, stammen die aktuell am häufigsten vorkommenden Metaphern des Leitens[1] entweder aus dem pastoralen Bedeutungsfeld (ein Hirte für die Herde Gottes sein, Seelsorge, geistliche Nahrung bereithalten) oder aus dem unternehmerischen Bedeutungsfeld (Leitende als Visionäre, gleichzeitig voller Leidenschaft und ausgeklügelter Strategien).

Seelsorgerliche oder unternehmerische Leiterschaft?

Das pastorale Modell von Leiterschaft, wie wir es aktuell aus unseren Gemeinden kennen, hat mit neutestamentlichen Vorstellungen von Pastoren nicht viel gemein. So, wie das Aufgabenfeld von Pastoren derzeit umrissen wird – sei es von ihnen selbst oder den Gemeindemitgliedern –, erinnert es an das von Psychologen und Therapeuten. Ihm zugrunde liegt der seit der Moderne vorherrschende Fokus auf dem Selbst, dem Individuum. Entsprechend werden Pastoren in erster Linie als jemand gesehen, die sich eben um das Individuum kümmern. Und zwar um Individuen, die selbst ihr soziales Leben derart gestalten, dass sie ihre Beziehungen intensivieren oder aufgeben, je nachdem, wie sehr sie die jeweiligen Bedürfnisse bedienen. Das ist der Rahmen, innerhalb dessen wir die Rolle von Pastoren nur allzu häufig begreifen, anstatt ihre Rolle so zu verstehen, dass diese sich um die Gestaltung von Gemeinschaften innerhalb des Reiches Gottes kümmern. Ein solches Verständnis ergibt vor allem für eine wachsende Zahl von Menschen Sinn, die immer weniger in große Beziehungsnetze eingebettet sind, die ihnen Identität und Sicherheit geben. Natürlich sehnen sie sich danach, umsorgt zu werden und einen Zufluchtsort zu haben. Es wäre nur ein Irrtum, zu meinen, Gemeinschaften in Gottes Reich zu bauen sei ein und dasselbe.

Das pastorale Modell von Leiterschaft ist lange Zeit sehr einflussreich gewesen, wird aber zunehmend durch ein unternehmerisches Modell ersetzt. Das drückt sich in Gemeinden so aus, dass diese immer mehr nach unternehmerischen Gesichtspunkten gestaltet werden und das Gemeindeleben sich auf ihre Pastoren ausrichtet wie eine Firma auf ihre Geschäftsführer. Wie ein Held übernehmen diese das Kommando, setzen Wachstumsziele fest und schwören die Gemeinde auf die Firmenstrategie ein. Diese Vorstellung gleicht dem in Nordamerika viel gehuldigten Mythos der heldenhaften, charismatischen Persönlichkeit, deren phänomenaler Erfolg einzig auf das Konto ihrer Persönlichkeit und ihres Geschicks geht. Gemeinden, die mit Mitgliederschwund und Unsicherheit zu kämpfen haben und die merken, dass sie irgendetwas ändern müssen, um wieder mehr Menschen zu erreichen, käme ein solcher Leiter in Form eines Supermannes oder einer Superfrau gerade recht. Und da sich immer mehr Gemeinden in einer solch prekären Lage befinden und die Beunruhigung und Besorgnis immer mehr zunehmen, wird auch die Nachfrage nach solchen Leitenden nicht geringer werden.

In diesem Buch stellen wir ein alternatives Leitungsmodell vor, eines, in dem missional Leitende ein Umfeld kultivieren, in dem Gottes Handeln in der Gemeinde und ihrem Kontext sichtbar wird. Diese Leiterschaft zeichnet sich durch bestimmte Praktiken aus: in Gottes Wort zu Hause zu sein ebenso wie Raum für Experimente und Wagnisse zu entdecken, sodass die Menschen immer mehr erkennen, dass der Geist Gottes unter ihnen ist, wie er auch in Jesus lebt und Leben schenkt.

Leiten durch Kultivieren

Dass Leiten viel mit Kultivieren zu tun hat, bedeutet nicht, dass Gemeinden in ihren Leitern Gärtner sehen, die die Mitglieder so arrangieren, dass sie dann auf einmal sämtliche Probleme lösen könnten. Es wäre naiv zu behaupten, man brauche nur hier ein wenig Spezialdünger und da eine kleine Rankhilfe, und schon seien die Herausforderungen, wie z. B. die Frage nach der Identität der Gemeinde oder nach ihrem Auftrag, gemeistert. Es ist allein schon eine Herausforderung, über das Leiten als Kultivieren nachzudenken, weil unser Verständnis von Leiten so lange von der Vorstellung geprägt war, dass Leitende dazu da sind, Probleme zu lösen und zielführende Strategien zu entwickeln. Unternehmerisches Leiten funktioniert ja auch genau so: Die Leiter entwickeln große Pläne und berechnen den Weg zu großen Zielen, die Gemeinde stimmt dem zu und steigt ins Projekt ein. Kultivierende Leitende hingegen bearbeiten den Boden der Gemeinde und ermöglichen ein Umfeld, in dem Gottes Leute sein Wirken erkennen können – und zwar in und durch sie hindurch!

Die Vorstellung von Leitern als überlebensgroßen Superhelden durchzieht nicht nur zahlreiche Kinofilme, sondern ist tief in unserem westlichen Verständnis vom Leiten verankert. Dieses Verständnis trägt viel zur Verunsicherung unzähliger Leiter sowie zur Unzufriedenheit vieler Gemeindemitglieder bei. Außerdem leidet darunter der Glaube, dass Gott uns Christen mit allem ausrüstet, was wir brauchen, um selbst ein Vorgeschmack auf das Reich Gottes zu werden.

Platons berühmtes Höhlengleichnis kann uns helfen zu verstehen, warum wir vom heldenhaften Verständnis vom Leiten so eingenommen sind. In diesem Gleichnis gibt es eine Höhle, in der Menschen so festgekettet sind, dass sie nur in eine Richtung schauen können: auf eine Mauer direkt vor ihnen. Was sie nicht sehen können, ist das Feuer direkt hinter ihnen. Zwischen dem Feuer und ihnen werden Gegenstände bewegt, sodass deren Schatten auf der Mauer vor den Menschen sichtbar werden. Das ist das Einzige, was die Menschen sehen können und was sie folglich für die Realität halten. Als ein paar Gefangene fliehen können und nach draußen gelangen, werden sie zwar zunächst von der Sonne geblendet, begreifen so aber, was Licht und Schatten ist. Erleuchtet kehren sie in die Höhle zurück, um den anderen Gefangenen von ihrem grundlegenden Irrtum zu berichten und sie zu befreien.

Wenn man dieses Gleichnis auf das Leiten überträgt, dann wird deutlich, wie verkehrt das Verständnis von Gottes Leuten über sich selbst sein kann. Allem Alltäglichen und Gewöhnlichen wird ein grundlegendes Misstrauen entgegengebracht: Es besteht keine Hoffnung darauf, dass bei den normalen Menschen in der Höhle irgendeine Art von Einsicht entstehen kann; sie sind den blind machenden Umständen hilflos ausgeliefert.

Die biblischen Erzählungen malen hingegen ein ganz anderes Bild. Gott begegnet uns im scheinbar Belanglosen und wenig Spektakulären. Das Gewöhnliche in unserem Leben ist nicht etwa ein Schatten, sondern die Realität von Gottes Welt und seiner Gegenwart. Wir mögen blind geworden sein gegenüber dem Gewöhnlichen und dem, was Gott in unserer Mitte tut; aber wir brauchen nicht einen heldenhaften Einzelkämpfer, der sich selbst heroisch aus der Höhle befreit, um uns zu sagen, wie die Realität aussieht und wo es langgeht. Vielmehr ist es der Geist Gottes in Jesus, der uns alle sehend macht. Deswegen geht es beim Leiten nicht darum, andere zu erleuchten, sondern darum, ein Umfeld zu kultivieren, in dem die missionale Vorstellungskraft („Sehkraft") von Gottes Leuten gestärkt wird. Unter Erleuchtung verstehen wir hier Spezialwissen, das „normalen Menschen" nicht zur Verfügung steht und das besondere Menschen – die Leitenden eben – ihnen zuteilwerden lassen. Die Inkarnation jedoch zieht einen Schlussstrich unter diesen platonischen Gnostizismus: Schon Jesu Geburt gibt ein Zeugnis davon ab, dass Gott und seine Realität uns im Alltag, im Gewöhnlichen begegnen.

In Platons Höhlengleichnis kommt ein weiterer Aspekt zum Ausdruck: Ein Held wächst aus sich selbst heraus, befreit sich selbst und tut sich vor allem durch seine Unabhängigkeit – auch von Gott – hervor. Letztlich geht es hier deswegen eher um Nietzsche als um Christus. „Normale" Menschen und ihr „normales" Leben werden heruntergesetzt auf die Ebene von nichtwissenden Sklaven, die auf sich gestellt nichts erkennen können; sie sind vielmehr auf heldenhafte Leiter angewiesen, die sie belehren und sie in ihrem Wissen und Verstehen an*leiten*. Es ist doch kein Wunder, dass viele Gemeinden meinen, sie bräuchten solche Führungspersönlichkeiten mit Antworten, Lösungen und einem raffinierten Plan! Aus dieser Perspektive zeichnen Leitende sich ja gerade dadurch aus, dass sie Einsicht in die Wahrheit und die Realität gewonnen haben, die gewöhnlichen Menschen vorbehalten ist. Sie sind die Experten, die Einzigen, die wirklich eine Ahnung davon haben, was los ist. Im Gegensatz dazu stehen die „Laien", die viel zu sehr in ihrem Alltag verstrickt sind, um wirklich Einsicht in die tiefen Dinge des Lebens zu gewinnen.

Nach dem Soziologen Zygmunt Bauman ging bereits die Entstehung der modernen Sozialwissenschaften mit einer solchen Einschätzung von „gewöhnlichen" Menschen und ihrem „gewöhnlichen" Leben einher. So schreibt er über die Gründerväter der Soziologie, Max Weber und Emile Durkheim: „Zumindest in einem Punkt sind beide sich einig: individuelle Akteure können über die Ursachen ihres Handelns in der Regel keine zuverlässigen Aussagen machen. Also sind deren subjektive Einschätzungen ihres Handelns nicht das Zeug, aus dem brauchbare soziologische Studien über ‚soziale Realität' gemacht werden. Besser, man verzichtet ganz darauf. Um wirklich zu verstehen, wie individuelle Menschen funktionieren, wie ihre ganz eigenen Beweggründe aussehen, hilft nur der Blick in die Außenwelt weiter. Die Individuen selbst haben davon in der Regel nicht den blassesten

Schimmer."[2] Deswegen hätten allein Experten und Profis genug Durchblick, um andere zu leiten.

Weil diese Sichtweise auf das Leiten sowohl in säkularen Leitungskonzepten als auch in unseren Gemeinden lange dominant war, ist es so schwierig, uns auf ein Leitungsmodell einzulassen, in dem es um das Kultivieren eines Umfelds geht. Gemeinden leiden an einer mangelnden Selbsteinschätzung: dass sie selbst gar nicht dazu ausgerüstet sind, um Ideen zu entwickeln, wie Gottes Zukunft aussehen kann und was sie selbst dazu beitragen können.

Wir haben es ja schon mehrfach betont: In unseren wenig spektakulären, fehlbaren Gemeinden können Orte entstehen, die zwar unbedeutsam scheinen, an denen Gottes Geist aber Bedeutsames schafft; an solchen Orten bildet sich die missionale Zukunft aus. Auf ganz wunderbare Weise drückt dies auch Paulus aus; im 1. Korintherbrief geht er auf die Bedeutung des Kreuzes ein und schreibt, dass Gott mitnichten die Mächtigen und Reichen berufen hätte, um sein Reich zu bauen. „Sondern was töricht ist vor der Welt, das hat Gott erwählt, damit er die Weisen zuschanden mache; und was schwach ist vor der Welt, das hat Gott erwählt, damit er zuschanden mache, was stark ist; und das Geringe vor der Welt und das Verachtete hat Gott erwählt, das, was nichts ist." (1. Korinther 1,27-28). Gott wählt das aus, was nichts ist (die Leute und Orte, von denen wir bereits genau wissen, dass sie zu nichts zu gebrauchen sind, dass man sie am besten loswird, weil sie doch eh nur Überbleibsel aus der Vergangenheit sind), um dem Reich Gottes eine Form zu geben. Besser kann man Gemeinde nicht beschreiben, besser kann auch das nicht erfasst werden, was Leiter selbst häufig über ihre Gemeinden denken. Das ist die schier unbegreifliche, kontraintuitive Realität des einen, dem wir in Jesus begegnen, dass Gott sich auf unser primitives Leben und auf unsere chaotischen Gemeinden einlässt, samt ihren oft eigenwilligen organisatorischen Strukturen. Mitten in das Leben derer, die schwach sind, die oft nicht kapieren, was los ist, kommt Gott und setzt uns frei, sodass wir weiter denken können als je zuvor, dass wir lernen, Ideen zu entwickeln und kreativ zu sein. Innerhalb der Vorstellungskraft, die wir als Christen entwickeln können, verkünden wir Gottes

Reich: dass Gott Neues schafft und wir das prägen können, was uns prägt. Darum geht es bei der Auferstehung, das ist es, was wir im auferstandenen Jesus erblicken. Genauso trifft es auch für Gemeinden zu (Epheser 1); diejenigen, die alles hinwerfen wollen, um irgendwo anders „nochmal ganz von vorn anzufangen", haben noch nicht begriffen, worum es in den biblischen Erzählungen oder bei der Auferstehung und worum es Gott selbst geht. Missionales Leiten öffnet sich diesem Geheimnis und macht sich auf den Weg, um die Gaben und Fähigkeiten derjenigen zu kultivieren, die bereits in den Gemeinden sind.

Wenn man sich darauf einlässt, Leiten als Kultivieren zu verstehen, dann eröffnen sich verheißungsvolle Perspektiven für das Gemeindeleben. Für eine Pastorin aus Los Angeles, die aus Frust und Enttäuschung die Gemeindearbeit verlassen hatte, wurde die Begegnung mit dem Konzept des missionalen Leitens zum Wendepunkt. Auf einmal begann sie, wieder Hoffnung zu schöpfen und sich mit Gemeinde auseinandersetzen zu wollen. Die Last, als Superheld leiten zu müssen, konnte sie getrost ablegen. Derart befreit eröffnete ihr die Vorstellung vom Leiten als Kultivieren vielfältige Perspektiven, was die Gestaltung missionaler Gemeinschaften betrifft.

Drei Aspekte von Leitung als Kultivierung

Kultivierung braucht Zeit und erstreckt sich über mehrere Phasen; sie lässt sich nicht beschleunigen. Für das Kultivieren braucht man sowohl ein gewisses Geschick als auch bestimmte Kompetenzen. Folgende wichtige Aspekte spielen bei diesem Prozess eine Rolle.

Bewusstheit und Wahrnehmung kultivieren

Drei Arten von Bewusstheit sollten missional Leitende in der Gemeinde kultivieren können. Zunächst geht es um das Bewusstsein, was Gott mitten unter den Menschen in der Gemeinde tut. John und seine Familie waren bereits seit mehreren Jahren Mitglieder der Gemeinde und er wurde immer wieder gefragt, ob er nicht Interesse daran hätte, eine leitende Aufgabe zu übernehmen, im Vorstand, in

einer Kleingruppe oder einem Gremium. Ihm wurde einiges zuge-
traut, und trotzdem sagte er regelmäßig ab. Eines Tages traf er sich
mit seinem Freund Bill, der bereits als Leiter in der Gemeinde mitar-
beitete. Als Bill ihn fragte, warum er partout keine Leitungsaufgabe
übernehmen wolle, kam heraus, dass John – ein hochbezahlter Inge-
nieur einer großen Firma – große Angst um seine Arbeitsstelle hatte.
Die Firma wollte mehrere Abteilungen auslagern, u.U. auch seine,
was für John großen Stress bedeutete – würde er wieder neue Arbeit
finden? Wie sollte er für seine Familie aufkommen? Wie die Ausbildung seiner Kinder finanzieren? In der Gemeinde gab es keinen Rahmen, in dem er mit anderen über solche Fragen sprechen konnte, was
dort geschah, hatte für ihn nur begrenzt Relevanz. Nur zufällig erfuhr Bill also von den Ängsten, die John plagten.

Zweitens geht es um das Bewusstsein einer Gemeinde, sich selbst
als *den* Ort vorstellen zu können, an dem Gott handelt. Die Pastorin
einer in vielerlei Hinsicht heterogenen Gemeinde sprach im Rahmen
einer Predigtreihe über die Werte und den Auftrag der Gemeinde.
Ihr lag besonders am Herzen, dass die Gemeinde ein Ort sein sollte,
wo sich die Flüchtlinge aus der Nachbarschaft willkommen und zu
Hause fühlen konnten. Die Pastorin lebte selbst in einem Wohnpro-
jekt, das für Flüchtlinge da sein wollte – eine wirklich tolle Arbeit!
An diesem Sonntagmorgen jedoch suggerierte sie, dass der Auftrag
der Gemeinde darin bestehe, sich auf die Arbeit mit Flüchtlingen zu
konzentrieren. Damit machte sie ihr eigenes Engagement zur allgemeinen Norm und vermittelte allen ein ideologisches „ihr solltet …“.
Bei diesem Ansatz kommt jedoch viel zu kurz, was die Menschen in
der Gemeinde bewegt. In diesem Fall war es so, dass insbesondere
junge Familien die Frage bewegte, wie sie ihr Leben in der Spannung
zwischen den hohen Anforderungen der Arbeitswelt und dem ge-
meinschaftlichen Leben gestalten sollten. Alternative christliche Lebensformen standen also eigentlich im Zentrum der Debatten, die
viele Gemeindemitglieder führten. Tatsächlich wäre hier eine erst-
klassige Gelegenheit, zu erkennen, was die Menschen eigentlich beschäftigte und einen Kontext für den Dialog zu schaffen, anstatt den
Leuten einfach zu sagen, was sie tun sollten.

Drittens soll das Bewusstsein darüber genannt werden, was Gott bereits im Gemeindekontext tut. Auch dies erfordert in erster Linie die Kompetenz, unvoreingenommen zuzuhören und sich mit den Bildern, Ideen und Erzählungen der Menschen auseinanderzusetzen, die mit Überbelastung, Sorgen und Problemen zu kämpfen haben, die verwirrt sind, weil sie sich den rasanten Wandel der Welt nicht erklären können, die nicht wissen, was aus dem geworden ist, was für sie einmal vertraut, kontrollierbar und behaglich war. Dies betrifft beispielsweise die Veränderungen im gesamten ehrenamtlichen Bereich. In Robert Putnams Buch „Wie es ist, in Amerika alleine bowlen zu gehen" („Bowling Alone in America"[3]) beschreibt er, wie das enorme Wachstum vieler Gemeinden auf ehrenamtliche Mitarbeit zurückzuführen ist und wie Letzteres immer stärker abnimmt, weil die Gemeindemitglieder zunehmend unter wirtschaftlichem und beruflichem Druck stehen. Davon bleiben auch soziale Strukturen nicht verschont, die immer instabiler werden und so Menschen voneinander entfernen.

Netzwerke kultivieren, in denen man von- und miteinander lernen kann

Um die missionale Vorstellungskraft in einer Gemeinde zu fördern, muss ein sicheres Umfeld kultiviert werden, in dem Menschen experimentieren und Ideen ausprobieren können. Wenn man gemeinsam unterwegs ist, können Wege beschritten und erprobt werden, um neue Gewohnheiten missionalen Lebens zu entwickeln und einzuüben. In einem solchen Netzwerk können lose assoziierte Teams neue Möglichkeiten schaffen, sich mit dem kulturellen Kontext und der unmittelbaren Nachbarschaft der Gemeinde auseinanderzusetzen und sie können neue Wege entdecken, sich mit der Bibel und miteinander zu beschäftigen.

Eine Gemeinde im Mittleren Westen, mit der wir zusammenarbeiteten, hatte schon seit Längerem das Gefühl, in die Mittelmäßigkeit abgerutscht zu sein. Vor gut 15 Jahren hatte die Gemeinde einen Boom erlebt, aber seitdem befand sich vieles im Niedergang. Auch die Nachbarschaft hatte sich stark verändert, Verantwortliche in der

Gemeinde wussten kaum noch, was sie mit der Gemeinde anfangen sollten. Sie beobachteten zwar, wie die Gemeindemitglieder immer mehr zu kämpfen hatten mit der Angst vor dem Arbeitsplatzverlust, mit der sich wandelnden Welt und dem bitteren Wegdriften der jüngeren Generation aus der Gemeinde. Die Veranstaltungen und Aktivitäten, die sonst immer so gut angekommen waren, wurden diesen Problemen kaum gerecht.

Als Reaktion darauf rief die Gemeinde eine Reihe von Teams ins Leben, die von Ehrenamtlichen geführt wurden und sich mit den Problemen beschäftigten. Die Gemeindeleitung hatte ganz eigene Lernprozesse zu durchlaufen; hier unterstützten wir sie dabei, ihre Rolle als Leiter neu zu denken. Wenn Gott wirklich mitten unter den Gemeindegliedern war, dann war es ihre Aufgabe, ein Umfeld zu schaffen, in dem sich Gottes Vorstellung von Gemeinde auch bei allen Mitgliedern durchsetzte. So weit konnten die Leiter uns folgen, nur, wie sollten sie – ganz praktisch – diese Aufgabe angehen? Mehrere Monate lang beschäftigten wir uns gemeinsam mit den Prinzipien, wie das Gemeindeumfeld derart kultiviert werden kann, dass von den Mitgliedern selbst Konzepte, Ideen und Vorstellungen entwickelt werden können.

Ganz konkret verwendeten wir dazu eine Methode, die eher ein Prozess war und Gruppen betraf, die wir missionale Aktionsteams nennen. Einige Monate lang stellte die Leitung der Gemeinde diverse Bereiche aus dem Gemeindeleben vor, die von den missionalen Aktionsteams aufgegriffen wurden, um zentrale missionarische Herausforderungen zu benennen. Innerhalb dieser Teams befassten sie sich mit neuen Wegen, ein missionales Umfeld in der Gemeinde zu schaffen. Diese Teams bestanden aus den Mitgliedern der Gemeinde, das Leitungsteam war jedoch nicht vertreten. Weil sie davon überzeugt waren, dass Gottes Geist unter ihnen war und sie dazu einlud, Gottes Zukunft neu und weit zu denken, waren sie mit Leidenschaft und vollem Elan dabei. Wenn solche Teams gebildet werden, dann nur, weil man die Zusage ernst nimmt, dass Gottes Gemeinden mit allem ausgestattet sind, was sie brauchen, um Gottes Vorstellung von der Welt zu entdecken.

Sich immer wieder neu mit Gottes Wort beschäftigen

In einer Gemeinde eine missionale Kultur zu entwickeln, bedeutet, sich mit Gottes Wort sorgfältig und immer wieder aufs Neue einzulassen. Es ist an der Zeit, Gottes Wort ernst zu nehmen und nicht länger wie einen Werkzeugkasten zu benutzen, aus dem je nach Bedarf entsprechend mal der eine und mal der andere Teil benutzt wird. Mal ist die Bibel wie eine Gebrauchsanweisung für spezifische Probleme, mal nutzt man sie als Vorschlaghammer, um damit bestimmte Lehren tief in den Köpfen der Leute zu verankern. Die Bibel ist für viele zu einem Nachschlagewerk geworden, in dem alle möglichen Informationen und Einsichten zu finden sind. Wenn wir die Bibel selbst aber als Werkzeug betrachten, greift unsere Auseinandersetzung damit viel zu kurz, ist sie doch auch als erzählerische Gegenwart Gottes zu begreifen, der uns mit in seine Geschichte nimmt, die uns prägt.

Missionale Leiter kultivieren ein Umfeld, in dem die Bibel keine Sammlung loser Wahrheiten ist, sondern wo die biblischen Erzählungen lebendig werden. Chris, der Pastor einer Gemeinde an der Westküste, ging dies auf besondere Weise an: In katholischen wie auch in evangelischen Quellen suchte er nach Praktiken, wie man anders mit der Bibel umgehen kann, als sie einfach nur als Lehrbuch voller guter Lebensprinzipien zu benutzen. Gemeinsam mit anderen (haupt- und ehrenamtlichen) Leitern der Gemeinde begann er den Versuch, sich über einen längeren Zeitraum hinweg mit einem einzigen biblischen Text auf vielfältige Art und Weise auseinanderzusetzen. Anfänglich war dies für alle Beteiligten ungewohnt und natürlich auch herausfordernd, gleichzeitig entdeckten sie aber auch neue Wege, auf Gott und aufeinander zu hören. Dieser Prozess führte auf Dauer zu einer neuen Leitungskultur, innerhalb derer sie ihre Rollen und ihre Verantwortung neu füllen konnten.

Neue Praktiken, Gewohnheiten und Normen kultivieren

Die Entwicklung einer missionalen Geisteshaltung ist nicht primär eine Frage nach der richtigen Technik und dem richtigen Programm. Vielmehr geht es hier um Menschen und um die konkrete Gestaltung ihres geistlichen Lebens: Welche geistlichen Übungen praktizieren sie, welche Methoden kennen sie? Während unserer Arbeit mit Gemeinden haben wir immer wieder festgestellt, dass die Menschen sich danach sehnen, ihren Glauben zu vertiefen und – wie Richard Foster es nennt – Nachfolge zu feiern, indem man geistliche Übungen entdeckt und praktiziert. Aber in vielen Ausbildungsstätten für Pastoren und Gemeindeleiter wird die Bibel fast ausschließlich als Ausgangstext für Predigten und Bibelstunden gesehen. Kontemplative Methoden wie die Lectio Divina kommen da häufig zu kurz. Andere Übungen dieser Art wären beispielsweise das regelmäßige Fasten, Stille oder Gastfreundschaft. In einer missionalen Gemeinschaft sind diese Routinen an der Tagesordnung. Man darf sie nicht als kurzfristige Lösung für irgendwelche Probleme betrachten, im Gegenteil, sie werden ein Leben lang (aus-)geübt. Leiter, die in diesen Übungen zu Hause sind, sind vor Konflikten keineswegs gefeit; aber aus unserer Erfahrung sind sie viel eher dazu in der Lage, bei Konflikten zuversichtlich zu bleiben und nicht aufgeben.

Zusammenfassung

Eine missionale Gemeinschaft zu kultivieren oder der Lernprozess, missional zu leiten, verläuft nicht gradlinig. Er geschieht schrittweise und spiralförmig. Im nächsten Kapitel soll ein Modell vorgestellt werden, das die Dynamik beschreibt, die bei der Entstehung und Entwicklung von Gemeinden und Leitern in Nordamerika vor allem im vergangenen Jahrhundert eine Rolle gespielt hat. Es ist gleichermaßen die Grundlage für das Modell von Veränderung, auf das wir uns in diesem Buch beziehen, und das für die Kultivierung missionaler Bewegungen ausschlaggebend ist.

3. Herausforderungen meistern inmitten von Veränderungsprozessen

„Können Gemeinden sich wirklich verändern?" Immer wieder begegnen wir skeptischen Aussagen wie dieser. Dieses Mal war es der Verantwortliche eines Gemeindeverbands, der mit Personalabbau und tiefen Einschnitten im Budget konfrontiert war und sich bemühte, seinem Gemeindesystem auf die Sprünge zu helfen. Die Schmerzgrenze war längst erreicht: Das Einsparpotenzial war ausgeschöpft, die Ressourcen für Veranstaltungen hatten die unterste Grenze erreicht. Es musste ein grundlegender Wandel her, Einsparungen konnten nicht alles sein, um in dieser Zeit zu bestehen. Aber wie sollte das gehen?

Bill ist der dienstälteste Pastor einer großen Gemeinde am Rande einer wachsenden Metropole im Südosten der USA. Immer mehr Menschen ziehen in die Vororte und suchen nach attraktiven, großen Gemeinden – wie die von Bill. Dessen ist er sich auch bewusst, und es wäre ein Leichtes, die Veranstaltungen und Gruppen der Gemeinde bei diesen Leuten zu „vermarkten". Für ihn und den Gemeindevorstand ist jedoch klar, dass es beim Evangelium um mehr geht als darum, „neue Kunden zu werben". Und so hat er ähnliche Fragen wie der Verbandschef, der mit finanziellen Kürzungen und Ähnlichem zu kämpfen hatte: Was fängt man sinnvollerweise mit diesem sich radikal verändernden Kontext an? Was heißt es, hier missional zu werden? Wie geht man am besten mit dem Druck um, den Mitarbeiter erleben und gleichzeitig selbst ausüben? Was soll denjenigen entgegnet werden, die Antworten und Taten fordern? Wie reagiert man auf die Gemeindemitglieder, die ihren Unmut darüber äußern, dass die Gemeinde nicht so *in* ist wie die mit dem berühmten Pastor? Wie kann eine Gemeinde zu einer missionalen Gemeinschaft werden und das inmitten gesellschaftlicher Umbrüche und einer sich radikal verändernden Welt?

Tim hatte lange auf übergemeindlicher Ebene gearbeitet und lei-

tete seit Kurzem die Junge-Erwachsenen-Arbeit einer großen Vor-
stadtgemeinde an der Westküste. Als Tim Alan fragte, ob er ihm eine
für seine Arbeit passende Konferenz empfehlen könnte, nannte er die
Konferenz in San Diego. Irgendwann im Laufe der Konferenz rief
Tim Alan an und meinte freudig erregt: „Al, ich glaub, jetzt hab
ich's: Es geht gar nicht um Veranstaltungen oder die Gemeinde,
nicht mal um Seelen! Es geht um Jesus und das Reich Gottes." Das
war ein Bekehrungserlebnis für Tim.

Ein halbes Jahr später saßen Alan und Tim bei einer Tasse Kaffee
zusammen und sprachen über Tims Arbeit. Um den Vorstellungen
vom Reich Gottes Ausdruck zu verleihen, hatte er den Gottesdienst
in der Jungen-Erwachsenen-Arbeit umgestaltet, was die meisten Gemeindemitglieder zwar wohlwollend betrachteten, gleichzeitig aber
auch klarstellten, dass in der „richtigen" Gemeinde solche Veränderungen nicht akzeptabel seien. „Die kapieren es einfach nicht!", stellte Tim fest. „Sie verstehen einfach nicht, dass es um eine komplett
veränderte Welt geht. Ob dieser Umbruch in den Gemeinden tatsächlich geschehen kann? Nötig wäre es, aber auch möglich?"

Tim räumte ein, dass die Herausforderung riesig ist. Der Pastor,
unter dem er arbeitet, besucht regelmäßig die großen Gemeindeauf-
baukonferenzen, bei denen berühmte Gemeindeleiter überwältigende
Erfolgsgeschichten präsentieren. An diese will er anknüpfen und ist
darauf bedacht, den nächsten Trend nicht zu verpassen; dafür heckt
er bereits neue Pläne für die Gemeinde aus. Die Jugend- und Junge-
Erwachsenen-Arbeit soll natürlich am selben Strang ziehen. Und das,
wo Tim doch längst sieht, wie wenig die ausgetüftelten Pläne und
Veranstaltungen mit dem Leben seiner jungen Leute zu tun haben!
Sein Pastor hört sich seine Überlegungen auch an und stimmt mit
ihm überein, hat dabei aber stets konkrete Vorstellungen von Groß-
veranstaltungen und Wachstum: Er scheint aus seiner unternehmerischen Haut kaum herauszukommen. Tim hingegen möchte in der
ganzen Gemeinde missionales Leben kultivieren, ein Experiment, auf
das die Leitung unter Tims Pastor sich zunächst einlässt, das diese
nach 18 Monaten jedoch wieder beendet. Währenddessen hat Tim
u.a. Folgendes gelernt: Um die Vorstellung vom missionalen Leben

erfolgreich zu kultivieren, muss er erst die Organisationskultur der Gemeinde besser verstehen.

Gemeinden können sich ändern

Eine Gemeinde kann zu einer missionalen Gemeinschaft werden und den Kreislauf von Wachstum-Stagnation-Rückgang durchbrechen. Man kann tatsächlich eine neue missionale Identität formen, ohne einfach nur schicke Worte für alte Muster zu finden. Dafür braucht man jedoch ein Verständnis dafür, was in Gemeinden passiert.

Wie wir bereits in den ersten beiden Kapiteln deutlich gemacht haben, ist Gott in unseren Gemeinden – so wie sie sind – gegenwärtig. Über das Ende der Gemeinde zu spekulieren ist entsprechend Ausdruck von schlechter Theologie bzw. einem unzureichenden soziologischen oder biblischen Verständnis. Auf der ganzen Welt ist die Gemeinde in Bewegung und befindet sich inmitten von ungeheuerlichen Transformations- und Wachstumsprozessen – und das trotz widriger Umstände. Die meisten Gemeinden findet man dabei nicht länger in Europa oder Nordamerika, sondern auf der Südhalbkugel. In Afrika südlich der Sahara, wo AIDS und Dürre den Tag bestimmen, florieren Gemeinden und deren Arbeit. Auch ohne große Budgets sind sie vital und im Wachstum begriffen; sie kümmern sich um Menschen in schlimmen Notlagen, die von der Globalisierung und wirtschaftlichen Entwicklungen nicht profitieren konnten und an den Rand der Gesellschaft gedrängt wurden. Das ist der Alltag in Afrika, dem Kontinent, den viele westliche Leiter und Unternehmen als hoffnungslos und wirtschaftlich bankrott abgeschrieben haben. Auch in China gibt es Millionen Menschen, die mit und für Gott leben; die Gemeinde dort wächst unaufhörlich. Keiner kann leugnen, dass die Gemeinde Gottes in Russland und Lateinamerika lebendig ist mit ihren Tausenden Menschen, die gemeinsam die Macht Jesu in der Welt bezeugen. Überall hier ist das Wirken Gottes zu erkennen, wie es bereits im 1. Korinther 1,25-28 beschrieben ist.

Die Gemeinden in Nordamerika, in Westeuropa und in Australien jedoch stecken in einer ernsthaften Krise, sie befinden sich in einem von Angst, Verfall und Durcheinander geprägten Kontext. Oft sind diese Gemeinden getrieben vom Wunsch, das Prestige und die Autorität, die sie einst in ihrer Kultur hatten, zurückzugewinnen; sie wollen die Ära des Wachstums und des Erfolgs wiederbeleben. So wird dann mit aller Kraft versucht, sich selbst als den ultimativen Anbieter religiöser Dienstleistungen und Erfahrungen für *Suchende* anzubieten. Doch trotzdem ist der Besucherrückgang nicht zu stoppen. Von der Regionalverwaltung eines Gemeindeverbands im Westen der USA erfuhr Alan, dass 70% der Gemeinden seit über fünf Jahren im besten Fall einen Stillstand der Mitgliederzahlen oder – wie in den meisten Gemeinden der Fall – Mitgliederschwund verzeichnen. Dieser Trend löst in der Regel Angst und Besorgnis aus und man sucht panisch nach den besten Konzepten und Strategien, um dieses Problem zu lösen und neuen Aufschwung und Wachstum herbeizuführen. Dabei bleiben viele Leitende ratlos, es fällt ihnen oft schon schwer, die Dynamik richtig einzuschätzen, die in der Gemeinde und der ganzen Kirche häufig ursächlich für die eigene prekäre Lage ist.

Dass man diese Dynamik überhaupt erst versteht, ist deswegen der erste Schritt hin zum Kultivieren einer missionalen Gemeinschaft. Das vorliegende Kapitel stellt ein Modell vor, das zum Verständnis der Prozesse beitragen will, die Gemeinden in derartige Krisen bringen.

Das 3-Zonen-Modell missionalen Leitens
Abbildung 3.1 veranschaulicht die drei Zonen der Organisationskultur, die eine Gemeinde und eine Denomination zu unterschiedlichen Zeitpunkten durchlaufen. Während des 20. Jahrhunderts war der Kontext der meisten Gemeinden in der Regel durch Stabilität und Vorhersagbarkeit geprägt; eine Gemeinde zu besuchen war weithin gesellschaftlich akzeptiert oder sogar der Normalfall. In den verschiedenen Denominationen entwickelten die Menschen ein starkes Zugehörigkeitsgefühl und auf dem ganzen Kontinent entstanden in

den stetig wachsenden Vorstädten neue Gemeinden. Das war das Umfeld, in dem Gemeinden ihre Organisationskultur, ihre Gewohnheiten, ihre Glaubensgrundsätze und Werte entwickelten. Diese Kultur wurde mit der Zeit zum Maßstab, an dem Gemeinden ihre Güte ermittelten. Und sie wurde gleichsam zum Maßstab für Denominationen, Ausbildungsstätten, Zertifizierungen, Leitungsmodelle und Organisationsstrukturen. Unter hohem Aufwand wurden so Generationen von Leitenden hervorgebracht, die in einem stabilen und vorhersagbaren Kontext den Anforderungen und Erwartungen von Gemeinden gerecht wurden. Für das Leiten in einem ganz anderen, instabileren Kontext wurden die Mitarbeiter jedoch nicht ausgebildet; deswegen ist es kein Wunder, wenn Menschen in Leitungspositionen sich regelrecht überfordert fühlen, sobald der Kontext aus der Balance gerät und radikale Veränderungen eintreten! Und in einer solchen Zeit leben wir. Das 3-Zonen-Modell stellt einen Rahmen bereit, der

- Leitenden hilft zu verstehen, inwiefern diese Veränderungen einen neuen Leitungsstil erfordern.
- die Kompetenzen benennt, die in den jeweiligen Zonen relevant sind.
- Gemeinden helfen kann, zu erkennen, wo sie sich inmitten aller Veränderungen befinden.

Das Modell weist eine emergente Zone, eine performative Zone sowie eine reaktive Zone auf. In jeder dieser Zonen gibt es ganz eigene Gewohnheiten, Kompetenzen und Idealvorstellungen von Leitenden; dies wird in diesem Modell reflektiert. Jede Zone hat zwei Abschnitte, einen oberen und einen unteren, jeder mit bestimmten Merkmalen und den entsprechenden Anforderungen den Leiter.

Gemeinden in der emergenten (grünen) Zone
In der emergenten Zone ist die Gemeindekultur äußerst innovativ und kreativ im Umgang mit ihrem Kontext. Wie die grüne Farbe bereits symbolisiert, können emergente Gemeinden als besonders dy-

namisch beschrieben werden; in der intensiven Auseinandersetzung mit der Gesellschaft, in der sie sich befinden, entwickeln sie neue Formen, um missionarisch und diakonisch aktiv zu werden.

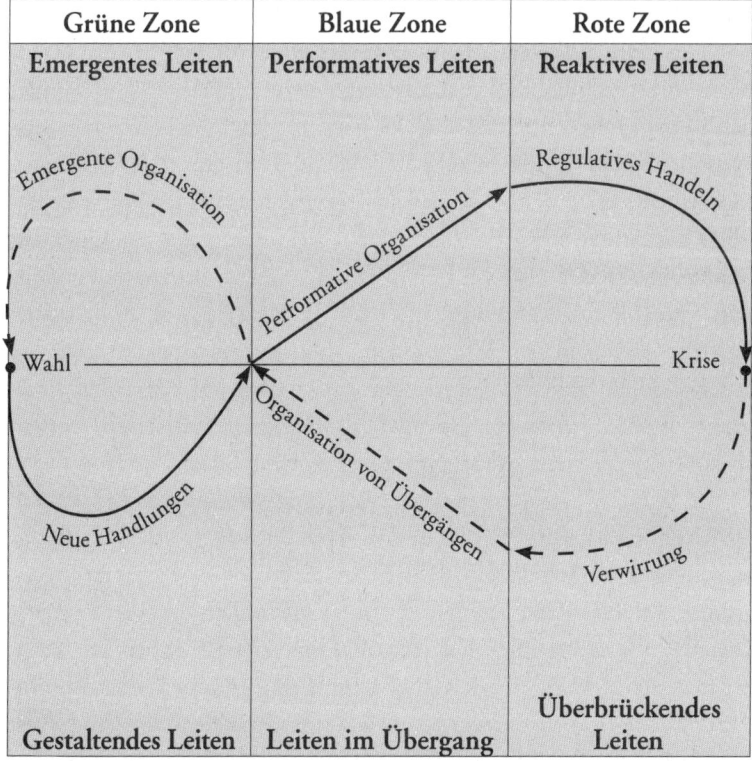

Abbildung 3.1 Das 3-Zonen-Modell des Leitens[4]

DER OBERE ABSCHNITT DER EMERGENTEN ZONE: PIONIERARBEIT LEISTEN

Innerhalb dieser Zone entwickelt und probiert eine Gemeinde neue, kreative Wege aus, um in ihrer Stadt und darüber hinausgehend auch in der Gesellschaft eine positive Rolle zu spielen. *Emergent* kann diese Zone deswegen genannt werden, weil es darum geht, auf neue und mitunter vielleicht auch ungewöhnliche Weise als Gottes Missionare aktiv zu sein; missionale Gemeinschaft wird auf eine Weise entwickelt, die von maximaler Experimentierfreudigkeit und Offenheit geprägt ist. Die Gemeinde vor Ort hat auf jeder Ebene eine lernende Grundeinstellung; die Mitglieder werden dazu ermutigt, miteinander zu interagieren und Neues auszuprobieren, anstatt auf die von oben geplanten Strategien zu warten. Während man als Einzelner kaum dazu in der Lage ist, sich in einem radikal verändernden Kontext sinnvoll mit der Frage auseinanderzusetzen, was es bedeutet, Gottes Zeugen in der Welt zu sein, lässt sich missionales Leben in einer Gemeinschaft viel einfacher entwickeln. In der emergenten Zone zu leiten, bedeutet, ein solches Umfeld zu kultivieren, in dem missionale Vorstellungskraft gefördert wird.

In seinem Buch „Emergenz: das unzertrennliche Leben von Ameisen, Gehirnen, Städten und Software"(„Emergence: The Connected Lives of Ants, Brains, Cities, and Software") beschreibt Steven Johnson, wie Ameisen sich selbst ohne jegliche Leitung oder explizite Regeln in hochkomplexen Kolonien organisieren; sie werden so zu einer neuen Einheit, die sich ihrer Umgebung anpasst und auf veränderte Bedingungen mit variablen Mustern und flexiblem Verhalten reagiert. Dabei kommt zum Vorschein, was alternativ kollektive Intelligenz oder eben Emergenz genannt werden kann. Analog dazu beschreibt Johnson die Entwicklung von Städten: Ganz gewöhnliche Menschen treffen aufeinander und entwickeln ein wirtschaftliches, soziales und künstlerisches Leben. Und was dabei herauskommt, sind Städte wie New York, Paris, Berlin usw. Diese Städte haben sich kaum nach einem zentral ausgeklügelten Masterplan entwickelt, vielmehr sind sie ganz allmählich, durch das Zusammentreffen und -wirken von unterschiedlichen Menschen zu ganz unterschiedlichen

Zeiten geworden, was sie heute sind. Diese kollektive Intelligenz und Kreativität beschreibt er ganz unverblümt so: „Was haben diese Systeme gemeinsam? ... Sie sind vor allem auf der untersten Ebene gewitzt. ... Es handelt sich hier um anpassungsfähige Systeme, die emergente Eigenschaften haben. ... Die Emergenz drückt sich in einer Bewegung von den unteren Ebenen zu den höheren Ebenen hin aus, z.B. in Bezug auf das Verhalten und ungeschriebene Gesetze."[5]

Aus der Sicht von Richard Pascale, Mark Millemann und Linda Gioja, Autoren des Buches „Auf dem Grat zum Chaos spazieren" („Surfing the Edge of Chaos"), kann Emergenz folgendermaßen beschrieben werden: „Selbstorganisation und Emergenz sind zwei Seiten derselben (Lebens-)Münze. Selbstorganisation ist die Tendenz bei bestimmten (aber nicht allen) Systemen, die sich nicht im Gleichgewicht befinden, sich in eine Lage zu versetzen, in der die Bestandteile des Systems unwahrscheinliche Bedingungen hervorrufen. ... Durch Interaktion setzen diese sich dann wieder zu neuen Formen zusammen. ... Indem einfache Muster miteinander in Netzwerkverbindungen stehen, unterziehen sie sich einer Umwandlung. ... *Emergenz* ist das Ergebnis davon: ein neuer Zustand, eine neue Sachlage. ... Wie ein Jazzensemble einen neuen Klang kreiert, den man sich vorher auch nicht hätte ausmalen können, indem man den einzelnen Instrumenten zuhört."[6]

Missional Leitende geben nicht vor, wie ihre Gemeinde sich die Zukunft vorzustellen hat; vielmehr kultivieren sie das Umfeld, in dem die Gemeinde ihre Vorstellung darüber selbst entwickeln kann.

Die grüne bzw. emergente Zone, in der Pionierarbeit an erster Stelle steht, ist eine Phase maximaler Kreativität und Experimentierfreude. Die Gemeindemitglieder entdecken selbst, wie sie ihr eigenes Leben im Angesicht der turbulenten und sich verändernden Umwelt gestalten können. Sie erkennen an, dass sie die Folgen nicht vorhersagen oder gar steuern könnten. Die Richtung hingegen, in die Veränderungen vonstatten gehen, können sie durchaus beeinflussen. Die Beschäftigung mit Gottes Wort spielt eine große Rolle, wie auch die Fragen danach, wie sie sich in ihrem Kontext angemessen engagieren können bzw. danach, was Gott in ihrem Kontext bereits tut. Wie dies konkret die Lebensformen prägen wird, kann ebenso wenig vorausgesagt werden, wie die Antwort auf die Frage, was dies für das Zeugnisgeben in der Welt bedeutet. In der Phase der Pionierarbeit ist *learning by doing* angesagt; man kann nicht verlässlich wissen, was Erfolg haben wird und was vergebliche Mühe ist, weil die Situation selbst so unbekannt ist. Es ist als Leiter deswegen wichtig, in dieser Zone die kreative Energie und Vorstellungskraft der Menschen durch beständige Interaktion zwischen der Auseinandersetzung mit den biblischen Erzählungen und den persönlichen Erfahrungen innerhalb des kulturellen Kontextes zu kultivieren.

In einer Gemeinde trafen sich mehrere Monate lang einige Leute, um gemeinsam in Gottes Wort einzutauchen. Die ganze Zeit über lasen sie denselben Text (Lukas 10,1-12), tauschten sich über ihre Gedanken zu diesen Versen ebenso aus wie über ihre Erfahrungen mit dem Text in Bezug auf ihre Kontakte in der Nachbarschaft und Gemeinschaft. Durch diesen Prozess der intensiven Auseinandersetzung und des Einander-Zuhörens nahmen viele auch Gottes Stimme wahr. Eine Frau hörte, wie Gott sie aus ihrer Arbeit als Lehrerin rief, um sich in einem Hospiz um Sterbende zu kümmern. Ein anderes Ehepaar merkte, wie Gott es auf seine Rolle in seiner ethnisch bunten und sich verändernden Nachbarschaft aufmerksam machte. Die beiden fingen ganz klein an, indem sie durch die Gegend spazierten, dabei die Menschen begrüßten und z.B. Müll von der Straße aufsammelten. Nachdem sie dies eine ganze Weile gemacht hatten, entwickelten sich Gespräche, die sie vorher nie für möglich gehalten hatten. Missional Leitende vertrauen zuversichtlich darauf, dass sich eine gute Richtung und gute Taten aus dem Leben und der Interaktion einer Gemeinschaft von selbst entwickeln.

DER UNTERE ABSCHNITT DER EMERGENTEN ZONE: EXPERIMENTIEREN.

Eine Gemeinde kommt allmählich aus dieser Phase der emergenten Kreativität heraus. Das *Learning by Doing* nimmt zugunsten angemessener Strukturen und Gewohnheiten ab, die die Gemeinde für sich findet. Diese Umstellung verdeutlicht das Bedürfnis, dem Entstehenden Form und Struktur zu geben. Die Identität der Gemeinde ist nach wie vor von ihrer Beschäftigung mit Gottes Wort in der Auseinandersetzung mit dem Kontext geprägt, sie bewahrt sich ihre Anpassungsfähigkeit, die mit einer hohen Experimentierfreudigkeit einhergeht. Leitungskompetenzen sehen hier so aus, dass Strukturen, Gewohnheiten und Praktiken entwickelt werden müssen, damit sich die Gemeinde strukturiert mit ihrem Kontext auseinandersetzen kann. In dieser Zone besteht also eine Spannung zwischen einer aktiven, emergenten Kultur, in der Ideen entwickelt und ein dynamischer Umgang mit der Umwelt geübt wird, sowie der Notwendigkeit danach, Gewohnheiten und Praktiken in der Gemeinde auch strukturell zu verankern.

CHARAKTERISTIKA DES LEITENS IN DER EMERGENTEN ZONE

Ungewissheit ist für Leiter in der emergenten Zone der Normalfall und nichts, was man vermeiden müsste. Tatsächlich streben die Menschen in der Gemeinde nicht einem wohldefinierten Ziel nach, das man mithilfe eines Plans möglicherweise erreichen könnte. Vielmehr träumt man gemeinsam einen Traum, der weder einen großen Plan noch vorschnelle Lösungen der oben genannten Spannungen bzw. der Ungewissheit mit sich bringt.

Beim Leiten sind geteilte Überzeugungen zentral. Gemeinsam kämpft man für eine Sache, die für alle zu einer Herzensangelegenheit geworden ist. Dabei sind die Konturen noch nicht an jeder Stelle deutlich; die Menschen lernen noch, was es heißt, die radikalen Veränderungen ihrer Umwelt zu erfassen und sich darauf einzustellen.

Eine Gruppe startete ein Gemeindegründungsprojekt in der Innenstadt einer Metropole. Sie ließen sich auf die Menschen vor Ort ein, lebten mit ihnen, hörten ihnen zu und setzten sich intensiv mit ihnen auseinander – und für sie ein! So konnten missionarische Dienste entstehen. Diese Arbeit weckte das Interesse anderer Christen, die in anderen Stadtteilen auf ganz ähnliche Weise Gemeinde bauen wollten. Anstatt nun mehrere voneinander unabhängige Lokalgemeinden zu gründen, entwickelten sie eine einzige, die an unterschiedlichen Orten in der Stadt – direkt in den Nachbarschaften – gleichzeitig besteht. Diese Vision stand nicht gleich zu Beginn fest, sie hat sich erst im Laufe der Arbeit entwickelt: Während man sich vor Ort auf die Arbeit konzentrierte, war man in Bezug auf Ressourcen und Leitungsfragen usw. ständig im Kontakt.

Leiten bedeutet hier, einen hohen Grad an sozialer Interaktion zu ermöglichen und aufrechtzuerhalten. Dazu ist ein Umfeld nötig, in dem Menschen am Leben anderer teilhaben. Sie brauchen sich gegenseitig, um Ideen zu entwickeln, sich darüber auszutauschen, sie zu verwerfen oder zu konkretisieren; alleine ist dies unmöglich, vor allem, da die Lage noch nicht vollständig erfasst, sondern größtenteils unbekannt ist. Kommunikation läuft direkt und im persönlichen Kontakt ab, Probleme werden nicht auf die lange Bank geschoben oder in eigens dafür anberaumten Meetings besprochen.

Emergent Leiten funktioniert besonders gut in informell organisierten Settings, oft in Anfangssituationen, in denen es noch keine klar definierten Regeln oder festgelegten Leitfäden gibt. Diese werden dann besprochen, wenn es so weit ist. Bis dahin wird das getan, was getan werden muss. Entsprechend werden Leitbilder bzw. Mission Statements nicht vom Schreibtisch aus entwickelt, sondern wenn man bereits unterwegs ist. Es gibt zwar ein deutliches Bewusstsein darüber, dass man im Auftrag Gottes in dieser konkreten Zeit unterwegs ist, was das aber im Einzelnen genau bedeutet, muss zu diesem Zeitpunkt noch gar nicht vollständig klar sein, genauso wenig, wie man erst ein ausgefeiltes Leitbild haben muss.

Die Menschen lernen durch das systematische Ausprobieren, was natürlich auch Fehler mit einschließt. Eine Kultur, die das Risiko wertschätzt und zulässt, ist wichtiger als die Angst vor Fehlern.

Leitende sorgen dafür, dass es in der Gemeinde keine hierarchischen Strukturen gibt.

Leitende blühen da auf, wo sich Ungewissheit breitmacht und es viele Fragen ohne klare Antworten gibt.

Leitende fokussieren die kulturelle Prägung der Gemeinde und legen weniger Wert auf die organisatorische Form.

Leitende nehmen Herausforderungen bereitwillig an, sie werden nicht als Krisen- oder Ausnahmesituationen betrachtet, die man schleunigst hinter sich bringen sollte.

Und schließlich betrachten emergent Leitende Planung nicht als etwas Lineares, sondern als etwas Emergentes. Anstatt anhand eines bestimmten Planes vorzugehen, lernen Leitende es, die kreative Auseinandersetzung und Experimentierfreudigkeit zu kultivieren, was wiederum die missionale Vorstellungskraft stärkt.

Gemeinden in der performativen Zone
In der performativen Zone zeichnet sich die Gemeindekultur durch organisatorische Strukturen und Kompetenzen aus, die sich in einem stabilen Umfeld, wie z.B. in bestimmten Jahrzehnten des 20. Jahrhunderts als brauchbar erweisen. Die Eigenschaften des unteren Abschnitts unterscheiden sich dabei deutlich von denen im oberen Abschnitt, die wir uns zunächst ansehen, bevor wir erst einmal die reaktive Zone näher beleuchten, um anschließend den unteren Abschnitt der performativen Zone zu erläutern. Diese Vorgehensweise ist analog zu ganz normalen Veränderungsprozessen in Gemeinden, wie sie das Modell illustriert: Es ist relativ vorhersehbar, wie eine Gemeinde von der emergenten Phase voller Kreativität und aktiver Auseinandersetzung in eine Phase kommt, in der man sich an die Herausforderungen der Umwelt anpasst. Als Organisation konzentriert man sich hier auf die Kompetenzen und Ideen, die sie vormals erfolgreich gemacht bzw. formiert haben. Der Schwerpunkt liegt also nicht länger darauf, bestimmte Kompetenzen und Ideen zu entwickeln, sondern diese an die nächste Generation von Leitern weiterzugeben. Deswegen wird diese Zone auch die performative Zone genannt.

OBERER ABSCHNITT DER PERFORMATIVEN ZONE
Die Organisationskultur konzentriert sich vor allem auf das, was sich in der Vergangenheit bewährt, was sich als nützlich und fruchtbar erwiesen hat.

Es wird großer Wert darauf gelegt, beständig und regelmäßig bestimmte Gewohnheiten zu pflegen und Veranstaltungen durchzuführen. Innovation voranzutreiben und dynamisch zu bleiben, wird demgegenüber eine viel geringere Priorität eingeräumt. In der performativen Zone wachsen Gemeinden nicht, indem durch ihre Kontakte in den Kontext außerhalb der Gemeinde neue Mitglieder gewonnen werden, sondern sie wachsen durch das Hinüberwechseln von Mitgliedern anderer Gemeinden. In einer guten performativen Kultur spielt Kreativität eine wichtige Rolle in der Gemeinde, sie wird aber nicht mehr als so grundlegend relevant betrachtet und kultiviert wie in der emergenten Zone. Während des 20. Jahrhunderts prägten in Nordamerika performative Gemeinden und ihre Leitenden die Vorstellung von gemeindlicher Organisationskultur.

Eine performative Gemeinde kann durch die Farbe Blau symbolisiert werden; diese Farbe steht für solide Arbeit, Verlässlichkeit und Seriosität und letztlich für Erfolg. Viele Versicherungen und Banken haben blaue Logos und versuchen so, sich die Konnotationen dieser Farbe zunutze zu machen. Sie wollen zeigen, dass sie schon lange Erfolg haben und ihre Prinzipien und Werte beständig sind. Ihr Bezugsrahmen ist in der Regel klar verständlich und allgemein akzeptiert. Bezüglich ihrer Organisationskultur sollte eines jedoch klar sein: Eine performative Gemeindekultur funktioniert am besten in einem beständigen, berechenbaren Umfeld; auf Veränderungen radikaler Art ist sie nicht eingestellt. Innerhalb einer performativen Kultur lässt es sich dann erfolgreich arbeiten, wenn die Bedingungen stabil sind. Entsprechend ist es für Mitarbeiter in einer solchen Kultur erstrebenswert, wenn für Stabilität gesorgt wird und Veränderungen weitestgehend vermieden werden. Also werden Methoden angewendet und Veranstaltungen organisiert, die das Bestehende verbessern, jedoch nicht grundlegend verändern (besserer Lobpreis, bessere Predigten, Evangelisationen, Kleingruppen, Missionseinsätze etc.). Gewohnheiten, Methoden und erforderliche Kompetenzen, die doch bislang für Erfolg gesorgt haben, zu verändern, dagegen sträubt man sich.

Die performative Zone ist der kulturelle Rahmen, in dem sich viele Gemeinden über weite Teile des 20. Jahrhunderts bewegten; tatsächlich ist er auch heute noch für viele wachsende Gemeinden gültig, und das aus guten Gründen. Während sich die letzten Jahrzehnte des 20. Jahrhunderts durch Kontinuität, Vorhersagbarkeit und Beständigkeit auszeichneten, sind die Fragen nach radikaler Veränderung erst in letzter Zeit stärker geworden. Immer noch sind fast alle Methoden, Vorgehensweisen und Strukturen, die in Gemeinden zu finden sind, nachhaltig performativ geprägt. Diesen liegt die Annahme zugrunde, dass Gemeinden stetig, wenn auch unspektakulär, wachsen, wenn sie sich nur halbwegs durchschnittlich verhalten, interne Konflikte weitgehend vermeiden und ihre Veranstaltungen immer mal wieder auffrischen. Während dies während einer ungewöhnlich langen Phase von relativ großer sozialer Stabilität in Nordamerika gut funktionierte, gilt diese Annahme längst nicht mehr. In den letzten Jahren bzw. Jahrzehnten ist unsere stabil wirkende Gesellschaft aus dem Gleichgewicht geraten; als Folge davon sind Gemeinden und ihre Leiter zunehmend verunsichert und ratlos in Bezug auf ihre Aufgaben in der Gesellschaft.

CHARAKTERISTIKA DES LEITENS IN DER PERFORMATIVEN ZONE

Erstens: Im Gegensatz zur emergenten Zone, die sich durch mehr oder weniger lose Netzwerke von Teams und Gruppen auszeichnet, ist die Organisationskultur in der performativen Zone von durchstrukturierten Rollen, eindeutigen Funktionen und klaren Erwartungen geprägt. Diejenigen, die hier eine leitende Position innehaben, sind meistens Profis mit einem entsprechenden Abschluss. Dieser Abschluss wird ihnen oft von Ausbildungsstätten verliehen, die von den Denominationen selbst betrieben werden.

Zweitens: Es wird nicht länger das organisiert, was unmittelbar ansteht; man denkt voraus und plant über große Zeiträume hinweg. Man hält es für die Aufgabe der Leitung, Entwürfe und Lösungen für die Gemeinde zu erstellen und zu entwickeln. In der Leitung heißt es, eine hierarchische Struktur sei für die Planung der Entwicklungen optimal.

Drittens: In Gemeinden übernehmen standardmäßig diejenigen Aufgaben, die sich darauf spezialisiert haben. Zertifizierte Frauen und Männer werden als Profis angestellt, sodass sie mit ihrer Ausbildung und den entsprechenden Kompetenzen die Mitarbeiter einer Gemeinde stellen und diese leiten. Im Gegensatz dazu werden Laien in der Gemeinde als nicht ausreichend ausgebildet betrachtet.

Viertens: Für Leitende liegt der Schwerpunkt darauf, der Gemeinde eine klare Struktur vorzugeben. Ihre Aufgaben sind durch ganz bestimmte Rollen klar vorgegeben; Leitende werden eingesetzt, je nachdem, wie gut sie diese Rollen erfüllen.

Fünftens: Eine hierarchische Organisation löst zunehmend den zwanglosen und dynamischen Umgang untereinander ab. Es gibt klare Vorgehensweisen, anhand derer Mitarbeiter und Leitende sich in dieser Hierarchie auf und ab bewegen, z.B. können diese in einem Mitarbeiterleitfaden zusammengefasst werden, in dem Rollen beschrieben und Funktionen vorgegeben werden.

Sechstens: Das Prinzip, dass jeder mit eigenen Ideen und Erkenntnissen zum gemeinsamen Lernen beitragen kann, ist überholt. Vielmehr sind es hier die Experten und Profis, die vorgeben, was gemacht wird und die auch die Kontrolle darüber behalten.

Siebtens: In den meisten Gemeinden gibt es keine gemeinsamen Träume bzw. Visionen mehr, die die Leute zusammenbringen oder zusammenhalten. Manche mögen die Vision oder das Mission-Statement noch benennen können, die die Gemeinschaft wesentlich geprägt hat; was die Gemeinde jedoch tatsächlich zusammenhält, sind die regelmäßigen Veranstaltungen und die eigenen Bedürfnisse.

Achtens: Informelle soziale Interaktion war einmal. An ihre Stelle treten gewählte Gremien, Planungskomitees und Meetings. Die Kommunikation in der Gemeinde hat sich also grundlegend gewandelt, sie kann als hierarchisch charakterisiert werden, also als das Herunterreichen von Informationen, z.B. durch Infobriefe und ähnliche Ankündigungen. Es geht hier also nicht länger um den gemeinsamen Austausch über die dringenden Anliegen; vielmehr werden Einzelheiten über geplante Veranstaltungen und Aktivitäten von leitenden Mitarbeitern weitergegeben, damit die Gemeindemitglieder wissen, wie sie sich daran beteiligen bzw. einbringen können. Entsprechend halten viele Leiter die Informationsweitergabe in Form von Gemeindebriefen oder die sonntäglichen Ankündigen für Kommunikation.

Neuntens: Das Entwickeln von Ideen, Konzepten und Plänen geschieht nicht auf emergente, sondern auf effiziente und rationale Weise. Unter der Annahme, dass die Erfahrungen aus der Vergangenheit auch für die Zukunft gelten, wird das Bestehende weitergeführt; ob die Menschen zustimmen oder nicht, machen sie bei Wahlen deutlich oder durch das Aufstocken bzw. Herabsetzen ihres finanziellen Beitrags.

EIN ABSTECHER IN DIE REAKTIVE ZONE

Bevor der untere Abschnitt der performativen Zone erläutert werden kann, muss die reaktive Zone in den Blick genommen werden. Eine Gemeinde hat in einem bestimmten Umfeld über längere Zeit recht gut funktioniert; nun aber verändert sich dieses Umfeld. Alan arbeitete einmal als Pastor in einer großen Gemeinde mitten in Toronto, in der vorwiegend britische Einwanderer lebten. Ihre Blütezeit erlebte die Gemeinde vor allem bis Mitte der 1950er-Jahre. Da war sie groß und erfolgreich. Danach zogen viele junge Familien in die Vorstädte, während zunehmend auch Einwanderer aus anderen Ländern in diesen Bezirk zogen. Die Gemeinde machte beständig und gewissenhaft ihre Arbeit und organisierte treu die gleichen Veranstaltungen wie eh und je. Nach ein paar Jahrzehnten aber war sie zusammengeschrumpft; nur eine Handvoll Senioren hielt noch die Stellung, mitten in einer Umgebung, in der sie selbst zu Fremden geworden waren. Ihr Umfeld hatte sich radikal verändert, was die Gemeinde lediglich dazu veranlasste, mit noch mehr Anstrengung das zu tun, was früher einmal Erfolg versprach; dabei blieb die Integration neuer Gruppen auf der Strecke, die Gemeinde fand sich schnell in einer Abwärtsspirale wieder und damit in der reaktiven Zone.

Gemeinden in der reaktiven Zone

Wenn Gemeinden, die sich im oberen Abschnitt der performativen Zone befinden, mit radikaler Veränderung konfrontiert werden, passiert mit ihnen etwas, das anhand der reaktiven Zone erläutert werden kann. Wenn der kulturelle und soziale Kontext, in dem eine Gemeinde sich bewegt, grundlegende und radikale Veränderung erfährt, sind die bislang von der Leitung ausgeübten Kompetenzen und Gewohnheiten möglicherweise nicht unnütz geworden, aber sie reichen nicht länger aus, um die Gemeinde gut durch diese Veränderungsprozesse zu führen. Aus dieser Spannung entstehen häufig Konflikte und Enttäuschung. Insbesondere angesichts krisenhafter Erfahrungen in der Gemeinde reagieren viele irritiert und ängstlich. Genau so sah auch die Situation der Gemeinde in Toronto aus, in der Alan Anfang der 1980er-Jahre zu arbeiten begann.

Ähnliche Erfahrungen machte eine große Gemeinde in Cincinnati, die in den 1970ern und 1980ern ein phänomenales Wachstum verzeichnete. Die Gemeinde war für ihre Predigten berühmt und veranstaltete viele sehr beliebte Weiterbildungskurse für die evangelikalen Christen in der Stadt; entsprechend strömten Menschen aus der gesamten Region in diese Gemeinde. Sie pflegte ihren guten Ruf, engagierte sich auch mit experimentelleren Konzepten und prägte mehrere Generationen von Leitern. Aber die Zeiten änderten sich; andere Gemeinden übernahmen die Vorreiterrolle, veranstalteten Gottesdienste für Kirchenferne und wurden zu Megagemeinden. Auch das soziale Umfeld dieser Gemeinde unterlag einem Wandel, sodass sich die Gemeinde allmählich kulturell und sozial völlig isolierte. Ende der 1990er-Jahre hatten die meisten jungen Leute die Gemeinde längst verlassen und sich anderen, neuen Gemeinden angeschlossen. Einen solchen Mitgliederschwund hatte es noch nie gegeben, und die Gemeindeleitung war ratlos, wie mit dieser Situation umzugehen war. Als in dieser unglücklichen Situation ein großer Teil der Mitglieder auch noch beschloss auszutreten, um eine neue Ge-

meinde zu gründen, bekamen die verbleibenden Mitglieder große
Zweifel, ob die Gemeindeleitung überhaupt noch in der Lage war,
ihre Aufgaben wahrzunehmen.

In der reaktiven Zone geben Leitende sich mehr Mühe als je zuvor, dabei können sie auf weniger Mitarbeiter und Ressourcen zurückgreifen, als sie es in der Vergangenheit konnten. Sie müssen immer mehr Probleme lösen und Krisen meistern, haben aber viel weniger Zeit und Ruhe, um sich ernsthaft mit den Ursachen auseinanderzusetzen. Leider hilft es hier gar nicht, sich einfach noch mehr anzu-
strengen. Finanzielle Engpässe und daraus resultierende Kürzungen
im Personalbereich führen zu immer mehr Druck auf immer weniger
Schultern. Kreativität und Leistung nehmen ab, der Stresspegel
steigt. Auch die Aufgaben der Leiter verschieben sich: Zunehmend
müssen Konflikte gelöst, Streit geschlichtet und Unstimmigkeiten
beigelegt werden. Leitende finden sich also auf einmal mit Aufgaben
konfrontiert, für die sie weder ausgebildet noch angestellt wurden.
Und für ihre eigentliche Aufgabe, zu der sie sich berufen fühlen und
die ihnen wichtig ist, fehlt ihnen mitunter einfach die Zeit und die
Kraft. Überfordert und ohne echte Aussicht auf Besserung kapitulie-
ren viele Leitende oder arbeiten bis zur Erschöpfung. Dies geschieht
in der reaktiven Zone, die, wie die performative Zone, zwei unterschiedliche Abschnitte aufweist.

Der obere Abschnitt der reaktiven Zone
Im oberen Abschnitt der reaktiven Zone geben Organisationen und
ihre Leiter sich sehr viel Mühe und verwenden große Anstrengungen
darauf, mit dem sich verändernden Umfeld zurechtzukommen. Sie
arbeiten hart daran, die bestehenden Veranstaltungen und Kreise effektiv und erfolgreich zu gestalten. Ein Paradebeispiel dafür, wie der
Umgang mit neuen Technologien eine ganze Branche veränderte, ist
der Zeitungsdruck in den 1970ern. Man stellte fest, dass man mit
Computern schnell und effizient sämtliche Artikel an die Drucker-
presse schicken und so weitgehend auf die bis dahin unentbehrlichen
Schriftsetzer verzichten konnte. Heute ist das für uns alle eine Selbstverständlichkeit, damals aber war der Beruf des Schriftsetzers weit

verbreitet und hatte eine jahrhundertelange Tradition. Er war unverzichtbar für die Verlagsarbeit. Dass diese wichtige und etablierte Tätigkeit jemals entbehrlich werden würde, hatte im Rahmen ihrer performativen Zonen-Kultur niemand erwartet. Doch innerhalb kürzester Zeit wurde dieses Handwerk, das einst mit Gutenberg begann, durch die Entwicklung der Computer hinfällig.

Die Reaktion der meisten Schriftsetzer war typisch für den oberen Abschnitt der reaktiven Zone. Sie versuchten, die Veränderungen aufzuhalten und ihre auf Tradition beruhende Tätigkeit vertraglich zu schützen. Während ihrer oft monatelangen Streiks gab es keine Zeitungen und zumindest für eine Weile erreichten sie es, dass sie ihre Arbeit mit allen dazugehörigen Privilegien behalten konnten. Aber der technologische Fortschritt war so schnell, bald brauchte man keine Schriftsetzer mehr. Innerhalb von knapp zehn Jahren war der Beruf des Schriftsetzers Vergangenheit. Kaum einer hatte dies vorausgesehen! Wenn sich eine etablierte Organisation aus der performativen Zone plötzlich (und für die meisten fühlen sich diese Veränderungen unvermittelt und plötzlich an) in der reaktiven Zone wiederfindet, versuchen die Verantwortlichen, die Stabilität der performativen Zone schleunigst wiederherzustellen.

Gemeinden, die sich in dieser Zone bewegen, reagieren in der Regel ganz ähnlich. In einer Kirche war es lange Zeit üblich, dass die Pastoren die zur Kirche gehörende Ausbildungsstätte besuchten. Diese pflegte eine performative Kultur und immer mehr Studenten zogen eine Ausbildung in einem anderen Seminar vor, sodass Anfang der 1990er die Pastoren mehrheitlich an anderen Ausbildungsstätten studiert hatten. Diese Entwicklung brachte sowohl die Schule und die dort Lehrenden als auch die Leitung der gesamten Kirche in die Bredouille, sahen sie doch ihre Autorität und Kontrollmöglichkeiten in Gefahr. Auf eine für die reaktive Zone typische Weise beschlossen sie, dass fortan nur noch Absolventen ihres Seminars in den Gemeinden angestellt werden dürften. Man ging davon aus, dass man dadurch die vormals dominante Stellung der Schule wiederherstellen könne und so weiterhin Einfluss auf die Weltanschauung und Einstellung der Leitenden würde nehmen können. Mit dieser Maßnahme wollte man etwas gegen die eigenen (Verlust-)Ängste tun und die Kirche vor dem Zerfall bewahren. Wie es typisch für Leitende in der reaktiven Zone ist, bestand das Eingreifen in dieser Situation vor allem darin, Veränderungen zu regulieren und so Strukturen zu festigen.

Organisationen in der blauen Zone (vgl. Abbildung 3.1) funktionieren auf Grundlage performativer Kompetenzen und Werte; diejenigen, die diese am besten zeigen, erfahren in diesem performativen System die meiste Anerkennung, z.B., indem sie immer mehr Verantwortung und Prestige bekommen, eben weil sie auf gute, performative Weise leiten. Das, was diese Leiter auszeichnet, der Status, die Kompetenzen, die Ressourcen, kommen in der reaktiven Zone unter Beschuss; sie zählen nicht mehr so wie vorher, weil sie nicht mehr so gut funktionieren wie vorher. Derart irritiert, unternehmen Leiter jede Menge Anstrengungen, um ihrer Bedeutung und den alten Maßstäben, innerhalb derer sie ihr Prestige aufbauen konnten, wieder die Geltung zu verschaffen, die ihnen ihrer Ansicht nach gebührt. Und um so der Organisation wieder zur alten Stabilität zu verhelfen, in der es noch nicht so viel Unsicherheit gab.

In einem Gemeindeverband gab es immer mehr Gemeinden, die mit Mitgliederschwund und finanziellen Einbußen zu kämpfen hatten und zwar in immer stärkerem Ausmaß. Der Direktor rief daraufhin eine Aktion ins Leben, mit der er Geld sammeln wollte, um die Schulden zu begleichen und die Gebäude zu sanieren (eine performative Lösung für radikale Veränderungen). Nur wenige Gemeinden ließen sich darauf ein, was dazu führte, dass der Direktor einen Brief aufsetzte, in dem er warnte, dass Gemeinden, die an solchen Aktionen nicht teilnahmen, zukünftig nicht mit Krediten oder Bürgschaften rechnen könnten (weisere Kollegen rieten ihm schließlich davon ab, den Brief tatsächlich zu versenden). In der reaktiven Zone werden Regulierungen dieser Art vorgenommen, um Kontrolle über die Organisationen beizubehalten bzw. zurückzugewinnen. Ganz ähnlich verhielt sich das Volk Israel, als es verlangte, aus der beängstigenden Wüste zurück in die Sklaverei in Ägypten zu dürfen.

Ein Orkan entsteht nicht von jetzt auf gleich, es gibt die sprichwörtliche Stille vor dem Sturm, in der dieser seine Kräfte zu sammeln scheint. Auch die Dynamik, die zur reaktiven Zone führt, baut sich erst nach und nach auf; sie wird in der Regel weder von Gemeindemitgliedern noch von der Leitung wahrgenommen. Und so kommt es, dass man sich unvermittelt und ohne Vorwarnung in der reaktiven Zone wiederfindet und die ganze Gemeinde auf dem Spiel steht. Weil diese Situation so undurchsichtig ist und die Menschen in der Leitung sie weder kennen noch verstehen, greifen sie auf die Strategien zurück, die sich in der Vergangenheit – also in der performativen Zone – als hilfreich erwiesen haben, um so auch die ganze Gemeinde wieder zu dem zu machen, was sie während dieser inzwischen allerdings längst vergangenen Zeit einmal war. Auf diese Weise erreicht die Leitung möglicherweise, dass die Angst und die Unsicherheit kurzfristig nachlassen, eine zukunftsweisende Lösung von Dauer ist dies aber sicherlich nicht.

REAKTIVE ZONE: KRISE. Eine Zeit lang machen Leiter so weiter wie bisher, in der Hoffnung und Annahme, dass die Arbeitsweise aus der Vergangenheit auch in der Zukunft nützlich ist. Sie kennen ja auch keine andere! Und für eine gründliche Analyse der Situation fehlt ihnen das geeignete Werkzeug. Früher oder später setzt sich die Einsicht durch, dass alle Versuche, die Schwierigkeiten mit regulativen, performativen Maßnahmen zu kompensieren, misslingen und die Situation nur noch weiter außer Kontrolle gerät.

Nachdem der Regionalverband einer größeren Denomination in den USA in eine beträchtliche finanzielle Krise geraten war, präsentierten der Leiter und sämtliche Vorstandsmitglieder bald ein Strategiepapier mit proaktiven Schritten, um den Verband aus dieser Krise herauszuführen. Diese Schritte waren typisch für die performative Zone:

- Der Beitrag, den Gemeinden für jedes Gemeindemitglied zahlen müssen, wurde erhöht.
- Kleinere Gemeinden wurden zusammengelegt, sodass Gebäude entbehrlich wurden und verkauft werden konnten; so konnte ein Teil der Schulden bezahlt werden.

- Der jährlich wachsende Fehlbetrag im Haushalt wurde mithilfe von Erbschaften gedeckt.

Knapp vier Jahre später kam die Krise mit voller Wucht zurück. Das Strategiepapier und die ausgeführten Schritte hatten kurzfristig für Entspannung gesorgt, die Probleme aber wurden nur oberflächlich behandelt. Dass in einer Zeit radikaler Veränderungen die Organisationskultur des Verbands selbst eine grundlegende Umgestaltung erforderte, war vollkommen übersehen worden.

Dieses Beispiel illustriert die Eigenschaften der Krise, die sich in der reaktiven Zone manifestiert. Auf rückläufige Finanzen wird mit Personalabbau und Kürzungen bei Veranstaltungen reagiert; der finanzielle Rahmen, an den Gemeinden sich im Laufe des 20. Jahrhunderts gewöhnt hatten, lässt sich nicht länger aufrechterhalten und ebenso wenig die entsprechenden Gemeindestrukturen. Krisen der reaktiven Zone äußern sich folgendermaßen:

- Frustration macht sich breit, die Menschen sind unzufrieden mit ihrer Leitung und sind skeptisch, ob diese mit der Situation angemessen umzugehen weiß.
- Die Mitarbeiter werden nervöser; angesichts eines schrumpfenden Budgets wächst die Anspannung, die zu subtilen Machtkämpfen führt. Aus Angst wird die Kontrolle der Mitarbeiter, der Finanzen und der methodischen Vorgehensweise verstärkt.
- Bei nebensächlichen Themen verhärten sich zunehmend die Fronten, was mitunter zu Grabenkriegen führt. Man redet schlecht übereinander und steht sich früher oder später unversöhnlich gegenüber, sodass über die Krise selbst kaum noch sinnvoll gesprochen werden kann.
- Um die Kontrolle nicht vollends zu verlieren, werden immer mehr Regeln und Leitfäden entwickelt.
- Für viele ist diese Phase emotional und/oder körperlich derart anstrengend, dass sie sich zurückziehen und ihre eigenen Gruppen bilden. Auf diese Weise zersplittert das System – in

der Regel wegen nebensächlicher Fragen; die Krise verschärft sich.

- Der Druck nimmt auf allen Seiten so stark zu, dass insbesondere die Leiter es nicht mehr schaffen, sich ihm zu entziehen und den Stress abzubauen.

DER UNTERE ABSCHNITT DER REAKTIVEN ZONE: DIE FRUSTRIERTE GEMEINDE. Der untere Abschnitt der reaktiven Zone verweist auf eine Phase maximaler Frustration und Entmutigung in der Gemeinde. Eine über die Maßen engagierte Pastorin, die in ihrer Gemeinde zwar viele Veränderungen ins Rollen brachte und so der Gemeinde zu vielen neuen Mitgliedern verhalf, war trotzdem nicht zufrieden. Sie merkte, dass diese Veränderungen auf der rein organisatorischen Ebene lagen. Sie konnte die Mitgliedszahlen erhöhen, Abläufe effizienter organisieren und gute Veranstaltungen planen. Aber missionales Leben, das ihr als so grundlegend relevant vorschwebte, entstand dadurch nicht.

Aufgrund ihres Erfolgs als Pastorin wurde sie in eine Position innerhalb ihres Gemeindeverbands berufen, in der sie Verantwortung für 180 Gemeinden übernahm. Nachdem sie diese Rolle fünf Jahre lang ausgefüllt hatte, war sie frustriert und mutlos: Sie hatte zunehmend das Gefühl, nur noch Probleme lösen und Krisen meistern zu müssen. Ihre Gemeinden und Pastoren, die sich um nichts anderes mehr kümmerten, als um Notlagen und Schwierigkeiten, empfand sie als immer nerviger und anstrengender. Sie trat auf der Stelle; sie wusste zwar, dass es nicht reichte, bloß schicke neue Veranstaltungen zu planen. Aber ihre gesamte Arbeitszeit und Kraft brauchte sie für das Löschen kleinerer und größerer Problemfeuer, für das Vermitteln bei Konflikten innerhalb der Gemeinden oder für das Helfen bei individuellen Krisen von Leitern. Ihr persönliches Fazit war ernüchternd und bitter; vor ihren Kollegen und Vorgesetzten hätte sie es auch nie so explizit gesagt. Aber sie war sich sicher: Sobald sie diese Stelle abgibt, wird sie wohl nie wieder selbst in eine Gemeinde gehen.

Aus unserer Sicht steckte diese Pastorin in der reaktiven Zone fest und konnte nicht verstehen, was der Wechsel von der performativen zur reaktiven Zone für das Leiten bedeutet. So wie sie sind auch viele andere Leitende in einer Übergangsphase zwischen diesen beiden Zonen bzw. Phasen (vgl. Abbildung 3.2).

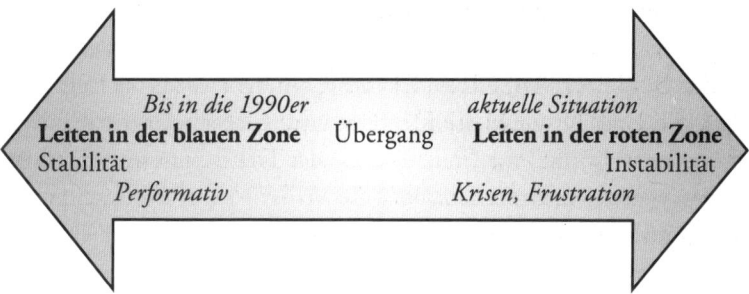

Abbildung 3.2   Der Übergang von der performativen zur reaktiven Zone

In der reaktiven Zone sind Leiter insbesondere mit zwei Herausforderungen konfrontiert. Erstens müssen sie sich klarmachen, dass die Anforderungen an sie neu und ungewohnt sind. Das heißt auch, dass man ihnen nicht länger mit den üblichen Methoden und Einstellungen gerecht werden kann. Performative Strategien, Werte und Vorgehensweisen funktionieren in solch einer Situation ganz einfach nicht mehr, da hier Entscheidungen gefällt werden müssen und auf eine Weise gehandelt werden muss, die ins gängige Paradigma nicht mehr passen. In der roten Zone stehen einige grundlegende Fragen und Themen zur Debatte, die an sich schon nicht leicht zu verstehen sind. Deswegen muss zunächst mit Sorgfalt darauf geachtet werden, dass sich die Menschen in ihrer Organisation dieser Themen bewusst sind und die drängenden Fragen verstehen, bevor man sich daran macht, die Organisation zu verändern oder strategische Pläne zu entwickeln.

Zweitens ist die reaktive Zone von Instabilität und Krisen geprägt, für die es keine schnellen Lösungen gibt, sondern mit denen umgegangen werden muss. Krisengeschüttelte Menschen brauchen nicht auch noch umwälzende Veränderungen, wohl aber ein Mindestmaß an Stabilität und Sicherheit, um Kreativität und Innovationskraft zu kultivieren, um gleichsam missionales Leben zu entwickeln. Wie im nächsten Kapitel gezeigt wird, erfordert dies in erster Linie die Bereitschaft zum Dialog und zum Zuhören. Diese Kompetenzen entsprechen in der Regel nicht den Reflexen von Leitern in der reaktiven Zone; diese reagieren meistens instinktiv mit großen Rettungsplänen, um ihre Panik im Zaum zu halten. Dahinter steht die Hoffnung, mit einer mitreißenden Vision oder einem attraktiven Ziel zu verhindern, dass eine Organisation von einer Krisensituation erfasst wird. Eine solche, vermeintlich neue Vision (wie z.B. in der TV-Serie „Star Trek": „... um mutig dorthin zu gehen, wo niemand zuvor gewesen ist") kann z.B. implizieren, eine bestimmte Zielgruppe zu erreichen oder innerhalb der nächsten zehn Jahre eine gewisse Anzahl neuer Gemeinden zu gründen. Eine solche neue Vision soll die Gemeinde wachrütteln und aktiv werden lassen, bevor sie ganz auseinanderfällt. Leider bleiben bei einer solchen Vorgehensweise das Zuhören und die Auseinandersetzung mit den Menschen, die die Krise ebenso empfinden, auf der Strecke. Methodologisch betrachtet, werden die Menschen selbst gar nicht herausgefordert, ihre eigenen Vorstellungen zu entwickeln und einzubringen, im Gegenteil: Die Leitung gibt vor, wo es langgeht. Und so sieht die spannende Zukunft in der Regel schnell aus wie die mitunter öde Gegenwart, woraus der ideale Nährboden für Enttäuschung und Hoffnungslosigkeit entsteht.

In der reaktiven Zone wird eine Krise durchlebt, in der die Menschen erkennen müssen, dass es kein Zurück in die erfolgreiche und zuweilen ruhmreiche Vergangenheit gibt. Die Schwierigkeit besteht oft darin, dass noch völlig unklar ist, was aus der Gemeinde dann werden kann, denn man kennt ja nur das Vergangene. In dieser unsicheren Situation wirkt die Organisationskultur in der Regel schwach und empfindlich, die Menschen sind zögerlich und zurückhaltend, außerdem trauern sie noch immer der vergangenen Zeit nach.

Die Aufgabe von Leitern in der reaktiven Zone ist es nicht, große Pläne zu schmieden, um die Menschen wieder auf eine gemeinsame erfolgreiche Zukunft einzustimmen. Vielmehr sollten sie die Spannungen und Krisenerfahrungen aushalten können und gerade dort den Dialog suchen und Ermutigung zusprechen. Denn dies ist der

Ort, an dem Gottes Leute, die in seiner Gegenwart leben, eine wirklich neue Zukunftsvorstellung entwickeln können; dazu brauchen sie
Leiter, die die Gemeinde als eine lernende Organisation verstehen.

Organisationen im Übergang: der untere Abschnitt der performati-
ven Zone

Wenn eine Gemeinde in der reaktiven Zone merkt, dass die regulativen Maßnahmen nicht greifen und die Krise unaufhörlich voran-
schreitet, bleibt ihr eine Reihe von Möglichkeiten. Sie könnte in eine
Art Schockstarre fallen und so zielstrebig auf den eigenen Untergang
zusteuern; sie könnte sich eine neue Leitung mit einer neuen Vision
suchen, die die Gemeinde durch und durch umgestaltet; sie könnte
sich bewusst für den Schritt in den unteren Abschnitt der performativen Zone entscheiden. Hier herrscht eine einladende Offenheit, sich
neu mit der Frage zu beschäftigen, was es heißt, Gottes Volk zu sein.
Diese Phase erfordert am laufenden Band Entscheidungen, was die
Sache für alle Beteiligten sehr anstrengend macht. In der Regel bilden sich in dieser Zeit zwei Lager in der Gemeinde aus: diejenigen,
die sofort handeln wollen und radikale Innovationen fordern. Konkret kann das z.B. so aussehen, dass eine tief greifende Neuausrich-
tung der Gemeinde verlangt wird, die Gemeindeleitung komplett
ausgetaucht wird und man einen charismatischen Leiter beruft, der
eine neue große Vision ausruft und eine gänzlich neue Richtung ein-
schlägt. Dem gegenüber steht der Wunsch vieler, nicht auszublenden,
was die Gemeinde in der Vergangenheit ausgemacht oder geprägt
hat. Hier kann sich eine beträchtliche Spannung entwickeln, die oft
dazu führt, dass eine Partei den Streit um die Zukunft der Gemeinde
gewinnt. Im unteren Abschnitt der performativen Zone wird so nicht
mit der Spannung umgegangen; vielmehr findet hier eine aktive Auseinandersetzung mit und in der Spannung statt. Leiten bedeutet hier,
die Polarität auszuhalten und nutzbar zu machen, nicht, sich auf eine
der beiden Seiten zu schlagen. Wenn dies gelingt, kann sich das Kre-
ativpotenzial und die Vorstellungskraft der Gemeindeglieder entfalten und die Basis für neues Leben in der Gemeinde bilden. Das geschieht jedoch nicht zwangsläufig und automatisch – dieser Prozess

erfordert die bewusste Entscheidung der Gemeinde und ihrer Leitung.

An dieser Stelle ist es nun angebracht, die performative Zone ab-
schließend zu erläutern. Eine Gemeinde im Übergang muss sich mit
einer sehr unterschiedlichen Organisationskultur und einem oft stark
veränderten Umfeld auseinandersetzen. Dabei ist sie immer noch
stark von der Vergangenheit in der performativen Kultur und den
dort entwickelten Gewohnheiten geprägt. Im unteren Abschnitt der
performativen Zone, der ja auch einen Übergang markiert, kann die
Gemeinde ein neues Verständnis davon entwickeln, was es heißt,
Gottes Volk zu sein. Dazu gehört auch das Einüben bestimmter
Praktiken, Gewohnheiten und Kompetenzen. Diese Phase erfordert
eine sensible und weise Leitung, die der Versuchung widersteht, spektakuläre Visionen und Ziele zu formulieren, um die Gemeinde mit
einem großen Kraftakt wieder auf Kurs zu bringen. Vielmehr sollte
die Gemeindeleitung eine Atmosphäre schaffen und kultivieren, die
vom Zuhören und vom Dialog untereinander geprägt ist, denn nur so
lässt sich vermeiden, dass fertig ausgedachte Problemlösungen von
oben nach unten weitergegeben werden, die aber letztlich keine kulturelle Veränderung bewirken. Ziel sollte es sein, einen Prozess zu
ermöglichen, in dem die kreative Vorstellungskraft der Menschen
zum Vorschein kommt und sich entwickeln kann.

Um dieses Ziel zu erreichen, sollten Leiter verstärkt mit solchen
Symbolen, Erfahrungen und Erzählungen arbeiten, die Ideen von
Gottes Realität vermitteln. Solche Symbole (z.B. das Wort Gottes,
Anbetung, das Abendmahl) zeugen sowohl von der Stabilität als auch
von der Dynamik, die Gott unter seine Leute bringt. Die Stabilität
im unteren Abschnitt der performativen Zone unterscheidet sich jedoch grundlegend von der im oberen Abschnitt. Der Letzteren lag
vor allem die Gewissheit zugrunde, dass man stets aus dem Vergangenen lernen und sich auf Bewährtes berufen könne, dass weiter die
Gemeinde in der Zukunft mehr oder weniger so sein würde wie
schon in der Vergangenheit. Diese Erwartung hat im unteren Abschnitt niemand mehr. Hier ist das Gefühl vorherrschend, dass alles
außer Kontrolle geraten ist und keiner mehr wirklich weiß, wie es

weitergehen kann. Während dieser Phase brauchen die Menschen zunächst ein Mindestmaß an Stabilität, um sich an ein Umfeld der emergenten Zone heranzuwagen. Diese Stabilität kann gewährleistet werden, indem Rituale und Gewohnheiten des christlichen Lebens ebenso praktiziert werden wie eine gewisse Ordnung in der Organisationsstruktur. Diese Art von Stabilität, die im unteren Abschnitt der performativen Zone bewirkt wird, ist die Voraussetzung für Kreativität und Risikobereitschaft. In erster Linie kann diese Stabilität erreicht werden, wenn eine Gemeinde sich auf einige wenige Elemente beschränkt, die für ihre Gemeindekultur unentbehrlich sind. Diese sollten geschützt und gestärkt werden, während Neuerungen eingeführt werden. Beispielsweise betrifft dies die Anbetung und den Lobpreis, dieser Teil sollte mit großer Sorgfalt gestaltet werden. Ebenso die Predigten und andere Anliegen, die als grundlegend für die Gemeinde angesehen werden. Wenn man diesen fundamentalen Anliegen große Aufmerksamkeit schenkt, können Zuversicht und Stabilität geschaffen werden, und damit gleichzeitig die Grundlage für innovative Experimente.

Im unteren Abschnitt der performativen Zone müssen Leiter den Übergang überlegt gestalten und vermeiden, dass Gemeindemitglieder sich gedrängt fühlen, vorschnell in Mustern der emergenten Zone handeln zu müssen. Die Kreativität und Flexibilität, die ihnen dort abverlangt werden, überfordern sie im unteren Abschnitt der performativen Zone möglicherweise noch, da hier Verlust, Ängste und Frustrationen bewältigt werden müssen. Menschen brauchen außerdem Zeit, um ihre aktuelle Situation verstehen und beurteilen zu können und sich mit dem Gedanken anzufreunden, dass eine Gemeinde auch anders sein kann, als man es sie bisher gewohnt war. Die Menschen müssen dazu bereit sein und das braucht Zeit. Veränderung und Übergang sind nicht dasselbe; Leiter müssen diesen wichtigen Unterschied akzeptieren und berücksichtigen.

Wie bereits in Kapitel 2 betont, verweist der Begriff der *Veränderung* auf Kräfte außerhalb unserer selbst, die wir nicht selbst im Griff haben, die aber auf uns einwirken. Mit beständiger Veränderung, die uns kontinuierlich und auf mehr oder weniger voraussehbare Weise konfrontiert, wissen wir alle einigermaßen gut umzugehen. Über weite Teile des 20. Jahrhunderts fand diese Art der Veränderung innerhalb eines kulturellen Rahmens statt, der jede Veränderung verstehbar und nachvollziehbar machte. Es gab einen Normalzustand, der trotz aller Veränderungen immer wieder angestrebt wurde. Das war die Art und Weise, wie Leiter mit Veränderungen umgingen: Was auch immer die Veränderungen mit sich brachten, der Normalzustand war unumstrittenes Ziel, das immer wieder erreicht werden sollte.

Im Gegensatz zu beständiger Veränderung ist radikale Veränderung jedoch weitaus schwieriger und beunruhigender. Sie erfordert mehr als die üblichen Gewohnheiten und Leitungskompetenzen, die sich während stabiler Phasen bzw. bei beständiger Veränderung noch stets als hilfreich erwiesen haben. Mit plötzlichen und einschneidenden Veränderungen umzugehen, fällt Gemeinden deshalb schwer. Auf alle Veränderung, ob beständig oder radikal, müssen wir auf eine bestimmte Art und Weise reagieren; ob wir wollen oder nicht, wir befinden uns somit in einer Übergangsphase, die extrem sein kann. Eines Morgens bekam Alan mitten in einer Besprechung einen Anruf von seinem Bruder. Die Mutter der beiden lag im Krankenhaus und hatte nur noch wenige Tage zu leben. Wenn das keine radikale Veränderung ist! Nach dem Telefonat ging die Besprechung weiter, aber Alan bekam kaum etwas mit, alles war nur noch verschwommen. Er befand sich mitten in einer Übergangsphase und musste sich erst noch an die schmerzlichen Neuigkeiten gewöhnen, die er gerade von seinem Bruder erfahren hatte.

Der Umgang mit Veränderungen ist in unserem Leben genauso real wie die Veränderung selbst. Wenn eine Gemeinde einen Mitgliederschwund zu verzeichnen hat oder sich gezwungen sieht, Budgets zu kürzen, reagieren die Menschen darauf sehr unterschiedlich. Manche sind wütend auf ihre Leiter, weil sie den Normalzustand nicht wiederherstellen können. Anderen fällt es schwer, Probleme als solche anzuerkennen und strengen sich noch mehr an, um die Gemeinde auf die gewohnte Weise am Laufen zu halten. Dabei setzt nicht selten eine Art Verzweiflung ein: Getrieben von der Angst, dass alles umsonst sein könnte, arbeitet man nun umso mehr. Innerhalb von nur zwei Jahren verlor eine Gemeinde im Nordosten der USA ein Drittel ihrer Mitglieder. Angesichts dieser dramatischen Situation wurde beschlossen, dass mit allen Gemeindemitgliedern ein Gespräch über die aktuelle Lage geführt werden sollte. Dabei kam heraus, dass die verbliebenen Mitglieder mit sehr unterschiedlichen Emotionen darauf reagierten, von Trauer bis hin zu Apathie. Auffallend stark war die um sich greifende Resignation und Hoffnungslosigkeit.

Oft sind es diese Übergangsphasen, die den Leitern von betroffenen Gemeinden das Genick brechen, nicht die Veränderung selbst. Wenn eine Gemeinde mit radikaler Veränderung konfrontiert ist und mit voller Wucht in eine Krise gerät, ist es der automatische Reflex eines jeden Leiters, einen Masterplan zu erstellen, um das Ruder herumzureißen und die Gemeinde zurück auf den Erfolgskurs zu bringen. Problematisch ist nur, dass man sich dabei auf die Veränderungen konzentriert und nicht auf eine angemessene Reaktion darauf, auf die Gestaltung einer Übergangsphase. Solange dies nicht geschieht, wird die Veränderung immer nur als einschüchternd und krisenauslösend erlebt. In Kapitel 5 beschreiben wir das Modell missionalen Wandels, welches veranschaulicht, wie diese Phase des Übergangs gestaltet werden kann, um auf radikale Veränderung angemessen zu reagieren.

Zusammenfassung:
Leitungsprinzipien in der missionalen Transformation
Missionale Leiter brauchen Kompetenzen, um eine Gemeinde durch alle in diesem Kapitel beschriebenen Zonen durchzulotsen. In unserem aktuellen Kontext allerdings steht die Kultivierung einer Gemeindekultur im Vordergrund, die zur emergenten Zone passt. Dem muss ausreichend Zeit eingeräumt werden, außerdem brauchen Leiter dazu Kompetenzen, die in der Regel nicht auf dem Lehrplan der Ausbildungsstätten stehen. Deswegen wird im folgenden Teil dieses Buches dargestellt, wie die hier nötigen Fertigkeiten und Kompetenzen entwickelt werden können. Dabei verdeutlicht das 3-Zonen-Mo-

dell, dass je nachdem, in welcher Zone eine Gemeinde sich aktuell befindet, unterschiedliche Leitungsstile und Vorgehensweisen gefragt sind.

Wir haben das 3-Zonen-Modell inzwischen Hunderten von Leitern vorgestellt. Es hilft vor allem dabei, die Komplexität missionalen Leitens besser zu verstehen. Dabei fragen sich einige, ob man wirklich unbedingt alle Abschnitte des Kreislaufs durchlaufen müsse und ob es nicht möglich sei, die reaktive Zone irgendwie zu umgehen. Die Antwort darauf lautet: nein. Früher oder später durchläuft jede Gemeinde diesen Kreislauf; so setzt Gott sich mit Gemeinden auseinander. Gemeinden leben beständig in der Spannung, sich einerseits aktiv mit dem kulturellen Umfeld zu befassen bzw. sich dort positiv zu engagieren und sich andererseits übermäßig anzupassen bzw. beeinflusst zu werden. Aus der Bibel wissen wir, dass Gott seine Leute immer wieder in die Wüste oder die Gefangenschaft führt, um sie zu erneuern und in ihnen glaubwürdiges, echtes Leben zu kultivieren. Dabei spielt auch das Leben in der reaktiven Zone eine wichtige Rolle; der Kreislauf des 3-Zonen-Modells kennt kein Ziel, man kommt also niemals wirklich an.

Wenn wir im Folgenden diskutieren, wie wir in Zeiten des missionalen Umbruchs und Übergangs leiten können, sollten nachstehende fünf Prinzipien berücksichtigt werden:

1. Keine performative Organisation kann sich in der performativen Zone ausruhen; diese Phase wird ein Ende haben. Früher oder später verändert sich der Kontext derart, dass die bis dato angemessenen Veranstaltungen sowie nützlichen Ressourcen und Kompetenzen im besten Fall hinfällig, wenn nicht sogar eine Last werden.

2. Wir können den vor uns liegenden Weg nicht überblicken. In der performativen Zone war Veränderung vorhersehbar und leicht zu handhaben; in dieser Phase konnten anhand von vorher festgelegten Strategien gewünschte Ziele gut erreicht werden. Das ist längst vorbei. Radikale Veränderung ist an der Tagesordnung und wir brauchen neue (Vor-)Bilder, ein neues Verständnis bzw.

Paradigma von Leiten, wenn die Ergebnisse nicht kalkulierbar sind.

3. Jede Gemeinde, ob in der performativen oder in der reaktiven Zone, kann sich umstellen. Beispiele gibt es u.a. in der Biologie, wo Pflanzen sich selbst bei radikaler Veränderung an die neue Situation anpassen, z.b. indem sie – wie der Weizen – neue Varianten entwickelten. Missionale Veränderung geschieht dort, wo eine innovative Flexibilität kultiviert wird.

4. Ein flexibler und anpassungsfähiger Umgang mit Veränderung findet statt, wo eine emergente-Zonen-Kultur entwickelt wird. Dazu gehört die Fähigkeit und Bereitschaft, Experimente zu wagen und eine Lernatmosphäre zu kultivieren.

5. Die Entwicklung einer missionalen Gemeinde erfordert eine neue Vorstellung vom Leiten sowie neue Leitungskompetenzen.

In Kapitel 5 wird das Modell missionalen Wandels erläutert, anhand dessen verständlich wird, welche Prozesse bei der Entwicklung missionaler Gemeinden erforderlich sind. Zunächst aber soll der Blick aufs Ganze gerichtet werden, also auf den Kontext, in dem eine missionale Gemeinde lebt und der sie gleichzeitig prägt wie kaum etwas anderes.

4. Das große Ganze im Blick behalten: den Kontext missionaler Gemeinden verstehen

Drastische kulturelle Veränderungen fordern uns dazu heraus, neu darüber nachzudenken, wie wir als Gemeinden innovativ und experimentell tätig werden können, welche Gewohnheiten wir bewusst entwickeln und pflegen und wie wir uns zu unserer Umgebung positionieren und verhalten wollen. Das folgende Kapitel beschreibt die Grundlagen des Modells missionalen Wandels innerhalb dieses Kontextes von massiven kulturellen Veränderungen. Ausgehend davon werden die Schritte nachvollziehbar, die wir Leitern für den missionalen Wandel empfehlen. In Kapitel 5 beschreiben wir schließlich das Modell selbst.

Das Modell missionalen Wandels basiert zum einen auf unseren eigenen Erfahrungen mit Veränderungen, die wir in verschiedenen Gemeinden und Gemeindeverbänden gemacht haben, in denen missionaler Wandel umgesetzt wurde. Zum anderen greifen wir dabei auch auf mittlerweile über 40 Jahre Forschung von Soziologen und Anthropologen zurück, die sich gezielt damit befassen, was geschieht, wenn in einer Gesellschaft oder Gemeinschaft grundlegende Anpassungen bzw. Veränderungen vorgenommen werden müssen.

Das Ganze und seine Teile

Um das Modell missionalen Wandels verstehen zu können, ist ein grundlegendes Verständnis von Systemen hilfreich. Darunter verstehen wir Gruppen, die aus mindestens zwei Teilen bestehen, die miteinander verbunden und voneinander abhängig sind, die als Ganzes funktionieren und miteinander interagieren. Dieses Aufeinanderbezogensein macht das Ganze größer als die Summe seiner Teile. Indem diese Teile miteinander agieren, gestalten sie als Gruppen komplexe Systeme und verleihen diesen eine ganz eigene „Persönlichkeit". Wenn man über einen längeren Zeitraum immer wieder eine Gemeinde besucht, kann man irgendwann einen bestimmten Charakter ausmachen, den andere Gemeinden so nicht haben. Oft ist dieser Charakter ausschlaggebend dafür, ob wir uns in einer Gemeinde wohlfühlen oder nicht.

Wie ein lebendiger Organismus bestehen auch Organisationen aus vielen miteinander verbundenen Teilen; mal ist es eine recht überschaubare Zahl, mal sind Millionen von Teilen involviert. Sie alle zusammen funktionieren gemeinsam auf diversen Ebenen, was die unterschiedlichsten Verhaltensweisen hervorruft. Diese können wiederum auf unterschiedlichen Ebenen verstanden und interpretiert werden.

Es ist noch gar nicht so lange her, dass sich in der westlichen Welt eine bestimmte Weise des Verstehens von Realität durchgesetzt hat, in der die Prinzipien der Vereinfachung und Analyse eine zentrale Rolle spielen. In dieser Welt der Newton'schen Mechanik wird die Realität als etwas betrachtet, das aus einer unendlichen Zahl individueller Teile besteht, die gemäß unveränderlichen Gesetzen zusammenkommen und sich wieder voneinander trennen. Vor diesem Hintergrund könnte man annehmen, dass Realität sich verstehen ließe, indem man *erstens* genaue Gesetze formuliert, *zweitens* alles in seine einzelnen Bestandteile zerlegt, die dann analysiert werden können, und *drittens* auf Grundlage dieser beiden Schritte die Realität verstehen, kategorisieren und entsprechende Maßnahmen entwickeln könne. Obwohl dieses Verständnis in Ansätzen hilfreich sein kann, ist es gleichzeitig reduktionistisch angelegt, sodass vieles von dem, was die Interaktion in einem System betrifft und beeinflusst, völlig unbeachtet bleibt.

Das menschliche Gehirn ist das Paradebeispiel für hochkomplexe, anpassungsfähige Systeme. Die Beschreibung der Funktionen des Gehirns findet auf einer anderen Ebene statt als die Beschreibung der Gesetze, nach denen die einzelnen Bereiche, die Neuronen, Synapsen und Zellen, funktionieren. Selbst wenn man versteht, wie Nervenzellen und ihre Verbindungen untereinander funktionieren, kann nicht erklärt oder gar vorausgesagt werden, wie sich diese Funktionen genau auf das gesamte Gehirn auswirken. Wenn man sämtliche Bereiche im Gehirn aufs Genauste untersuchte, wüsste man immer noch nicht, wie genau diese zusammenarbeiten und wie das Gehirn als Ganzes funktioniert. Das Gleiche gilt für Gemeinden.

Eine Gemeinde besteht aus Beziehungen, Traditionen und Netzwerken, die unablässig miteinander interagieren und sich gegenseitig beeinflussen. Einfach davon auszugehen, dass alles auf einer direkten Ebene abläuft, gewissermaßen von Mensch zu Mensch, wäre naiv und würde eine Menge Variablen außer Acht lassen, die ständig miteinander interagieren. Insofern gilt eine Gemeinde als komplexes System, das nicht so leicht zugänglich ist. Man kann nicht nach der Analyse ihrer einzelnen Teile das ganze System begreifen.

Systemwandel *in* Gemeinden

Es gibt mehrere Prinzipien, nach denen sich Gemeinden als Systeme verändern – und verändern können! Es ist wichtig, dass Gemeindeleiter diese Prinzipien verstehen, die den Rahmen für das Modell missionalen Wandels bilden.

Erstes Prinzip: Die Gemeindekultur muss in den Blick genommen werden, nicht die Gemeindeorganisation

Die Frage nach der Gemeindekultur betrifft die Art und Weise, wie diese sich selbst im Verhältnis zu ihrer Umgebung sieht, welche Werte ihrer Agenda zugrunde liegen, welche Erwartungen an die Gemeindeleiter und die Leiter gestellt werden. Aber auch die unausgesprochenen Zusammenhänge spielen eine wichtige Rolle: warum die Menschen wirklich Mitglied der Gemeinde sind, worum es letztlich tatsächlich geht, wie die Bibel verstanden wird und was die Gemeinde als Gemeinschaft ausmacht. Häufig haben wir beobachtet, dass man versucht hat, die Strukturen und Veranstaltungen einer Gemeinde zu ändern, sowie die Art und Weise, wie Lobpreis, Lehre und Jüngerschaft gehandhabt werden. Aus unserer Erfahrung können Veränderungen auf diesen Ebenen kurzfristig durchaus Ergebnisse zeitigen; auf lange Sicht hingegen schlagen sich diese Veränderungen nicht in missionalem Wandel nieder. Solange die Gemeindekultur unberührt bleibt, lösen sich die positiven Effekte der gut gemeinten Veränderungen bei Veranstaltungen und in den Strukturen schnell in Luft auf, die Gemeinde kehrt früher oder später zu den alten Gewohnheiten zurück.

Die Vorliebe vieler US-Amerikaner für Diäten ist ein gutes Beispiel für diesen Prozess. Über die zunehmende Zahl übergewichtiger Menschen und die gesundheitlichen Folgen von Fettleibigkeit weiß man inzwischen bestens Bescheid. Obwohl Ratgeber mit Tipps zum Abnehmen reißenden Absatz finden und diese tatsächlich häufig vernünftige Ansätze vertreten, wird das Problem der Fettleibigkeit nicht kleiner, sondern im Gegenteil, es nimmt zu. Warum? Weil diese Bücher und die Diäten die kulturellen Zusammenhänge völlig unbeachtet lassen, die den Verzehr bestimmter Nahrungsmittel zur Norm machen und die körperliche Bewegung verhindern, z.B. durch vermehrtes Arbeiten im Sitzen oder lange Autofahrten an den Arbeitsplatz. Es ist also nicht ausreichend, die eine oder andere Diät auszuprobieren; um die Gesamtsituation zu verändern, ist eine kulturelle Umstellung erforderlich.

Ganz ähnlich ist die Gestaltung missionaler Gemeinden nicht in erster Linie eine Frage nach der Gestaltung von Strukturen oder Veranstaltungen. Vielmehr ist eine grundlegende Veränderung der Gemeindekultur vonnöten.

Zweites Prinzip: der Fokus auf die Gemeindekultur verändert diese nicht notwendigerweise

Glücklich wird man nicht, indem man sich auf die Suche nach Glück begibt; zum Glück gehören ganz andere Dinge als die Suche danach. Das gilt auch für kulturelle Veränderungen, die mit unterschiedlichen Faktoren und Einflüssen in Verbindung stehen. Kulturelle Veränderung tritt ein, wenn die Menschen in einer Gemeinde neu auf Gottes Wort hören, wenn sie miteinander ins Gespräch kommen, einander zuhören, wenn sie mit wachen Augen durch ihre Stadt gehen und erkennen, welche Nöte es in ihrer Nachbarschaft, an ihrer Arbeitsstelle, in ihrem Alltag gibt. Dies sind nicht in erster Linie Missionsfelder, sondern Orte, an denen Gott bereits gegenwärtig ist und in die er uns ruft, um aufmerksam und liebevoll zuzuhören. Wenn die Aufmerksamkeit sich so verlagert, dann kann man Gott möglicherweise bereits handeln sehen oder das genauer benennen, was unmittelbar ansteht. Es geht also darum, die Gemeinde in, mit und unter den Menschen und Orten zu sehen: wo wir sowieso schon leben. Die Konzentration auf ein Gemeindehaus und die dort stattfindenden Veranstaltungen mit ganz konkreten Menschen rückt so in den Hintergrund.

Drittes Prinzip: Veränderung braucht Zeit und kleine Schritte

Für viele von uns ist das Kultivieren von missionalen Vorstellungen eng mit einer Vielzahl von Gesprächen verbunden. Wir wollen Probleme zwar gern so schnell wie möglich lösen und Ergebnisse liefern, aber wenn wir diesem Bedürfnis nicht widerstehen, dann laufen wir Gefahr, uns vor allem zu wiederholen und nichts wirklich Neues zu schaffen. Missionale Umgestaltung passiert nicht von heute auf morgen in großen Aktionen; vielmehr sind dazu eine ganze Reihe kleiner Schritte nötig.

Viertes Prinzip: Kleine Schritte

Im Gegensatz zu umfangreichen Programmen oder groß angelegten Plänen halten wir kleine Schritte und vorläufige Pläne auf lange Sicht für vielversprechender.

Fünftes Prinzip: Das Ausrichten aller Gemeindemitglieder auf eine Idee ist nicht förderlich

So mancher Ratgeber zum Thema „Strategisches Planen" spricht davon, sämtliche Ressourcen, alles, was die Gemeinde ausmacht, auf eine Linie zu bringen: die Strukturen, die Angestellten, die Kompetenzen, den Stil, die Menschen, die gemeinsamen Werte, Ziele, das gesamte System. So sieht ganz klassisch die Arbeit im oberen Abschnitt der performativen Zone aus. Dabei wird jedoch ignoriert, dass die Realität viel weniger greifbar und verstehbar ist, als eine solche umfassende Gesamtausrichtung glauben machen will. Gottes Welt gewinnt bei Gottes Volk Gestalt, aber nicht auf lineare oder gar

4. Das große Ganze im Blick behalten: d. Kontext miss. Gemeinden verstehen 89

vorhersehbare Weise. Die Ausrichtung aller auf einen großen Plan basiert jedoch auf genau dieser Vorstellung. Spätestens in Zeiten radikaler Veränderungen wird es unmöglich, daran festzuhalten. Man kann nicht alle und alles zu Beginn eines Umgestaltungsprozesses auf eine Linie bringen, vielmehr geschieht dies erst im Laufe der Zeit durch Gespräche, Experimente und Auseinandersetzungen im Rahmen der Emergenten Zone.

Der kulturelle Kontext für Gemeinden

Missionale Systeme lassen sich nicht im leeren Raum kultivieren. Wir bewegen uns unablässig in ganz bestimmten Kontexten und auch unsere Fragen nach der Aufgabe für Gottes Leute sind davon bestimmt. Deswegen müssen wir uns auch mit diesen Kontexten auseinandersetzen. Konkret: Wo in der sozialen Welt befinden wir uns heute als Gemeinden und Verbände? Was erleben Frauen und Männer in unseren Gemeinden heute? In den folgenden Teilen soll zunächst auf diese Fragen eingegangen werden, um später zu zeigen, wie das Modell missionalen Wandels mit diesen Fragen umgeht.

Massive Umstellungen finden im öffentlichen und privaten Leben statt

Nicht nur Gemeinden erleben radikale Veränderungen – die ganze Gesellschaft ist mit gewaltigen Umwälzungen konfrontiert. In unseren Gemeinden sind Männer und Frauen, die sich zunehmend überfordert fühlen von ihrem Umfeld, in dem die Herausforderungen auf lokaler und globaler Ebene immer größer, die Möglichkeiten, mit ihnen umzugehen, dabei jedoch immer kleiner werden. Seit einigen Jahrzehnten wird das gesellschaftliche Gefälle immer extremer, Brüche immer tiefer. Die Hilflosigkeit nimmt zu, da die bisherigen Mittel zur Bewältigung nicht mehr auseichen. Daraus resultieren unweigerlich Angst und Chaos.

Unsicherheit und Bedrohung

Der deutsche Soziologie Ulrich Beck beschreibt, dass eine allgemeine Unsicherheit, die auch schon vor dem 11. September 2001 zu beobachten war, von den meisten Menschen als unmittelbare Erfahrung beschrieben wird: „So sehen sich – wie viele Untersuchungen zeigen – immer mehr Menschen an Leib und Leben bedroht …"[7] Obwohl Gewaltverbrechen zurückgehen, fühlen Menschen sich immer weniger sicher; ihre Umgebung wird für sie zu einem Ort potenzieller Gefahren, voller bedrohlicher, fremder Menschen. Nachbarn schotten sich ab und die Überwachung nimmt immer mehr zu. Schon Kinder wissen genau, was Mobbing ist, und Eltern wollen sie zunehmend vor realen oder vermeintlichen Bedrohungen schützen. Das Gemeinschaftsgefühl in einem Dorf oder einer Stadt nimmt ab. Es bilden sich stattdessen immer kleinere Gruppen, die sich gegenüber allem abschotten, was anders oder bedrohlich erscheint.

Auch die Mittelschicht – einst die Verkörperung einer stabilen Identität und materieller Sicherheit – ist gegen eine solche existenzielle Angst und gegen Verluste keineswegs gefeit.

Beck betont: „Arbeitslosigkeit bedroht nicht mehr nur Randgruppen, sondern auch die Mitte der Gesellschaft, sogar Gruppen, die noch vor wenigen Jahren als Inbegriff beruflicher Existenzsicherheit galten (z.B. Ärzte und Manager), und dies in einer so massiven Weise, daß die Differenz zwischen Arbeitslosigkeit und drohender Arbeitslosigkeit für die Betroffenen an Bedeutung verliert."[8]

Wir kennen diese Erfahrungen. Ein Freund von Alan wurde als Chemiker innerhalb von fünf Jahren zum zweiten Mal arbeitslos, nachdem die Abteilung, die er in einer Firma für Agrochemie leitete, unerwartet geschlossen wurde. Damit steht er stellvertretend für Angehörige der Mittelschicht, die bis vor ein paar Jahren davon ausgehen konnten, dass eine berufliche Qualifizierung und viele Jahre Berufserfahrung eine gewisse Sicherheit auf dem Arbeitsmarkt, beim Einkommen und der Rente gewährleisten. Diese Zeiten sind vorbei! Alans Freund ist ein strenggläubiger Katholik, der jeden Sonntag zur Messe geht; der Glaube ist eng mit seinem Leben verknüpft. Während der Messe beschäftigt er sich nicht damit, ob seine Gemeinde missional ist oder ein geistliches Rüstzentrum für die Gesellschaft, geschweige denn eine Verteilerstelle religiöser Güter. Er setzt sich mit seiner eigenen Unruhe und Angst auseinander, mit der er jeden Tag zu kämpfen hat, die er aber meistens für sich behält. Er ist auf der Suche nach Gott; aber nicht in dem Sinn, dass er sich unter diesen Vorzeichen kulturkritisch mit der Moderne auseinandersetzen würde, noch dass er sich detailliert mit der Bedeutung des Reiches Gottes für ein missionales Verständnis von Gottes Wort beschäftigen würde. Dabei sind all das ganz wichtige Fragen! Aber ganz ehrlich: Sie betreffen in der Regel nicht das, womit sich die meisten Frauen und Männer tagein, tagaus konfrontiert sehen, was ihren Alltag, ihre Realität bestimmt.

Menschen verlieren zunehmend die Orientierung. Die politischen, sozialen und ökonomischen Systeme haben in den letzten 50 Jahren vielen Menschen in westlichen Ländern Wohlstand gebracht, aber diese Systeme verfallen immer mehr, während gute Alternativen noch gefunden werden müssen. Als Folge davon sind viele Menschen verunsicherter denn je, weder verstehen sie die ganzen Veränderungen, noch haben sie das Gefühl, damit sinnvoll umgehen zu können. Unsicherheit, Angst und Unruhe gewinnen die Überhand. Gleichzeitig können die wenigsten ihre Eindrücke und Erfahrungen deutlich benennen; das, was ihr Leben prägt und für Unsicherheit sorgt, bleibt also einigermaßen verschwommen. Die Erklärungen oder Erzählungen, die früher den Erfahrungen Sinn verliehen haben, greifen heute nicht mehr, sie sind einfach nicht mehr relevant. Das macht die Situation umso beängstigender: dass man nicht einmal mehr die Kräfte benennen, auf die Furcht einflößenden Feinde zeigen kann, die das eigene Leben bestimmen, wie die Unmenge von Fernsehserien und Kinofilmen illustriert, in denen Außerirdische mit unsichtbaren Waffen und unbekannten Kräften die gesamte Menschheit bedrohen.

Wie Beck erläutert, leben wir in einem sozialen Kontext, „in dem alles, das einst eng miteinander verbunden schien, auseinandergerissen wird"[9]; die herkömmliche Erzählung eines normalen Mittelklasse-Lebens, wie wir sie aus dem 20. Jahrhundert noch kennen, erweist sich zunehmend als untauglich; nichts als Unsicherheit scheint ihren Platz einzunehmen. Wir leben in einer globalen Risikogesellschaft, in der traditionelle Wege, das Leben zu gestalten (u.a. in Familie, Gemeinde, Nation, Wirtschaft, Recht und Politik) zunehmend unter Beschuss geraten und instabil werden. Zurück bleibt eine Welt, die aus dem Gleichgewicht geraten scheint.

Rückzug ins Private

Zygmunt Bauman, Soziologieprofessor der Universität Leeds in England, sieht radikale Veränderungen und die Verunsicherung als Grund dafür an, dass sich Menschen immer mehr sich selbst zuwenden und sich gleichzeitig der Öffentlichkeit bedienen, um dadurch Identität und persönliche Sicherheit zu gewinnen. Der Frage nach unserem Verhältnis zur Gesellschaft geht er nach, indem er untersucht, wie in westlichen Kulturen öffentliche Kommunikationsformen genutzt werden bzw. inwiefern sich ihre Nutzung verändert.

Für Bauman ist die öffentliche Welt (in der wir uns gemeinsam mit Fragen nach Werten, Bedeutung, Sinn und dem Guten auseinandersetzen) im Verschwinden begriffen. Der Grat zwischen Privatem und Öffentlichem wird immer schmaler bis dahin, dass „die einzigen Sorgen, die man in der Allgemeinheit vernimmt, aus unzähligen privaten Nöten und Ängsten" bestehen.[10] Diskurse werden immer narzisstischer, die ganze Öffentlichkeit wird zuweilen Zeuge privater „Therapiegespräche" bei Oprah Winfrey oder Johannes B. Kerner. Dieser Trend lässt sich auch in vielen Predigten beobachten; auch diese finden öffentlich statt und stellen immer öfter biblische Geschichten vor, um daran zu illustrieren, wie wir im Leben zurechtkommen können. Predigten werden so zunehmend zu einem Ratgebervortrag, um Menschen in ihren persönlichen Angelegenheiten zu helfen. Prediger nehmen fast die Rolle eines frommen Dr.-Sommer-Teams ein, das in den biblischen Erzählungen für jede Sorge und jedes Problem eine Lösung findet und die individuellen Störungen damit zu therapieren versucht.

In unserer Gesellschaft gibt es nicht viele Möglichkeiten, die grö-

ßeren Fragen des gemeinsamen Lebens anzusprechen und zu diskutieren. Es gibt immer weniger Raum, überhaupt eine Sprache zu entwickeln, um den Kräften einen Namen zu geben, die unser Leben
prägen. Aber darum geht es oft auch gar nicht, auch nicht in den
oben beschriebenen Predigten, die vielmehr schmerzstillende oder
sogar betäubende Mittelchen für die geschundenen Seelen bereitstellen wollen, die zwar nicht aus biblischen Texten stammen, durch diese aber legitimiert werden. Diese Art zu predigen versagt, wenn es
darum geht, ein Umfeld zu kultivieren, in dem Menschen lernen,
danach zu fragen, was ihnen Angst macht und sie verunsichert. Erinnern wir uns an Jesus, der Lazarus aus seinem Grab ruft; die meisten
Predigten geben eher Tipps zu schicker Grabkleidung, als dass sie uns
helfen, sie abzulegen.

Aus Baumans Arbeit ergeben sich bestimmte Konsequenzen für
die Herausforderung, missionale Systeme zu gestalten:

> „Die Definition des Öffentlichen wurde nun also ebenfalls
> verkehrt – zu einem Territorium, auf dem Privatangelegenhei-
> ten und exklusive Besitztümer zur Schau gestellt werden [...].
> Das *Öffentliche* wurde seines eigenen separaten Inhalts be-
> raubt; es blieb ohne eigene Thematik zurück – und besteht nur
> noch aus einer Anhäufung privater Schwierigkeiten, Sorgen
> und Probleme. Es ist zusammengeschustert aus den individu-
> ellen Sehnsüchten nach Beistand; es soll private, noch unarti-
> kulierte Gefühle und Gemütsverfassungen verstehbar machen,
> Anleitung geben, wie man über solche Gefühle in einer allge-
> meinverständlichen Sprache redet, und es soll helfen, mit dem
> Strom der Erfahrung umzugehen, der den Einzelnen so zu
> schaffen macht. Die Liste öffentlicher Anliegen unterscheidet
> sich nicht von jener der Privatangelegenheiten."[11]

Dieses Phänomen, dass die individuellen, persönlichen Belange der
Menschen immer mehr in den Mittelpunkt geraten, gibt es auch in
unseren Gemeinden. Man erkennt es u.a. daran, dass die Qualität
einer Gemeinde oft daran gemessen wird, wie sehr sie die persönli-

chen Bedürfnisse der Menschen anspricht. Viele haben das Gefühl, ihre Gemeinde tue nicht mehr genug für sie, und deswegen suchen sie nach einer anderen Gemeinde, die ihre Probleme besser anzusprechen vermag. Für solche Menschen ist ganz klar, dass Christen nur einen Grund haben, sich zu versammeln: Sie kümmern sich um die individuellen, persönlichen Probleme und Bedürfnisse eines jeden Einzelnen. So, wie heutzutage Lobpreis gestaltet wird, wird diese Dynamik nur verfestigt; schließlich geht es in den allermeisten Liedern, die die versammelten Christen Sonntag für Sonntag gemeinsam singen, vor allem um persönliche, emotionale Erfahrungen, die das Individuum – inmitten von einer großen Gruppe ebensolcher Individuen – mit Gott machen möchte.

In einer Welt, die so auf das Private fixiert ist, fällt es zunehmend schwer, miteinander in einer gemeinsamen, kohärenten Sprache zu kommunizieren. An den öffentlichsten Orten diskutiert man seine Gefühle und assoziativen Gedanken zu persönlichen Dingen. Diesen Trend zu verstehen ist wichtig, wenn man missionales Leben in der Gemeinde kultivieren will. Den Menschen fehlt ein gemeinsames Vokabular, um über ihre allgemeinen – nicht individuellen – Erfahrungen mit radikalen Veränderungen und Ängsten zu sprechen. Die Öffentlichkeit spiegelt dieses Ungleichgewicht wider, hier wird eine Sprache bereitgestellt, die therapeutisch und sinnstiftend fungiert, eine Sprache, die unserem Leben mitsamt seinen Problemen Bedeutung geben soll. Zu erkennen ist das nirgends so gut wie in diversen Fernsehshows, die für uns unsere Probleme analysieren und die passenden Lösungen bereitstellen. In diesen Sendungen werden Menschen vorgestellt, die in Unsicherheit und Angst leben und sich in ihrem kulturellen Kontext fremd und unwohl fühlen. Wenn diese Menschen sich mit dem Stress konfrontieren, der auch der unsere ist, befassen sie sich stellvertretend für uns auch mit unserer Angst.

Die Relevanz von Erzählungen für missionale Gemeinden
Um missionale Gemeinden in diesem brüchigen sozialen Kontext zu
gestalten, muss man ein Umfeld kultivieren, in dem Menschen ihre
Erfahrungen und Eindrücke besprechen können und sich auf biblische Erzählungen besinnen können. Auf diese Weise wird ihr persönliches Leben ernst genommen, aber gleichzeitig eingebettet in einen
größeren Zusammenhang; die individuelle Bedürfnislage wird anerkannt, ist aber nicht länger die einzig wahre Bezugsgröße. Missionale
Leiter können Möglichkeiten für Menschen schaffen, sich über ihre
Erfahrungswelt auszutauschen, miteinander ins Gespräch zu kommen und sich so in Gottes großer Erzählung zu verorten.

Missionaler Wandel setzt bei den aktuellen Erzählungen, Fragen
und Befindlichkeiten der Menschen an. Diese Themen können auf
biblische Erzählungen bezogen werden; auf diese Weise entsteht eine
Sprache, die die Erfahrungen verstehbar macht und sie in bestimmte
Sinnzusammenhänge stellt. Bei Sprache geht es nicht bloß um Wörter oder Machtspiele, genauso wenig wie es bei Erzählungen einfach
um alte Geschichten oder Erinnerungen geht. Erzählungen prägen
und beeinflussen die Realität; sie reflektieren tief sitzende Annahmen
der Menschen. Sprache und Erzählungen sind für uns lebensnotwen-
dig, sie prägen uns und die Art und Weise, wie wir die Welt um uns
herum wahrnehmen. Damit aus einer Gruppe Menschen mehr wird
als eine Ansammlung von unabhängigen Individuen, die nur zwi-
schenmenschliche Wärme suchen, müssen sie eine gemeinsame Erzählung finden, die ihrer gegenwärtigen *und* zukünftigen Gemeinschaft Sinn verleiht. Eine solche Erzählung ist verloren gegangen und
wurde durch die Überzeugung ersetzt, dass alles, was zählt, das Hier
und Jetzt sei und Bedeutung nur beim Einzelnen liegen könne.

In unserer Kultur lebt man noch von zusammengeschusterten
Versatzstücken früherer Erzählungen. Gleichzeitig sind wir alle auf
der Suche nach authentischen Erfahrungen und neuen, frischen Eindrücken, die unser individuelles Selbst mit etwas Größerem in Verbindung bringen könnten. Aus diesem Grund sollten Leiter ein Umfeld gestalten können, in dem Menschen miteinander über ihren sozialen Kontext sprechen und sich auf größere Sinnzusammenhänge

– biblische Erzählungen – besinnen können.[12] Die biblischen Erzählungen fordern unsere Vorstellungen von Realität heraus, dekonstru-
ieren unsere Welt und konfrontieren uns mit alternativen Lebenskon-
zepten. Missionales Leben in Gemeinden zu gestalten fängt damit
an, diese Erzählung neu zu entdecken. In „Der Verlust der Tugend"
beschreibt der Autor Alasdair MacIntyre die Menschen als in erster
Linie erzählende Wesen. Wir können uns selbst gar nicht verstehen,
solange wir unser (Er-)Leben nicht in ein Repertoire von Geschichten einordnen können, die unsere Gesellschaft ausmachen.[13] Für
MacIntyre gibt es „folglich keinen Weg zum Verständnis irgendeiner
Gesellschaft einschließlich der eigenen, außer durch den Bestand an
Geschichten, die ihre ursprünglichen dramatischen Wurzeln konsti-
tuieren."[14]

MacIntyre zufolge erhält unser Leben Sinn und eine Richtung,
die mehr als Willkür oder konstruierte Gebilde sind, wenn wir verstehen, dass menschliches Leben in Erzählungen und Überlieferun-
gen wurzelt. Mensch sein heißt, in Erzählungen gegründet zu sein.

Eine Erzählung hat diverse Charakteristika. Sie besteht aus einer
Geschichte, die eine Richtung vorgibt; eine soziale Gruppe erhält
durch eine solche Geschichte eine Ahnung davon, wohin sie geht und
wie sie sich verändert haben wird, wenn sie ankommt. Geschichten
werden von einer Suche, einem Zweck angetrieben, auf die sich Mitglieder einer sozialen Gruppe beziehen können und die ihnen Orientierung gibt.

Erzählungen werden nicht immer wieder komplett neu ausgedacht; vielmehr werden sie über eine gewisse Zeit und von verschiedenen Gemeinschaften geprägt, dabei werden sie gleicherweise zu
Tradition, wie sie auch von dieser wieder beeinflusst werden. Die
Identität des jüdischen Volkes wurde z. B. durch eine ganze Reihe
von Erzählungen („mein Vater war ein umherwandernder Aramäer")
geprägt und das innerhalb einer 4000–5000 Jahre alten Tradition. Es
ist die Geschichte davon, wie Gott Abraham beruft und seine Nachkommen zu einem ganz eigenen Volk macht. Die Geschichte geht
weiter mit dem Exil und dem Exodus, die in Ritualen wie dem Pas-
sah und Hanukkah immer wieder erzählt werden und so immer noch

greifbar sind. Alle Juden werden in diese Tradition hineingeboren und bekommen diese Erzählungen mit auf den Weg. Wer sie sind, wie sie die Welt um sich herum erleben und deuten, all das geschieht immer vor dem Hintergrund der Traditionen und Erzählungen, die ihrem Leben den Rahmen verleihen.

MacIntyre vergleicht Erzählungen mit der Bühne, auf der ein Theaterstück aufgeführt wird. Wir alle werden gewissermaßen auf einer Bühne geboren, weil wir unser Leben nicht vor leerem Hintergrund, sondern inmitten von bereits geschehendem Leben beginnen. Es gibt eine ganze Reihe Lebensskripte, die bereits feststehen, die wir nur noch kennenlernen, nicht aber komplett neu gestalten können. Mit diesen werden wir von unseren Eltern, Lehrern, Pastoren, Ärzten, Freunden etc. bekannt gemacht. So gesehen werden wir in eine bestimmte Tradition geboren, in eine Welt, die auf der Grundlage ganz bestimmter Erzählungen funktioniert, die nicht nur für Individuen, sondern große soziale Gruppen von Bedeutung sind. Die postmoderne Wissenschaftlerin Jenny Rankin drückt es folgendermaßen aus: „Erzählungen werden als die Grundlage dessen anerkannt werden, was unsere Beziehungen ausmacht bzw. die Art und Weise, wie wir Menschen überhaupt erst Kenntnis über uns selbst und unsere Welt gewinnen können. Inzwischen ist klar, dass menschliches Handeln, Intentionalität, Wahrnehmungen und Erfahrungen nur auf der Grundlage kultureller und persönlicher Erzählungen verstanden und verarbeitet werden können. Der Kampf um Anerkennung wird auf dem Feld der Erzählungen ausgetragen."[15]

Weil Erzählungen soziale Gemeinschaften ins Leben rufen und gleichermaßen auch zu ihrem Erhalt beitragen, sind sie das Bindemittel im sozialen Leben. Der Schlüssel zur Entwicklung missionaler Gemeinschaften ist das Gestalten einer Gemeinschaft von Menschen mit einer gemeinsamen Geschichte und Erinnerung. Um dies zu erreichen, muss bei den individuellen Geschichten eines jeden Einzelnen begonnen werden. Diese werden dann mit den biblischen Erzählungen zusammengebracht. Das geschieht vor allem durch Gespräche und Austausch. Ein Umfeld zu kultivieren, in dem dies möglich ist – dazu sind missionale Leiter herausgefordert. Unser Freund Chris

Erdman aus Fresno, Kalifornien, ist hier inzwischen ein echtes Vorbild. Er hat sich lange mit den Geschichten der Menschen in seiner Gemeinde auseinandergesetzt, vor allem mit denen der anderen Frauen und Männer in der Leitung. Diese jedoch sträubten sich lange gegen Chris' Art, die Gemeinde zu leiten; sie wollten nicht so viele Gespräche und stattdessen lieber einen strategischen Plan, der Resultate versprach und eine deutliche Linie – auch aus den Leitungskreisen – vorgab. Aber Chris ließ nicht locker. Immer wieder brachte er Menschen zusammen, um ihre Geschichten miteinander zu teilen und diese mit biblischen Erzählungen in Verbindung zu bringen. Chris hat die biblischen Erzählungen nicht dazu verwendet, um diesen Menschen Antworten oder gute Ratschläge zu geben. Er hat vielmehr seine Zeit damit verbracht, den anderen Leitern Wege nahezubringen, um sich mit Gottes Wort auseinanderzusetzen und um auf Gott zu hören. Das brauchte seine Zeit, aber Chris hat nicht aufgegeben. Die Leiter haben an Auszeiten teilgenommen, die nicht in riesigen Planungsorgien endeten, sondern tatsächlich zu Orten wurden, an denen man gemeinsam lernen konnte, auf Gottes Wort zu hören. Daraus entstand das gemeinsame Vorhaben, sich täglich zu geistlichen Übungen wie Gebet oder Meditieren über Gottes Wort zu verpflichten. Langsam und ganz allmählich zeigte sich, dass innerhalb der Gemeinde eine ganze Reihe gottgegebener Träume schlummerten, die nur darauf warteten, im gemeindlichen und nachbarschaftlichen Kontext geweckt und ausgelebt zu werden. Die Mitglieder dieser Gemeinde nehmen heute deutlich wahr, dass Gott bei ihnen an der Arbeit ist. Manche ihrer Träume werden nun auf der anderen Straßenseite in Form von Wohnprojekten wahr, andere in Form von studentischen Projekten der Universität vor Ort.

Warum Erzählungen für die Gestaltung missionaler Gemeinschaften so wichtig sind

Was bedeutet die Wiederentdeckung von Erzählungen für die Gestaltung missionaler Gemeinschaften? Eine Konsequenz ist es, anzuerkennen, dass wir in einer Welt leben, in der davon ausgegangen wird, dass Bedeutung in dieser Welt objektiv – also ganz unabhängig von Subjekten – existiert. Diesen Annahmen entsprechend ermitteln wir diese objektive Bedeutung und gestalten unsere Systeme um diese Werte herum. Die Betonung auf dem strategischen Planen ist hier nur logisch. Allerdings gibt es auch alternative Erzählungen, die dem näherkommen, was Gott in seinem Wort offenbart. Das Modell missionalen Wandels, das in Kapitel 5 eingehend beschrieben wird, basiert auf diesen alternativen Deutungen der Welt.

Eine weitere Konsequenz betrifft das Wesen der Sprache selbst. Sprache ist typisch für Menschen und Kulturen; auf einzigartige Weise geben wir Menschen Dingen Bedeutung, indem wir ihnen Namen geben. Wenn wir Sachen, Ereignisse, Erfahrungen und Beziehungen sprachlich benennen, ordnen wir sie in größere Bedeutungszusammenhänge ein. Tatsächlich schaffen und prägen wir so die Welt, in der wir leben. Genauso hat auch Gott die Schöpfung ins Leben *gerufen*. Die Sprache ist das Machtmittel, das Adam gegeben wurde, um allen Tieren Namen zu geben. Auf diese Weise ist Adam (und mit ihm alle Menschen) dazu eingeladen, zusammen mit Gott die Realität zu gestalten. Ganz ähnlich wird auch die Gemeinde durch die Erzählungen zum Mitschöpfer in einer emergenten Zukunft, die zu diesem Zeitpunkt keiner vorhersehen und detailliert planen könnte.

Wir benutzen ununterbrochen die Sprache, um Welten zu schaffen. Kinder tun das, wenn sie miteinander spielen, mit Wörtern herumexperimentieren, imaginäre Welten durch Sprache schaffen. Ich habe kürzlich meinem Enkel die Geschichte von Christopher Robin und Pu dem Bären vorgelesen. Anhand dieser Wörter und Geschichten erlebe ich nicht nur die Welt, die der Autor A.A. Milne durch diese erschaffen hat, sondern ich selbst erzähle auch wieder eine Geschichte für und mit meinem Enkelsohn. Sprache und Erzählungen formen Welten. Wenn wir jede Woche die Einsetzungsworte sprechen und gemeinsam das Abendmahl feiern, dann formt das unsere Art zu leben; es schafft in unseren Gemeinden soziale Realität. Gute Schriftsteller schaffen mit ihren Worten Welten, die Bedeutung tragen und vermitteln können. Im 20. Jahrhundert schrieb C.S. Lewis

mit den Geschichten aus „Narnia" solche Welt-schaffenden Erzählungen, genauso wie J.R.R. Tolkien mit „Der Herr der Ringe". In den
Schöpfungsgeschichten aus 1. Mose lädt Gott Adam ein, sämtlichen
Tieren Namen zu geben und zwar nicht nur zum Üben von Kreativität und Fantasie. Gott fordert Adam auf, mit ihm eine Erzählung zu
schaffen, die die Grundlage für die Bedeutung der Tiere in der Welt
ist. Durch den Einsatz von Sprache wird Adam zusammen mit seinem eigenen Schöpfer zu einem Mitschaffer bei der fortwährenden
Entstehung der Welt.

Während sich eine Erzählung oder Geschichte entwickelt, entsteht zugleich eine Tradition, der Bedeutung und Beziehungen zugrunde liegen; diese weist darauf hin, wie Menschen und die ganze
Schöpfung miteinander interagieren und sich aufeinander beziehen.
Indem Adam den Geschöpfen Namen gab, wurde diese Welt für ihn
und alle seine Nachkommen zu einem gemeinsamen Bezugspunkt;
sie konnten ihre Erfahrungen in und mit der Welt kommunizieren
und in einer Geschichte leben, die eine Richtung hatte. Diesem
Zweck dienen Sprache und Erzählungen.

Die Welt wird nicht von jeder Generation neu geschaffen, dennoch verändern wir stetig etwas an der Realität dieser Welt. Wie in
MacIntyres Analogie der Bühne werden wir in ein Stück geboren, das
bereits gespielt wird, bzw. in eine Erzählung oder auch Tradition, die
bereits Bestand hat. Indem wir die Sprache dieser Geschichten erwerben, erhalten wir auch Kenntnis über die Bedeutung, die die Sprache
zu vermitteln imstande ist. Diese Bedeutungen werden für uns ganz
selbstverständlich. Während diese Prozesse in jeder Generation vorhanden sind, bleiben sie aber dabei nicht unverändert, weil sie zu
unterschiedlichen Zeiten und an verschiedenen Stellen aufgegriffen
werden und so fortwährend aktualisiert und dabei immer ein kleines
bisschen modifiziert werden. Sprache und Erzählungen sind nie sta-
tisch; sie sind von Natur aus dynamisch und stets im Wandel begriffen, dabei aber nie losgelöst bzw. unabhängig von der Tradition, in
der sie stehen.

Missionale Gemeinschaften entstehen durch die Interaktion zwischen der christlichen Erzählung, in der sie leben und die ihnen über-

liefert wurde, und der aktiven Auseinandersetzung mit den Erzählungen der Menschen in ihrem Umfeld. Wenn aber der Sinn für die biblischen Erzählungen in Gemeinden kaum gepflegt wird, wenn diese eine nur sehr untergeordnete Rolle spielen und so für die Menschen undurchsichtig scheinen und entsprechend keine Bezugspunkte für das eigene Erleben liefern, dann sind Gemeinden auch nur begrenzt dazu in der Lage, sich mit ihrer Situation angemessen auseinanderzusetzen. Wenn einer Gemeinde die Sprache abhandengekommen ist, um zu benennen, in welcher Erzählung sie sich befindet, dann ist sie gefangen von etwas, das für sie undefinierbar ist. Was nicht benannt werden kann, bleibt unbekannt; was uns unbekannt ist, hat uns im Griff. Das ist das Empfinden der meisten Menschen in unserer Gesellschaft: dass sie das nicht länger benennen können, was sie herausfordert bzw. bedroht.

Dieser Zustand, der sich auf vielen verschiedenen Ebenen unserer Gesellschaft wiederfindet, kann anhand eines Beispiels aus einer kleinen Gemeinde illustriert werden. In dieser Gemeinde gab es eine Reihe Eltern, die darum bemüht waren, ihre Kinder vor dem vermeintlich negativen Einfluss einiger weltlicher Bücher zu beschützen. Sie forderten die christliche Schule vor Ort auf, bestimmte Bücher aus der Bibliothek zu entfernen, was von der Bibliothekarin jedoch abgelehnt wurde. Der Streit spitzte sich zu, als die Eltern zur Schulleitung gingen und drohten, ihre Kinder von der Schule zu nehmen. Bei all dem ging es jedoch weniger um die Bücher in der Schulbibliothek – die Schule behielt genau im Auge, welche Bücher vorhanden waren und von wem sie ausgeliehen wurden. Zudem gab es immer die Möglichkeit für Eltern, ihre Skepsis bestimmten Büchern gegenüber zu äußern; diese wurden dann umgehend noch sorgfältiger beobachtet. Vielmehr rückten die Bücher deswegen in den Fokus der Eltern, weil diese sich mit einer zunehmend pluralistischen Gesellschaft konfrontiert sahen, in der die unterschiedlichsten Meinungen und Werte miteinander konkurrierten. Welche Unsicherheit, welche Fragen ihrer Angst tatsächlich zugrunde lagen, blieb ihnen verborgen, sie konnten sie nicht benennen. Möglicherweise war es die Frage, wie wir eine Gemeinschaft gestalten können, in der unsere Kinder ein

Zugehörigkeitsgefühl und eine Identität entwickeln können, die der christlichen Erzählung über das Leben entspricht. Der Fokus der Eltern war jedoch lediglich auf ein bestimmtes Symbol gerichtet (die Bücher, die sie aus der Bibliothek verbannen wollten, waren vor allem C.S. Lewis' Geschichten aus „Narnia" sowie „Harry Potter"). Diese Art von (Über-)Reaktion kommt vor allem von denjenigen, die das Gefühl haben, dass ihre narrative Welt bedroht wird, denen aber die Sprache fehlt, um sich damit auseinanderzusetzen, was sie erleben und fühlen.

Immer mehr Menschen, auch diejenigen in unseren Gemeinden, leben weder innerhalb einer spezifischen Erzählung, noch werden sie von einer solchen geprägt. Wenn Erzählungen immer weniger wichtig werden und soziale Kontexte sich radikal verändern, dann fällt es Menschen unglaublich schwer, sich aus ihren Erfahrungen etwas zusammenzureimen; als Konsequenz können sie immer weniger Richtung, Ordnung oder Sinn in ihrem Leben erkennen. Gemeinden werden für solche ängstlichen und besorgten Menschen oft zu Auffangstationen, in denen sie Trost und Sicherheit erhalten, anstatt dass sie eine Gemeinschaft von Menschen bieten, die gemeinsam Zeugen sind von Gottes Reich.

Die Gestaltung missionaler Gemeinschaften beginnt damit, dass man die Erfahrungen der Menschen ernst nimmt und sie dazu ermutigt, sich auf eine Reise einzulassen, bei der man neu auf biblische Erzählungen hört und sich mit ihren Implikationen für sich selbst als Gottes missionarisches Volk auseinandersetzt. Eine solche missionale Gemeinschaft lebt von den Erfahrungen der Gemeindemitglieder. Die Menschwerdung unseres Herrn Jesus verdeutlicht, dass der Ort, an dem Gott uns begegnet, weit entfernt von idealistischen Wunschträumen ist. Jesus kommt in unsere Mitte; die Geschichte seiner Geburt ist nicht dazu da, um sein Kommen auf die Erde in irgendeiner Weise zu glorifizieren, ganz egal, wie sehr wir sie drehen und wenden, um unsere eigenen emotionalen bzw. spirituellen Bedürfnisse zu stillen. Diese Geschichte verdeutlicht vor allem das Gewöhnliche aller Beteiligten und die Kämpfe ihres alltäglichen Lebens (die Volkszählung unter einem römischen Kaiser, die Angst, nicht rechtzeitig vor

der Geburt des Kindes eine Unterkunft zu finden etc.). Die Erzählungen von Jesu Gegenwart bei uns setzen beim Gewöhnlichen im
Leben der Menschen an. Jesus verweist auf die Erlebnisse dieser Menschen; er wird ein Teil dieser Erlebnisse, indem er Gottes Geschichte
mit hineinwebt. Er nimmt die Menschen mit hinein in die neue Vorstellung von der guten Nachricht, die er verkörpert. Genauso, wie
Jesus für die Menschen im wahrsten Sinne des Wortes greifbar und
in einem ganz bestimmten Kontext situiert war, sollte missionales
Leiten Räume schaffen, in denen Menschen sich ganz konkret miteinander und mit ihren jeweiligen Lebenssituationen auseinandersetzen können, und zwar unvoreingenommen und ihrer aktuellen, realen Situation angemessen. Hier ist es überhaupt nicht angezeigt, im
Sinne von platonischen Idealen missionale Gemeinschaft bzw. missionale Konzepte auf oberer Leitungsebene zu entwickeln, die auf bestimmten Strategien basieren und dann nach unten durchgereicht
werden.

Das Modell missionalen Wandels stellt einen Prozessplan vor, der
Gemeinden helfen kann, sich gemeinsam in diese entscheidende Phase des Dialogs und der Auseinandersetzung zu begeben. Ihm zugrunde liegt die Annahme, dass Gottes Volk dazu berufen ist, einander
aufmerksam zuzuhören und miteinander die Erfahrungen und
Wahrnehmungen zu teilen, weil Gottes Geist mitten unter ihm ist.

Eine Gemeinde an der Ostküste Amerikas wurde über viele Generationen hinweg immer größer und erfolgreicher. Ihre Mitglieder waren stolz darauf, dass sie sich in mehrerlei Hinsicht deutlich von der
Gesellschaft um sie herum unterschieden. Nachdem sie lange Zeit in
einer ländlichen Gegend innerhalb bäuerlicher Strukturen verwach-
sen waren, spürten sie allmählich, dass der Einfluss der nahe liegenden Stadt auch bei ihnen zunahm. Zur Jahrtausendwende war es so
weit, dass sie sich fühlten wie eine Insel inmitten eines Meers der
Veränderung. Sie schickten die Mitarbeiter in Leitungsposition zu
Weiterbildungsveranstaltungen, um in Sachen Evangelisation, Gemeindewachstum und Gemeindegründung fit zu werden. Und tatsächlich gründeten sie mehrere neue Gemeinden, von denen jedoch
die meisten unabhängig sein wollten, sobald sie groß genug waren.

Doch so hatte man sich das nicht vorgestellt, man fühlte sich verletzt und war verwirrt; vor allem wusste man nicht weiter, man hatte doch wirklich schon alles versucht, um die zugezogenen Menschen in der Umgebung zu erreichen. Bei unseren ersten Treffen mit dieser Gemeinde luden wir sie dazu ein, sich auf die Prozesse, wie sie in diesem Modell beschrieben werden, einzulassen. So konnten wir ihnen helfen, sich allmählich mit den tiefer liegenden Ängsten zu befassen, die ihrem Handeln zugrunde lagen. Gemeinsam beschäftigten wir uns mit Gottes Wort und entwickelten im Anschluss daran neue, experimentelle Wege, um mit Veränderung gleichermaßen proaktiv umzugehen und sie auch bewusst voranzubringen. Mit der Zeit stellte sich heraus, dass die eigentlichen Themen bzw. Ängste, die die Gemeinde beherrschten, mit ihrer Identität als ethnisch eher homogener Gemeinde zu tun hatten. Heute versuchen einige Mitglieder in dieser Gemeinde, in experimentellen Ansätzen ihre Identität als Christen zu bestimmen, die nicht von ethnischen Grenzen geprägt ist, sowie positiv in ihre sich radikal verändernde Gesellschaft hineinzuwirken.

Im nächsten Abschnitt geht es um die grundlegende Methodologie des Modells; dadurch sollen Leiter den Rahmen kennenlernen, der dem Modell seine Kontur verleiht.

Teilhabe und gelebte Erfahrungen in Gemeinden

Wenn man bei den praktischen Erfahrungen der Mitglieder ansetzt, kann eine Gemeinde die allgemeine Teilhabe am Entstehen missionaler Vorstellungskraft kultivieren. Teilhabe bedeutet hier nicht, dass die Mitglieder bei irgendetwas mitmachen, das sich die Leitung für sie ausgedacht hat, sondern vielmehr die Teilhabe an dem, was von ihnen selbst kommt, was aus ihrer Mitte heraus entsteht. Aus diesem Grund geht es beim Leiten darum, ein Umfeld zu kultivieren, in dem diese kreative Vorstellungskraft zum Leben erweckt und entwickelt werden kann.

Um ein solches Umfeld zu gestalten, muss für die Menschen Raum geschaffen werden, damit sie lernen können, einander zuzuhören und Fragen zu stellen: Welche Kräfte prägen unsere Erfahrungen momentan? Wie benennen wir das, was wir erleben? Inwiefern beeinflusst das unser Leben? Was hat das mit Gottes Erzählungen zu tun, wie wir sie aus seinem Wort kennen? Inwiefern prägen unsere persönlichen Erfahrungen uns als Gemeinde? Wenn Menschen sich diesen Fragen stellen und miteinander ins Gespräch darüber kommen, können ihre praktischen Erfahrungen und die biblischen Erzählungen eine Offenheit für Visionen und Experimente erzeugen und man erkennt, wie man als Gottes missionarisches Volk in der Gesellschaft leben kann.

Der einflussreiche brasilianische Pädagoge Paolo Freire hat viel zum Verständnis von Teilhabe beigetragen. An den herkömmlichen Bildungssystemen kritisierte er, dass sie den Fokus auf die Wissensvermittlung legen anstatt auf die Fähigkeit, Gemeinschaften zu gestalten, an denen Lernende teilnehmen können, um selbst Antworten auf ihre Fragen und Herausforderungen zu finden. Freire hielt die Verschiebung hin zu einem solchen Modell der Teilhabe für notwendig, damit Erzieher ein Umfeld schaffen, in dem der Dialog mit dem anderen gedeihen kann. Aus seiner Sicht führt diese Art von Teilhabe zum Entstehen neuer Realitäten.

Der Dialog und die Teilhabe, von denen Freire spricht, bringen mit sich, dass Menschen einander helfen, über ihre Erfahrungen zu sprechen und diese auch vor dem Hintergrund biblischer Erzählungen sehen. Freire ermöglichte das für Menschen, die in südamerikanischen Städten in Armut lebten, seine Vorgehensweise war dabei bestechend einfach. Er ermutigte die Menschen dazu, darüber zu sprechen, wie sie ihren Alltag erleben, um anschließend diese Berichte wechselseitig auf biblische Erzählungen zu beziehen. Als Resultat begannen die Menschen, über alternative Herangehensweisen an die Herausforderungen ihres Lebens nachzudenken. Aus dieser Art und Weise, Gemeinschaft zu leben und zu gestalten, konnten viele arme Menschen Mut gewinnen und sich zu Gemeinschaften der Hoffnung zusammenfinden.

Freires Pädagogik basiert auf der Überzeugung, dass Gottes Geist bei seinen Leuten zugegen ist. Er wollte, dass die Menschen selbst etwas von Gottes schöpferischer Kraft wahrnehmen können, um darauf mit eigenen, ganz konkreten Initiativen reagieren zu können. In diesem Prozess lernen Menschen, einander zuzuhören und das zu benennen, was sie um sich herum und in ihrem eigenen Leben beobachten können. Sie lernen in der Auseinandersetzung mit Gottes Wort, wozu er sie beruft. Missionale Transformation entwickelt sich mit und bei den Menschen, die an Gottes Sache teilhaben und sich mit seiner Welt auseinandersetzen, und nicht dort, wo sie dazu überredet werden, daran mitzuwirken, dass sich die Pläne anderer erfüllen.

Sichere Räume, um gemeinsam Wahrheit zu finden
Parker Palmers Buch „To know as we are known" („Kennen, wie wir selbst gekannt werden") geht auf einige Aspekte von Teilhabe ein. Darin beschreibt er Situationen, in denen sich Lernende und Lehrende gemeinsam auf die Suche nach der Wahrheit begeben; laut Palmer bedingt dieses Vorgehen Offenheit, Grenzen und Gastfreundschaft. Um einen Raum für Offenheit zu schaffen, müssen die Hindernisse bei der Suche nach Wahrheit aus dem Weg geräumt werden. Solche Hindernisse können von einer Gemeinschaft selbst aufgebaut werden, z.B. wenn in einer Gemeinde das ungeschriebene Gesetz gilt, dass man nicht über Ängste und Sorgen sprechen dürfe, um nicht Gefahr zu laufen, Glaubensgrundsätze etc. infrage zu stellen. Diese Grenzen sind zwar in der Regel gültig, werden aber nicht offen angesprochen, was dazu führt, dass sie sich im Denken und Handeln der Menschen so tief verwurzeln, dass sie kaum noch als Grenzen wahrgenommen werden. Also werden Menschen gefangen genommen von sozialen Realitäten, die sie nicht benennen können, und von stillschweigend akzeptierten Regeln, sodass ihnen am Ende die Sprache für ihre Erfahrungen fehlt. Dabei gehen viele davon aus, dass Barrieren dieser Art in menschlichen Gemeinschaften ganz normal sind. Missionales Leiten erkennt diese Praxis an und ermöglicht es, sie zu hinterfragen und zu überwinden, sodass die Erfahrungen, die wir machen, versprachlicht werden können und auf diese Weise zutage treten. Dieser Prozess, unausgesprochene Barrieren zu benennen, ist Teil des Modells missionalen Wandels.

Damit Menschen an etwas teilnehmen können, müssen sie die Grenzen einer Situation kennen; denn es gibt nichts im Leben, das ohne Grenzen ist. Jeder Organismus funktioniert innerhalb von Grenzen, die gleichzeitig auch Auswirkungen auf die Identität haben. Solche Grenzen gibt es auch in der Gemeinde, z.B. die Bereitschaft, unter der Autorität des Wortes zu leben, oder die Art und Weise, wie Strukturen und Veranstaltungen in der Gemeinde von Traditionen beeinflusst sind, oder aber auch der soziale Kontext, in dem eine Gemeinde sich befindet. Diese Grenzen bestimmen unseren Umgang miteinander und unsere Bemühungen, eine missionale Gemeinschaft zu werden.

Sind die bestehenden Grenzen also das Problem? Eine völlig grenzenlose Auseinandersetzung würde schnell zu Chaos und Frustration führen. Gute Lehrende schaffen es, ihren Unterricht innerhalb gewisser Regeln und Grenzen zu gestalten; dabei engen diese im Bestfall nicht ein, sondern sind – wie die Membran einer lebenden Zelle – ein durchlässiger Schutz, durch den ein sicherer Raum entsteht, an dem Lernen und Veränderung stattfinden kann. Entsprechend können Leiter ein Umfeld kultivieren, an dem viele teilhaben können, indem sie die Grenzen benennen, innerhalb derer Gottes Volk lebt und wirken kann; sobald diese Grenzen sichtbar werden – das geschieht, indem sie überhaupt erst benannt werden – verlieren sie ihre beengende Wirkung. Die Gemeinde wird zu Kreativität, Lernen und Teilhabe befreit.

Als weitere Bedingung echter Teilhabe benennt Palmer außerdem die Gastfreundschaft: einen anderen Menschen, so wie er oder sie ist, willkommen zu heißen, ohne ihn bzw. sie verändern zu wollen. Wenn die Leitung einer Gemeinde davon ausgeht, dass sie am besten weiß, was gut für die Gemeinde ist, wenn sie einen durchdachten Plan hat, wie das Gemeindeleben optimiert werden kann, dann muss sie strategisch darauf setzen, dass die Gemeindemitglieder ihre Vorstellungen akzeptieren und ihren Plänen folgen. Das ist genau das Gegenteil der Gastfreundschaft, die für die Gestaltung missionaler Gemeinden eine Voraussetzung ist.

Gastfreundschaft schafft einen sicheren Raum, in dem es für

Menschen möglich ist, ihre Erfahrungen, Gefühle und Sorgen zu teilen. In einem solchen Umfeld können wir das Risiko eingehen, über unsere Ängste zu sprechen, über unseren Frust darüber, dass wir in einer Welt leben, in der unklar ist, was es bedeutet, Gemeinde zu sein, und in der uns die Sprache abhandengekommen ist, um unsere Erfahrungen zu benennen. Diese Art von Gastfreundschaft und Teilhabe nehmen uns hinein in einen Raum, in dem wir neu lernen, die Erzählung des einen wiederzuentdecken, der uns ruft, mit ihm auf eine alternative Reise zu gehen.

In diesem Kapitel ging es um den Hintergrund des Modells missionalen Wandels, d.h. um Veränderungen in unserer Kultur. In Kapitel 5 wird das Modell selbst vorgestellt, das auf unseren praktischen Erfahrungen mit Gemeinden und Denominationen sowie auf über 40 Jahren wissenschaftlicher Forschung beruht.

5. Das Modell missionalen Wandels

Nur selten geht Veränderung geordnet und gradlinig vonstatten. Wie wenn man gegen den Wind segelt und diesen dabei ständig kreuzen muss, folgt der Wandel in der Regel einem Zickzackkurs und entfaltet sich wie in folgender Illustration:

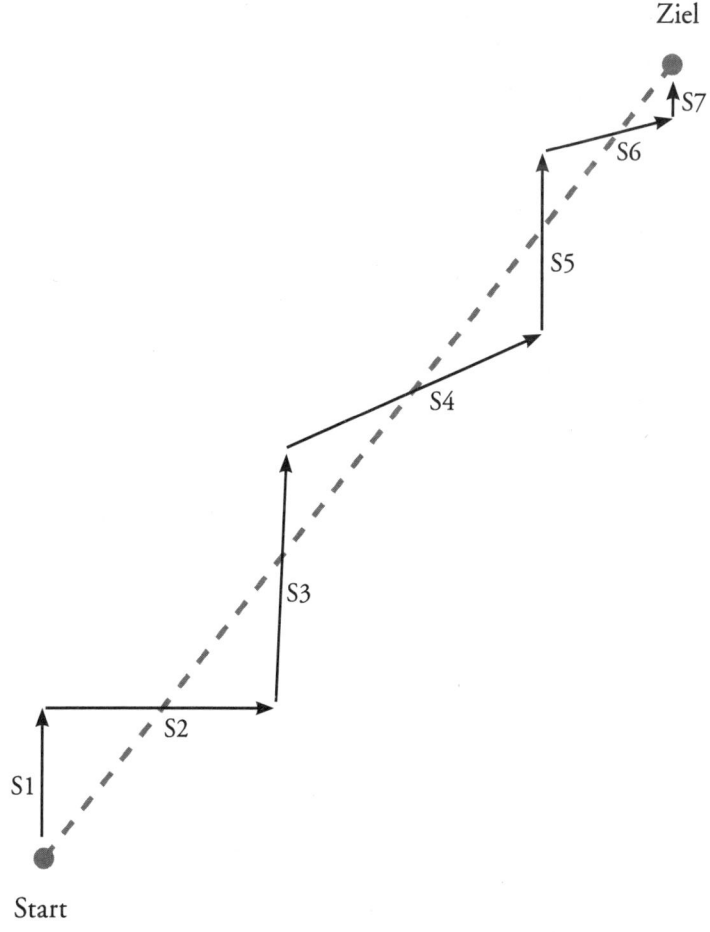

Abbildung 5.1 Der Verlauf des Wandels

Wie in dieser Illustration angedeutet, muss ein Segelboot hin und her manövrieren, um die drehenden Winde abzufangen, die es nach vorne bewegen. Seefahrer brauchen also nicht nur ein gutes Gefühl für die Richtung, in die sie fahren, sie müssen außerdem beträchtliche Kompetenzen aufweisen, um den Wind und die Strömungen gewissermaßen lesen zu können, damit sie sie für sich nutzen können. Zugegeben: Die Illustration veranschaulicht eher ein Ideal vom Segeln, in der Realität kann das Boot auch mal gehörig schaukeln oder von einer großen Welle überspült werden.

Zwischen dem Steuern eines Segelboots und dem Entwickeln einer missionalen Gemeinde besteht natürlich ein beträchtlicher Unterschied: Segler kennen bereits das Ziel; das ist beim Umgestalten missionaler Gemeinden nicht der Fall. Aus diesem Grund sind die althergebrachten Methoden des strategischen Planens und das gemeinsame Ausrichten auf eine große Vision bzw. ein dominantes Leitbild insbesondere zu Beginn nicht hilfreich oder angebracht. Wir lehnen sie nicht grundsätzlich ab, sondern sehen keinen Platz für solche Ansätze am Anfang eines Prozesses, der sich um die Gestaltung missionalen Wandels bemüht. Es gibt eine ganze Reihe von Faktoren, die beim Navigieren missionaler Gestaltung in unserem sozialen und kulturellen Kontext und inmitten radikaler Veränderungen eine Rolle spielen.

Erstens: Das Ziel unserer Bemühungen ist nicht selten ein anderes, als wir uns das zunächst oft vorstellen. Gerade zu Beginn fällt es schwer, die Umrisse und das Profil einer missionalen Gemeinde in den Blick zu bekommen. Es ist vergleichbar mit dem Erwerb einer neuen Kompetenz oder dem Trainieren einer neuen Sportart (vgl. das berühmte Beispiel vom Beherrschen des Golfschlags). Hier müssen wir verschiedene Fertigkeiten lernen und miteinander kombinieren; Gemeinden und ihren Leitenden fällt es oft schwer zu verstehen, welche Implikationen das Gestalten missionaler Gemeinden für sie hat in Bezug auf ihre Rolle und die Veranstaltungen der Gemeinde. Üblicherweise lässt sich am Anfang des Prozesses überhaupt nicht genau vorhersagen, wie die Gemeinde beschaffen sein wird oder welche konkreten Tätigkeiten und Veranstaltungen am Ende des Prozesses für die Gemeinde zentral sein werden.

Zweitens: Wir werden auf dem Weg jede Menge Fehler machen. Die größten Fehler haben in der Regel mit unserer tief sitzenden Überzeugung zu tun, dass wir auf unsere bisherigen Erfahrungen bauen und so den Erfolg planen könnten. Aus diesem Grund setzt das Modell darauf, mehrere kleine Experimente durchzuführen, um die Stellen in der Gemeinde aufzudecken und voranzubringen, an denen sich die Mitglieder selbst ausprobieren und neue Ideen entwickeln können. Das Modell missionalen Wandels legt dar, wie diese Experimente funktionieren. Durch diese Vorgehensweise steht der Gemeinde und dem Leitungskreis ausreichend Raum zur Verfügung, um Flexibilität zu lernen und um geeignete Wege zu finden, sich vorwärtszubewegen.

Drittens: Das Ziel ist beweglich. Wie auch unsere Gesellschaft und der Kontext unserer Gemeinde immer dynamisch ist, dürfen missionale Auseinandersetzung und Gestaltung nicht festgeschrieben werden.

All das führt uns zu der Einsicht, dass die Gestaltung missionaler Gemeinden wie das Segeln eines Bootes auf hoher, rauer See ist:

- Wir können nicht davon ausgehen, das Ziel zu kennen, bevor wir nicht schon da sind.
- Weil sich die Realität unseres Kontextes immer wieder verschiebt, ändern sich auch die Richtung und die Art und Weise unserer Auseinandersetzung mit ihr.
- Leitende brauchen ganz neue Kompetenzen und Fertigkeiten, um in diesem Gewässer Fahrt aufnehmen zu können.

Quellen des Modells missionalen Wandels
Das Modell missionalen Wandels bietet Hilfestellung, um sich in den neuen Gewässern zurechtzufinden.

Unter anderem basiert das Modell auf Everett Rogers, der darüber forschte, wie sich Innovation ausbreitet und sich durchsetzt. (The Diffusion of Innovation). Als Anthropologe hat Rogers sich vor allem mit der Frage beschäftigt, wie sich eine Kultur verändert. Auf Grundlage seiner Forschung zeigt er, dass die Umwandlung eines Systems und die Umsetzung neuer Ideen in ganz bestimmten Mustern verlaufen. Das Ziel anzusteuern, eine missionale Gemeinde zu werden, mag naheliegend und vorteilhaft sein, es bleibt trotzdem ein schwieriger Prozess.

In den seltensten Fällen verändern neue Ideen, Pläne oder Strategien eine Gemeinde nachhaltig. Wenn man sich ansieht, wie Gemeinden sich verändern, dann gibt es oft eine ganze Reihe Pläne, neue Programme und Visionen, die oft schon vor ihrer Umsetzung oder kurz danach sterben, spätestens jedoch, wenn diejenigen, die die Umgestaltung durchgesetzt haben, die Gemeinde verlassen. Man kann in vielen Fällen großen tief sitzenden Schmerz im Leben derer erkennen, die Veränderung voranbringen wollten, viel unausgesprochene Hoffnung, die so vielen Leitenden verloren gegangen ist. Viele spüren immer noch die tiefe Verletzung und den Kampf, den es sie gekostet hat, Neues auszuprobieren, womit sie immer wieder auf den hartnäckigen Widerstand ihrer Gemeinde gestoßen sind. Es ist also überhaupt kein Wunder, dass es so viele Menschen in Leitungspositionen gibt, denen der Glaube an wirkliche Veränderung inzwischen fehlt. Hier können wir von Rogers' Erkenntnissen profitieren, die er sich durch 40 Jahre harte Forschungsarbeit erworben hat. Sein Verständnis davon, was elementar ist, um Veränderung in einem System zu begründen, ist ein wichtiger Teil der fünf Schritte im Modell Missionalen Wandels.

Rogers' Beitrag liegt in seiner Theorie begründet, welche darlegt, welche Stufen durchlaufen werden, um Erneuerung in einem System (z.B. einer Gemeinde) erfolgreich zu etablieren.

1. Erkenntnis. Man erkennt die Art und Funktion der Erneuerung sowie den veränderten Kontext, der Erneuerung erforderlich macht.
2. Überzeugung. Die Beteiligten haben ausreichend Zeit und Möglichkeiten, sich mit den Erneuerungen vertraut zu machen und dazu eine positive Einstellung zu gewinnen. Es wird anerkannt, dass sie nicht von jetzt auf gleich Feuer und Flamme für die Ver-

änderungen sein können; es ist ein schwieriger Prozess, sich von der reaktiven Zone hin zu einer emergenten Zone zu bewegen. Die Menschen brauchen Zeit, um das Vertrauen zu ihren Leitenden und zu den anstehenden Prozessen zu gewinnen; erst dann können sie sich auch auf die Veränderungen einlassen. Kritische Fragen müssen ernst genommen werden, bevor Menschen bereit sind, sich und ihren Kontext neu zu verstehen.

3. Entscheidung. Die Beteiligten treffen die Entscheidung, sich auf ihre Weise auf die Veränderung einzulassen. Diese Art und Weise muss gefunden werden.

4. Experimentieren und anwenden. Die Menschen lernen, die Erneuerungen umzusetzen und Praktiken zu entwickeln, die zur emergenten Zone ihrer Gemeinde passen.

5. Zusicherung und Bestärkung. Wenn Menschen Erneuerungen umsetzen, lernen sie, dass auch sie selbst neu und innerhalb neuer Aufgaben und Praktiken leben können. Sie erkennen, dass sie auf neue Weise leben können. Die positiven Ergebnisse werden automatisch zu neuen Gewohnheiten und Bestandteil der Gemeinde.

Rogers' Forschung ist zwar wesentlich breiter angelegt, als in dieser kurzen Zusammenfassung deutlich wird, aber seine Erkenntnisse bieten auch für unsere Fragen eine belastbare Grundlage und können wertvolle Hinweise dafür geben, wie missionale Erneuerung in Gemeinden stattfinden kann. Laut Rogers' Modell muss eine Gemeinde fünf Stufen nehmen, wenn sie eine missionale Gemeinschaft werden möchte; um diese Schritte geht es in unserem Modell missionalen Wandels. Es ist auf der Annahme begründet, dass Veränderung nie glattläuft, nie gradlinig oder planbar, genauso wie das Segeln mit dem bzw. gegen den Wind. Entsprechend sollen die Elemente des Modells entlang diesem Bild illustriert werden (Abbildung 5.2).

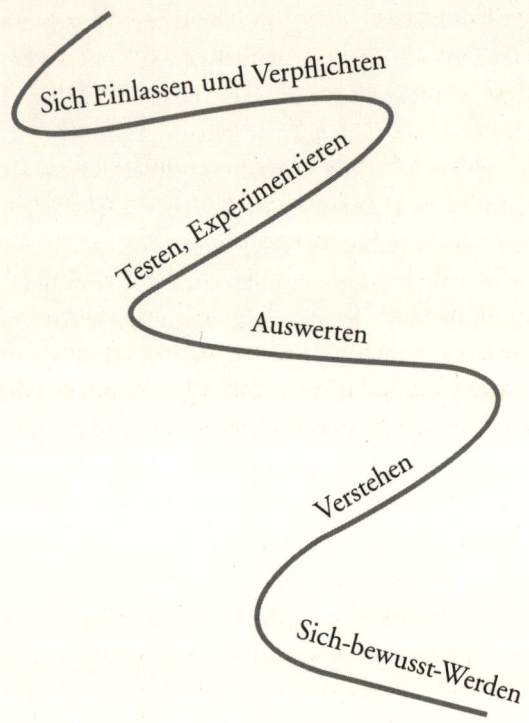

Abbildung 5.2   5 Elemente der Veränderung

Im Modell missionalen Wandels baut ein Schritt auf dem anderen auf. Um das Modell einzuführen und zu erklären, stellen wir es zunächst linear dar, so, wie man bei einer Treppe eine Stufe nach der anderen nimmt. Man kann das Modell allerdings auch ganz anders verstehen, und zwar anhand der Theorie der Emergenz, die in Kapitel 3 erläutert wurde. Komplexe Systeme entstehen eher von unten nach oben. Veränderungen setzen dort ein, wo die organisatorischen Strukturen noch relativ simpel sind, und gewinnen von dort auch auf komplexeren Ebenen Bedeutung. Dieser Prozess geht in der Regel nicht willkürlich vonstatten, sondern folgt bestimmten Ordnungen. Höhere Komplexität wird dadurch erreicht, dass mehr und mehr Menschen die Veränderungen auf der unteren Ebenen übernehmen und so in die oberen Ebenen integrieren. In der Praxis geht missionale Erneuerung eher so vonstatten wie das Manövrieren eines Segelbootes – wobei Außenstehenden die Prinzipien oft unklar bleiben –, und nicht wie der geordnete Aufstieg auf einer Treppe – wobei ganz klar ist, wann welche Stufe an der Reihe ist und nichts anderes logisch wäre.

Das Modell wurde vor diesem Hintergrund gestaltet. In Abbildung 5.3 wird es zunächst in linearen Schritten vorgestellt, um Leitern den Prozess erst einmal so näherzubringen, dass sie die einzelnen Schritte kennenlernen können, aus denen das Verfahren besteht. Weil es zu Beginn wie eine Treppe dargestellt ist, scheint es kontraproduktiv zu sein, einen Schritt auszulassen; je vertrauter man aber mit diesem Prozess wird und je mehr Menschen daran beteiligt sind, desto mehr verliert es die Notwendigkeit der Linearität und die Gemeinde lernt, sich vor- und zurückzubewegen und auf allen Stufen wohlzufühlen. Wenn eine Gemeinde diesen Prozess einmal mitgemacht hat, entsteht eine spiralförmige Dynamik, d.h. dass die Gemeinde sich nicht wie ein Punkt auf einer Geraden von A nach B bewegt, sondern dass die Bewegung eher zu verstehen ist wie mehrere in sich greifende Spiralen, wo an mehreren Punkten gleichzeitig Bewegung stattfindet, die nicht auf einen einzigen Zielpunkt ausgerichtet ist.

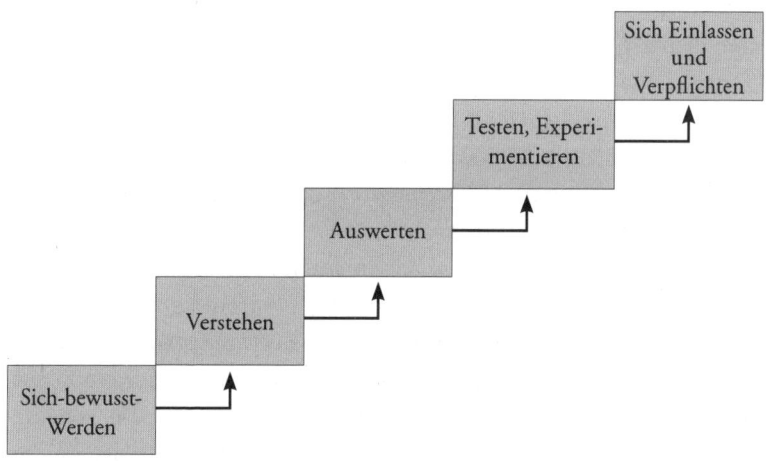

Abbildung 5.3 Modell von missionalem Wandel

Das Modell

In diesem Kapitel wird jeder Schritt des Modells missionalen Wandels detailliert beschrieben; damit ist auch aufgezeigt, wie Leiter ihren Gemeinden helfen können, sich aus der performativen bzw. reaktiven Zonenkultur hin zu einer emergenten Zonenkultur zu bewegen.

Schritt 1: Bewusstheit schaffen

Wir fangen dort an, wo die Menschen momentan stehen.

Um die drohende Lebensmittelknappheit und damit einhergehende Hungersnot unter halbnomadischen Stammesgruppen in Afrika südlich der Sahara zu bekämpfen, beschloss eine Reihe von Hilfsorganisationen, eine besonders gezüchtete Maisvariante einzuführen, die auch unter den gegebenen Umständen gut wachsen und gedeihen würde. Andere konzentrierten sich auf die Bildung von Frauen, insbesondere bezüglich der Wasserhygiene. Anhand verständlich gestalteter Bilder sollten die Frauen lernen, warum es besonders für das Überleben ihrer Kinder wichtig ist, das Trinkwasser abzukochen und welche Möglichkeiten sie dazu haben. Keine der Organisationen konnte irgendeinen Erfolg verbuchen. Was ist falschgelaufen? Man versuchte, dem Problem auf den Grund zu gehen, und irgendwann fanden die Entwicklungshelfer heraus, dass es bezüglich des Abkochens von Wasser ganz bestimmte kulturelle Vorstellungen in den betreffenden Stämmen gab, die die Frauen davon abhielten, das Wasser zu kochen. Zu ganz ähnlichen Ergebnissen kam man auch beim Versuch, neuartigen Maissamen auszusäen.

Als Folge davon beschlossen die Entwicklungshelfer, eine andere Herangehensweise zu wagen. Anstatt eine ausgeklügelte Lösung für die Probleme zu präsentieren, nahmen sie sich Zeit, um mit den Stammesmitgliedern zusammen zu sein, sie kennenzulernen und auch ihre Sicht der Dinge einzunehmen. Sie lernten, dass die Art und Weise, wie sie sich als Gruppe definierten, Einfluss darauf hatte, wie sie mit Veränderungen umgingen. So wurden die Entwicklungshelfer sich viel mehr darüber bewusst, was in den Köpfen der Menschen vor sich ging, was sie bewegte und welche Werte sie hatten.

Dieses Bewusstsein und die damit einhergehenden Erkenntnisse führten dazu, dass die Organisationen immer wieder feststellten, dass durch diesen Prozess Lösungen gefunden werden konnten, die auf ganz einfacher Ebene zu bewerkstelligen waren und die gar keine externe, hochtechnologische Hilfe erforderten. Im Fall des speziell gezüchteten Maissamens, der überhaupt nicht angenommen wurde, konnte das Problem gelöst werden, indem man sich vor allem mit denjenigen beschäftigte, die wohlgenährter waren als die anderen. Wie sich herausstellte, ernährten sich diese vor allem von Wurzelgemüse, das nicht nur einen hohen Nährstoffgehalt hatte, sondern sich auch gut in einem trockenen Klima anbauen ließ. Die Entwicklungshelfer konnten also auf folgende Weise helfen: nicht indem sie teure Hilfe von außen heranschafften, sondern indem sie innerhalb des Stammes selbst halfen, das eigene Wissen und die eigenen Bräuche zu aktivieren, um diejenigen Gewohnheiten bekannter und praktikabler zu machen, die längst schon in der Gruppe etabliert waren.

Ein ähnlicher Prozess lässt sich in Gemeinden anwenden. Bei einer Konferenz über Gemeinde, Veränderung und Mission sagte eine alte Dame, sie könne immer noch nicht verstehen, warum sie ihre Kinder regelmäßig zum Kindergottesdienst mitgenommen hatte und trotzdem eins nach dem anderen die Gemeinde verlassen hat, als sie erwachsen wurden. Ihre Enkelkinder haben inzwischen mit Gemeinde überhaupt nichts mehr zu tun. Die anderen in der Gruppe nickten und so, wie sie sich verhielten, war klar, dass ihnen diese Probleme nur allzu bekannt waren. Alle waren unangenehm berührt, und so ging das Gespräch schnell in eine andere Richtung, einige begannen Fragen zu stellen, was es bedeute, missional zu sein. Nach wenigen Minuten unterbrach Alan das Gespräch, um sich wieder der alten Dame zuzuwenden. Er fragte sie, ob er noch etwas zu ihrer Frage sagen dürfe. Sie sah ihn neugierig an und Alan sagte: „Sie haben Vertrauen zu Ihrer Gemeinde gehabt und trotzdem hat sie versagt, Ihre Kinder an den Glauben heranzuführen. Aber ist es nicht auf einer anderen Ebene auch so, dass Sie uns erzählen wollen, dass es für Sie sehr schmerzhaft ist zu sehen, dass Ihre Kinder und Enkelkinder nicht zur Gemeinde gehen? Vielleicht ist die Gemeinde dadurch zu einem Ort geworden, der für Sie eng mit einem großen Verlust verbunden ist? Wollten Sie uns vielleicht auch das sagen?"

Mit Tränen im Gesicht erwiderte sie: „Ja, genau darunter leide ich schon seit so langer Zeit! Warum habe ich so versagt?" Auf einmal war es still. Viele kannten ihren Schmerz selber nur zu gut und nun hatte es jemand ausgesprochen. Und ihr Leid war real: Wenn die Kinder die Gemeinde verlassen, die Enkelkinder gar keine Gemeinde und den Glauben nicht kennenlernen, wieso passiert so etwas? Wie soll man das verstehen? Aber diese Gefühle sind niemals Thema in der Gemeinde gewesen. Man ist regelmäßig zu den Gottesdiensten gegangen, um sich Predigten anzuhören, hat an Bibelabenden teilgenommen, sich ehrenamtlich engagiert und füreinander gebetet. Aber es gab keinen Platz, um über die Dinge zu sprechen, die die Menschen innerlich kaputt gemacht haben. Ihre Fragen nach dem erlittenen Verlust, ihre persönliche Geschichte, ihre Erinnerung – ihre gelebten Erfahrungen – kamen nirgends vor, es gab schlichtweg keinen Raum für sie. Weil so viel unausgesprochen blieb, entstand eine tiefe Trauer. Alans Frage und die Offenheit dieser Frau führten dazu, dass das Bewusstsein für dieses Thema geweckt wurde.

In einem anderen Fall wollte der Mitarbeiterstab einer Gemeinde diese in eine missionale Gemeinschaft nach dem Evangelium umwandeln. Nach einer langen Phase, in der die Leitung Grundwerte benannte, Pläne entwickelte und einen allgemeingültigen Leitsatz formulierte, war die Gemeinde dennoch immer noch nicht so recht überzeugt und weigerte sich, sich bei den Plänen und Projekten zu engagieren, für die sie doch selbst ein paar Jahre vorher gestimmt hatte! Die Frustration und Enttäuschung bei den Verantwortlichen war groß; es herrschte Verwirrung darüber, wie es passieren konnte, dass ihre sorgfältig vorbereiteten Veränderungen auf so viel Ablehnung stießen. Ähnliche Erfahrungen hatte die Leitung dieser Gemeinde auch schon einige Jahre vorher gemacht. Mit der Annahme, man kenne und berücksichtige die Wünsche und Vorstellungen der Gemeindemitglieder, erarbeitete das Leitungsteam unter hohem Aufwand diverse Entwürfe für die Umgestaltung des Gottesdienstraums, insbesondere um die Attraktivität für die jüngere Generation zu erhöhen. Bevor man die Entwürfe vorstellte, war man noch zuversichtlich, dass die Gemeinde begeistert sein würde; umso herber war die Enttäuschung, als sämtliche Entwürfe abgelehnt wurden. Die Gemeindeleiter waren frustriert, sie verstanden die Welt nicht mehr und fühlten sich von ihrer Gemeinde verraten.

Solche Geschichten hören wir immer wieder, wenn wir mit leitenden Mitarbeitern in Gemeinden über das Thema Veränderung sprechen. Es sieht ganz so aus, als würde vom Prozess der Veränderung erwartet, dass er notwendigerweise mit dem Benennen eines Ziels in Gang gesetzt würde bzw. mit dem Ausgestalten eines Plans, eines Leitgedankens bzw. einer Mission. Das hier genannte Leitungsteam begann den Prozess damit, sorgfältig seine Vision auszuleuchten, wie seine Gemeinde einmal aussehen sollte. Man ging davon aus, dass – wenn man erst einmal weiß, wohin man will – sich die Schritte dahin einer nach dem anderen planen ließen und die Gemeinde so allmählich zu ihrer detailliert geplanten Bestimmung geführt werden könne. Dabei waren sich sämtliche leitenden Mitarbeiter sicher, ihrer Gemeinde zu dienen und Gottes Volk treu und gleichzeitig effektiv zu leiten; sie handelten auf der Grundlage der Überzeugungen und Gewohnheiten, die sie sich seit jeher antrainiert hatten. Ihre aufrichtigen Bemühungen, sinnvolle Veränderungen voranzubringen, scheiterten kläglich. Ihre Vorstellungen von den Veränderungsprozessen passten nicht zur Realität des Kontextes; die Kompetenzen, die in der performativen Zone, wo Stabilität und Vorhersagbarkeit vorausgesetzt werden konnten, hilfreich gewesen waren, erwiesen sich in ihrem Kontext, der alles andere als stabil und vorhersagbar war, als nutzlos. Ihnen fehlte der passende Rahmen, um die Veränderungen von der richtigen Seite her aufzuziehen. In solch einer Situation hat die Gemeinde zunehmend das Gefühl, in eine unbekannte und unkontrollierbare Richtung abzudriften, und ihre Mitglieder erkennen, dass strategische Pläne und entsprechende Maßnahmen nicht die gewünschten Ergebnisse bringen.

Weil sie nicht wissen, wie sie sich diese Situation erklären sollen, werden die Leiter zunehmend unruhig und sind verwirrt. Was tatsächlich passiert, ist Folgendes: Sie kultivieren ein neues *Bewusstsein*, und das wird als beängstigend und bedrohlich erlebt. Folgende Sätze bzw. Ausdrücke verwenden Pastoren und Gemeindeleiter bei einer Konferenz über Veränderung und Mission:

„Kontroversen"
„Ich weiß nicht, wie ich damit umgehen soll!"
„Ich versteh einfach nicht, was los ist!"
„Was es überhaupt bedeutet, zu leiten – im Moment wüsste ich gar nicht, was ich dazu sagen soll."
„Ich weiß nicht, was ich noch tun soll."
„Meine Gemeinde kann's nicht mehr hören, wenn ich sage, dass wir uns auf bestimmte Auseinandersetzungen einlassen müssen. Aber ich hab auch nicht auf alles eine Antwort!"
„Ich brauche Klarheit!"

Diese Leiter haben zumindest eine leise Ahnung von diesen Gefühlen und Eindrücken, aber ihnen fehlt die Sprache, um auszudrücken, was dahintersteckt.

Aus Sicht unserer Gemeindemitglieder dreht sich unsere Welt immer schneller. Es passiert so viel, dabei bleibt zu wenig Zeit, um die Erfahrungen zu verarbeiten und ihnen Bedeutung zu verleihen. Sie besuchen Gottesdienste und haben stets eine Menge Fragen und Gefühle, die aber nie wirklich thematisiert werden. Sie können das nicht artikulieren, was hinter ihrer diffusen Angst steckt und kennen keine Sprache für ihre Verwirrung. Als Resultat meinen Menschen in Leitungspositionen oft, dass ein neuer Plan, eine neue Strategie oder ein neues Programm helfen würde. Aber das ist genau das Gegenteil von dem, was eigentlich gebraucht wird. Solange die Menschen ihre Gefühle und ihre Mutlosigkeit nicht ausdrücken können, sind sie gewissermaßen gefangen von dieser unausgesprochenen Angst. Also müssen Leiter einen Raum schaffen, in dem Menschen einander zuhören können, um sich bewusst zu werden, was mit ihnen und unter ihnen los ist. Das erfordert das Kultivieren eines Umfelds, in dem Menschen eine Sprache erwerben, mit der sie ihren Erfahrungen und Gefühlen Ausdruck verleihen können.

Bewusstsein hat eine Parallele in den allerersten Kapiteln der Bibel, in denen es um die „Tiefe" geht, um das turbulente Chaos, über dem der Geist Gottes schwebt, bevor die Schöpfung ins Leben gerufen wird. Dieses Ins-Leben-Rufen geschieht, wenn Gott zum „Unförmigen" spricht und ihm eine Ordnung und eine Form schenkt. Wie in Kapitel 4 bereits beschrieben, ist es die Sprache des Benennens, die der Unordnung eine Form verleiht. Diese Form wird fortan zur Schöpfung, und das ist mehr als eine Metapher. Die Schöpfung, auch die Schöpfung der Menschen, ist ein Sprechakt Gottes. Entsprechend lädt Gott im zweiten Schöpfungsbericht Mose dazu ein, den Tieren der Erde Namen zu geben. Indem sie benannt werden, treten die Tiere in eine Beziehung miteinander. Die Kommunikation unter Menschen auf der Basis ihrer Relationalität konstituiert Bewusstsein. Die Tatsache, dass Gott die Welt ins Leben *ruft*, zeigt uns vor allem, dass es in der Schöpfung um Beziehungen geht. Darum geht es Gott. Relationalität liegt ganz wesentlich der Beschreibung von Jesus zugrunde als dem Logos – dem Wort – Gottes. In Jesus Christus geht es beim Wort Gottes als dem schöpferischen, inkarnierten Sprechakt Gottes immer um den Prozess, Neues zu schaffen. Wenn also jemandem oder etwas die Sprache gegeben wird, wenn eine Erfahrung oder ein unförmiges Gefühl Ausdruck erfährt, so kann Relationalität und Wandel entstehen und unterstützt werden. Solange dies nicht der Fall ist, beherrschen uns unsere unausgesprochenen Ängste und Gefühle auf machtvolle Weise. Sie stellen für uns ein unberechenbares Chaos dar, aus dem – anstatt von Relationalität und damit Leben – jederzeit Kontrolle und gewalttätige Macht hervorbrechen können. Viele Pastoren erleben diese Dynamik bei der Seelsorge von Paaren mit Eheproblemen. Hier gibt es oft ein riesiges Feld von Missverständnissen und verschiedenen Wahrnehmungen dessen, was in ihrer Beziehung überhaupt passiert. Eine Aufgabe von Seelsorgern ist es hier, eine Sprache bereitzustellen, die dem betroffenen Paar zu erkennen erlaubt, was dem Konflikt eigentlich zugrunde liegt. Wenn die richtigen Worte nicht länger fehlen, kann sich ein neues Verstehen und damit ein neues Verständnis einstellen; das Paar hat als Folge davon oft das Gefühl, als sei irgendetwas in ihnen

aufgeschlossen worden, sodass sie sich gemeinsam wieder vorwärts-
bewegen können.

Ähnliche Erfahrungen können auch auf der Ebene von größeren
Gemeinschaften von Menschen entstehen, die sich gemeinsam mit
Sinnfragen auseinandersetzen und versuchen, die sich verändernde
Situation, in der sie leben, besser zu verstehen. In einer Gemeinde, die
auf eine 150-jährige Tradition zurückblicken konnte, wurde sich der
Leiter immer mehr bewusst, dass die Gemeindemitglieder damit zu
kämpfen hatten, ihren Platz in einer sich radikal verändernden Welt
zu finden. Um sie herum waren sie immer mehr von Fremden umge-
ben, immer mehr Menschen mit Migrationshintergrund zogen in ihre
Nachbarschaft und verhielten sich so anders, als es in der traditionsreichen Gegend üblich war: Sie fuhren in meilenweit entfernte Einkaufs-
zentren, um ihre Einkäufe zu erledigen, ihre Arbeitsstellen waren oft
weit von ihren Wohnorten entfernt und anstatt in die Kirche gingen
diese Leute sonntags lieber ins Theater oder auf den Golfplatz.

Der Gemeindeleiter merkte genau, dass die Menschen in der Gemeinde zunehmend irritiert und frustriert waren. Also machte er sich
daran, eine Sprache zu finden, anhand derer sie besser verstehen
konnten, was um sie herum geschah. Er machte von der eigenen Geschichte der Gemeinde Gebrauch und führte sie (wieder) in eine
Sprache ein, in der Fremde, *das* Fremde, Einwanderer etc. eine zentrale Rolle spielten. Er machte sie darauf aufmerksam, dass sie selbst
eine bestimmte Sprache sprachen, die von weither und aus einer
längst vergangenen Zeit stammte, mit der ganz bestimmte Ideen und
Vorstellungen transportiert wurden, die die neuen Bewohner der
Nachbarschaft selbst kaum verstehen würden. Also schlug der Leiter
vor, eine neue Sprache zu entwickeln, innerhalb derer man sich in
diesem neuen, veränderten Kontext verständigen könnte. Die zugezogenen Nachbarn waren nun selber Einwanderer und Fremde in
einem ihnen fremden Kontext. Nun stellte sich die Frage, wie sich die
Gemeinde vor diesem Hintergrund mit diesen Leute auseinandersetzen solle? Durch diesen Prozess entwickelte die Gemeinde eine neue
Perspektive für die Situation dieser Menschen und lernte neu, auf sie
einzugehen.

Wenn sich eine Gesellschaft inmitten radikaler Veränderungen befindet, verliert die Sprache oft an Klarheit; sie franst aus und benennt die Dinge nur noch unscharf. Als Folge werden die Menschen immer verwirrter, weil die Diskrepanz zwischen ihren Worten und der von ihnen erlebten Welt immer größer wird. Wenn sich die Erfahrungen immer weiter von dem entfernen, was Sprache auszudrücken vermag, dann verschwimmen auch Bedeutungen. Das ist zum Beispiel dann der Fall, wenn unerwartete bzw. unerwünschte Ereignisse eintreten, beispielsweise, wenn sich das Einzugsgebiet einer Gemeinde derart verändert, dass die alteingesessenen Mitglieder sich gewissermaßen von lauter Fremden umzingelt fühlen, die mit der Gemeinde oder ihrer Geschichte überhaupt nichts anfangen können. Zu Beginn fehlen den Gemeindemitgliedern die Worte für diese neuen Erfahrungen; die Art und Weise, wie sie sich bislang verstanden haben und wie sie sich und ihre Erlebnisse ausdrücken konnten, greift auf einmal nicht mehr. Aber ohne Worte ist es unmöglich, die erlebte Realität zu beschreiben und zu verstehen, geschweige denn, einen sinnvollen Umgang mit ihr zu finden.

So geht es vielen Gemeinden, in denen immer mehr Menschen die Auswirkungen der globalen Veränderungsprozesse zu spüren bekommen. Die alte Sprache vermag es nicht, dieser Globalisierung Sinn zu verleihen, die mit dem Ausgliedern von Arbeitsplätzen und dem Verschlanken von Firmen und Betrieben einhergeht. Genauso sind wir ratlos, welche Bedeutung wir der Bedrohung z.B. durch terroristische Gruppen beimessen sollen, die uns scheinbar immer und überall auflauern, oder aber auch dem Pluralismus, dem gemäß unsere muslimischen Nachbarn ein höchst moralisches Leben führen, von dem wir uns in unseren Gemeinden eine Scheibe abschneiden könnten. Ohne eine Sprache, anhand derer wir diese Erfahrungen in unsere Geschichte sinnhaft einordnen können, bleiben sie dunkle Mächte in unseren Gemeinschaften. Deshalb brauchen unsere Gemeinden Zeit, um sich mit den Erfahrungen und Wahrnehmungen dieser Veränderungen auseinanderzusetzen; schließlich muss eine neue Sprache gefunden werden, um neue Vorstellungen darüber zu entwickeln, was es heißt, Gottes Volk zu sein.

Indem man darüber spricht, wo man sich als Volk Gottes verortet und wie die aktuelle Erfahrungswelt aussieht, kann Bewusstsein entstehen. In einem Umfeld, in dem dieses Bewusstsein gefördert wird, haben Menschen den Raum und die Freiheit, sich mit ihren Gefühlen und Spannungen, die sie täglich erleben, auseinanderzusetzen; daraus können schließlich Worte und Bedeutung entstehen, die das ausdrücken und dem eine Form geben, was unsere Erfahrungen ausmacht. Das braucht Zeit. Diese Fähigkeit, ein Umfeld des Bewusstseins zu kultivieren, hängt in erheblichem Ausmaß davon ab, inwiefern man der Motivation und der Reife der Leiter vertraut.

Bewusstsein zu fördern erfordert also Kompetenzen in verschiedenen Bereichen: Kommunikation, Lehre, Zuhören und Dialog. Wenn man dazu in der Lage ist, auf unterschiedliche Weise zu kommunizieren und Menschen durch den Gebrauch von Sprache, Bildern und Medien zu lehren, können sie ein Vokabular und einen Rahmen aufbauen, der es ihnen erlaubt, miteinander über ihre Erfahrungen zu sprechen. Menschen in Leitungsposition sollten sich darin üben, sich mit anderen Menschen auszutauschen, anzusprechen, was sich im Leben der Einzelnen abspielt und das alles miteinander in Verbindung zu bringen. Vor dem Hintergrund und auf der Grundlage des gemeinsamen Bibelstudiums. Hierzu müssen folgende Fragen angesprochen werden:

- Auf welche Weise hören wir einander zu, um das zu erfassen, was unsere tatsächlichen Erfahrungen sind und um zu verstehen, was im Leben der anderen vor sich geht?
- Wie können wir auf ganz einfache Weise die Unzahl von Veränderungen in unserer Welt erklären, die uns so sehr verwirren – ohne uns dabei in Fachjargon zu verlieren?
- Was für Menschen wollen wir sein, die miteinander und füreinander da sind? Wie müssen wir sein, damit man mit uns über Angst, Frustration und innere Kämpfe sprechen kann?
- Warum fällt es uns so schwer, diese Veränderungen in Worte zu fassen? Warum können wir sie nur schwer verstehen und kaum mit ihnen umgehen?

- Was ist der Unterschied zwischen Veränderung und Übergang, und warum ist es heute so wichtig, diesen Unterschied zu kennen?
- Auf welche Weise können biblische Erzählungen und ihre Vorstellungskraft uns dabei helfen, über unsere Erfahrungen zu sprechen? Welche Sprache stellen sie bereit, und warum ist es wichtig, dass wir sie erwerben?

Bewusstsein sollte jederzeit geschaffen und gefördert werden. Im Übergang von der reaktiven Krisenzone zur unteren performativen Zone ist dieses Bewusstsein jedoch besonders relevant. Solange Menschen kein ausgeprägtes Bewusstsein für ihre Situation haben, verhalten sie sich Veränderungen gegenüber zurückhaltend und lassen sich nur schwer auf sie ein. Die Bereitschaft dazu ist aber der erste Schritt auf dem Weg zur Gestaltung einer missionalen Gemeinschaft.

Schritt 2: Verstehen, Denken und Fühlen durch den Dialog zusammenbringen

Es war an einem winterlichen Nachmittag, als wir an einer Tagung über missionale Leiterschaft teilnahmen. Man hätte meinen können, draußen herrschten Minusgrade, tatsächlich waren es aber frühlingshafte 16 Grad, der Himmel strahlend blau. Im Tagungszentrum diskutierten 40 bis 50 ehrenamtliche und hauptamtliche Mitarbeiter über die Zukunft ihrer Gemeinde. Kein leichtes Unterfangen, schließlich waren die fetten Jahre längst vorbei, doch immer noch trauerte man ihnen nach und ließ sich dadurch unter Druck setzen. In vielen Gemeinden ist es so, dass man eigentlich weiß, dass es für die Wiederentdeckung vitalen missionalen Lebens entscheidend ist, alternative Zukunftsideen zu entwickeln. So auch die Mitarbeiter dieser Gemeinde. Und trotzdem fühlten sie sich insgeheim verpflichtet, die großartige Vergangenheit in aktiver Erinnerung zu behalten und womöglich sogar wiederzubeleben.

Wir Referenten, die diese Tagung ausrichteten, fragten uns, wie das wohl sein würde, den ganzen Tag in diesem Konferenzraum zu verbringen, obwohl das Wetter die Teilnehmer zu einem ausgedehnten Spaziergang einlud. Wie sollten wir es schaffen, die Aufmerksamkeit unserer Gäste zu bekommen, an diesem schönen sonnigen Wintertag, dem einzigen freien Tag in der Arbeitswoche der Teilnehmer. Der Tag sollte einer von einer Reihe von Treffen werden, die darauf ausgerichtet waren, Bewusstsein zu schaffen. Zuvor hatten wir eine Umfrage unter den Gemeindemitgliedern gemacht, um herauszubekommen, wie bestimmte Elemente aus dem Gemeindeleben in Bezug auf missionale Erneuerung eingeschätzt werden. An diesem Winternachmittag wollten wir die zahlreichen Implikationen der Umfrageergebnisse besprechen, z. B., dass die Pastoren der Gemeinde sich schwertaten, mit den Gemeindemitgliedern offen zu reden, was die Menschen in der Gemeinde zunehmend frustrierte und ärgerte. Ein weiteres großes Thema betraf die Anbetung, worüber regelmäßig und kontrovers diskutiert wurde. Mit den Kompromissen war letztlich niemand so richtig glücklich. Also haben wir uns gemeinsam mit den Verantwortlichen der Gemeinde zusammengesetzt, um ihnen zu zeigen, wie man sich im Dialog über solche Ergebnisse austauschen kann.

Gegen 15 Uhr hätte man annehmen können, dass alle so erledigt seien und nur noch auf die Uhr blicken würden und es kaum abwarten könnten, endlich nach Hause zu dürfen. Tatsächlich waren alle noch genauso motiviert und konzentriert wie am Morgen: Alle waren positiv aufgeregt, lachten und waren entspannt. Ganz offensichtlich freuten sich alle über einen seltenen Moment, in dem man frei und unkonventionell miteinander sprechen konnte, ohne dass es gleich in Streit und Konflikt ausartete.

Diese Leute waren begeistert und engagiert dabei, weil sie sich auf einmal bewusst wurden, was die wirklichen Anliegen der Menschen waren. Dieses Bewusstsein entstand durch das Finden einer Sprache, um diese Erfahrungen zu beschreiben. In einem angeleiteten Gespräch hatten sie einander zugehört und über die Fragen des Lobpreises gesprochen. Dafür hatten wir ihnen ein anderes Vokabular zur Verfügung gestellt, als das, was sie für gewöhnlich benutzten (in dem es vor allem um Geschmack und individuelle Bedürfnisse geht). Bis zum späten Nachmittag fanden ausschließlich Gespräche statt und irgendwann rückten drängende Themen in den Mittelpunkt der Gespräche, die die Kommunikation in der Gemeinde betrafen. Dabei fühlten sich alle frei, über ihre Gefühle und Eindrücke und auch über inhaltliche Fragen zu sprechen.

Der bedeutendste Augenblick war jedoch, als zwei Menschen – der eine in den 80ern, die andere in den 20ern – sich über den Lobpreis im Sonntagsgottesdienst unterhielten. Die junge Frau bedrückte es, dass viele gleichaltrige Freunde von ihr in eine andere Gemeinde gewechselt hatten, weil dort der Lobpreis lebendiger und moderner war. Der ältere Herr hingegen war nicht minder aufgebracht. Für ihn hatte der Lobpreis sich bereits viel zu sehr verändert. Die Spannung war den beiden ins Gesicht geschrieben und zwischendurch wurden sie sogar laut; für beide war dieses Thema von größter Bedeutung und sie reagierten inzwischen sehr emotional.

Immer mehr Gespräche verebbten, bis irgendwann alle diesem Dialog lauschten. Die anwesenden Mitarbeiter begriffen, dass hier zum ersten Mal ein wirklich bedeutsames Gespräch über eine Thematik stattfand, die sie alle intensiv beschäftigte. Nicht, dass diese Thematik vorher nicht bekannt gewesen wäre, aber wie man sich darüber auseinandersetzen sollte, war ihnen weniger klar. Langsam machte man einen Schritt vom Bewusstmachen hin zum Verstehen.

Diese Geschichte macht eins deutlich: So wichtig es ist, sich eines Problems bewusst zu sein, es ist nur der erste Schritt. Damit daraus ein Verstehen wird, müssen viele weitere Dialoge geführt werden, in denen Gedanken und Gefühle sich ergänzen. Innerhalb des Prozesses, der im Modell missionalen Wandels dargestellt wird, entsteht Verstehen dort, wo Menschen ein Bewusstsein haben, durch welches sie imstande sind, neue Fragen zu stellen zum Zusammenhang zwischen dem, was passiert, und dem, was sie denken und fühlen. In dieser Phase brauchen die Menschen zusätzliche Informationen, sie wollen Neues ausprobieren und Feedback erhalten, damit sie ihr Bewusstsein stetig anpassen können und auch ihr Verstehen und Wissen erweitern können, um im andauernden Dialog mit anderen zu bleiben. So geht es auch denjenigen, die segeln lernen und die nötigen Kompetenzen für bestimmte Manöver erwerben müssen. Dabei reicht es nicht, das Ruder und die Segel zu kennen und sich bewusst zu machen, dass man sie irgendwie zusammen benutzen muss; man muss vielmehr ein tieferes Verständnis dafür entwickeln, wie und warum sie auf welche Weise zusammenarbeiten.

Etwas zu verstehen erfordert ein großes Maß an Bereitschaft, zuzuhören, um aus dem, was die Gesprächspartner sagen und fragen, die tief liegenden Anliegen und Probleme herauszuhören. Wenn diese an die Oberfläche gelangen, müssen immer wieder Gespräche geführt werden, muss den Dingen nachgegangen werden, muss die Bedeutung dessen erkundet werden, was durch die direkte Kommunikation gelernt wird. In Gemeinden der performativen Zone sowie der reaktiven Zone findet Dialog oft nur noch dort statt, wo Menschen eng miteinander befreundet sind, schon lange zusammenarbeiten oder sehr ähnliche Ansichten vertreten. Damit besteht in der Regel nur eine sehr beschränkte Ebene, auf der ein Dialog tatsächlich geschieht.

Beim Verstehen geht es nicht darum, Problemlösungen zu finden, obwohl man das oft gern so hätte. In einem Dialog geht es naturgemäß immer hin und her, und man möchte gern schnell Lösungen finden. Das allerdings wäre reichlich voreilig. Durch vorschnelle Lösungen würde der Verstehensprozess frühzeitig abgebrochen. Verstehen bedeutet, das Sich-bewusst-Werden weiter zu vertiefen und alternative Rahmen auszuprobieren, durch die Dinge sich wahrnehmen und erklären lassen. Es braucht sehr viel Zeit und reichlich Raum, um über missionale Gemeinden zu reden, bevor die Ideen greifbar werden und bezugsfähige Bedeutungen erhalten. Prozesse, die wirklich zum Verstehen führen, erfordern den Dialog, der immer wieder zur Auseinandersetzung mit den gleichen Inhalten herausfordert, die dabei aber das Verstehen Schritt für Schritt vertiefen, modifizieren und erweitern.

Während eines langen Inlandflugs griff Alan einmal zu einer Zeitschrift, die die Fluggesellschaft kostenlos verteilte. Eine ganzseitige Werbeanzeige zog sofort Alans Aufmerksamkeit auf sich: Er sah einen Baum mit einem Wurzelsystem, das sich durch den Boden grub. Das Besondere daran war, dass der Baum nur 20% des Bildes ausmachte, während 80% dem Wurzelsystem gewidmet waren. Die Botschaft konnte deutlicher nicht sein: Das wirklich Entscheidende passiert im Verborgenen, dort, wohin wir nicht sehen können. Dieses Bild hilft uns, den Unterschied zwischen Bewusstsein und Verstehen deutlicher wahrzunehmen.

Bewusstsein ist analog zu einer Sprache zu verstehen, die es uns erlaubt, uns über einen Baum und seine Bedeutung in seinem spezifischen Kontext zu verständigen. Es ist aber überhaupt nicht möglich, den Baum in seiner ganzen Bedeutung zu verstehen, wenn man nicht auch das Verborgene erhellt und die Wurzeln untersucht, die das Leben des Baumes überhaupt erst ermöglichen. Ganz ähnlich muss es uns ergehen, wenn wir zu schnell meinen, wir wüssten, was im Leben der Gemeindemitglieder bzw. der Menschen in unserer Stadt los ist, und könnten auf dieser Grundlage auch Lösungen und Pläne bereitstellen. Tatsächlich haben wir aber nur den überirdischen Baum im Blick; wir verfehlen das, was die Menschen wirklich beschäftigt. Entsprechend schießen auch die bestgemeinten Lösungen an den eigentlichen Problemen vorbei. Will man verstehen, so muss man über das hinausgehen, was in der Regel unter Dialog verstanden wird, und man muss der Versuchung widerstehen, voreilig Lösungen finden zu wollen. Verstehen vertieft unsere Anerkennung dessen, was tatsächlich gesagt und erlebt wird. Von dieser Ebene der Auseinandersetzung aus können Menschen sich auf weitere Schritte im Prozess einlassen, u.a., um neue Experimente zu wagen, Gottes missionarisches Volk in ihrer Gesellschaft zu sein.

Während des Verstehensprozesses können Erfahrungen und Sprache, die durch das Bewusstsein entstehen, hilfreiche Erklärungsrahmen bilden. Neue Fragen fachen neue Denkweisen an. Der Gemeinde wird klarer, welche Themen sie beschäftigen, was tatsächlich die Probleme sind. Nach dem Streitgespräch zwischen dem 80-Jährigen und der 20-Jährigen aus der Anekdote beschloss der 80-Jährige, für ein paar Wochen nicht zu seiner eigentlichen Gemeinde zu gehen, um stattdessen die Vineyard-Gemeinde zu besuchen, in die viele der jungen Menschen aus seiner Gemeinde gewechselt waren. Als Reaktion auf das Gespräch mit der jungen Frau wandte er sich nicht ab, sondern wollte vielmehr besser verstehen. Dieser Ausdruck des dienenden Leitens motivierte auch andere dazu, den Dialog aufrechtzuerhalten, einander zuzuhören und die tief liegenden Anliegen zu verstehen.

Der Verstehensprozess im Rahmen des Modells missionalen Wandels ist nicht nach einem Treffen abgeschlossen. Es ist ein dauerhaftes Gespräch nötig, in dem die Menschen den Raum finden, um ihre Fragen zu stellen und um die Implikationen von Bewusstsein kennenzulernen und mit ihnen zurechtzukommen. Wir können gar nicht genug betonen, wie wichtig es ist, diesem Prozess Zeit einzuräumen und ihn nicht zu überstürzen. Bewusstsein und Verstehen sind wie der vorgeburtliche Reifungsprozess und die Geburt. Das Leben braucht eine lange Zeit, um sich zu bilden; und in der Regel braucht eine Geburt ebenso ihre Zeit. Leitende sind hier wie Geburtshelfer, die eine Geburt begleiten und dabei ihre Einzigartigkeit anerkennen und sich darauf einlassen können. Man kann eine (natürliche) Geburt nicht abkürzen. Wenn der Boden bereitet ist und die Leitung ein gutes Umfeld kultiviert, indem ein offener, aber sicherer Raum gestaltet wird und nicht eine Strategie oder ein Plan aufgezwungen werden, dann wird der Prozess der missionalen Gestaltung die Gemeinde dazu ermutigen, sich selbst zu organisieren; Wandel wird entstehen.

Die Phasen des Bewusstseins und des Verstehens können mitunter sechs bis zwölf Monate dauern. Gleichzeitig erstrecken sich diese Phasen über das gesamte Modell, weil Menschen sich im Gespräch befinden und sich fortwährend mit den verschiedensten Herausforderungen an sich selbst als missionarische Menschen auseinandersetzen, die sie in ihrem sich verändernden Kontext entdecken. Wenn Verstehen einmal wächst und tiefer wird, wird es Zeit, auszuwerten, und damit beginnt die nächste Phase im Modell missionalen Wandels.

Schritt 3: Auswerten – Bewusstsein und Verstehen anwenden
Um die emergente Zone auszugestalten, müssen missionale Gemeinden entstandenes Bewusstsein und Verstehen auswerten. In dieser Phase, die bis zu einem halben Jahr dauern kann, setzen die Men-

schen in der Gemeinde ihr Verstehen und ihre neu gewonnenen Fähigkeiten dazu ein, sich miteinander über das auseinanderzusetzen, was in ihren Gemeinden sowie in ihrem sozialen und kulturellen Kontext geschieht. Während der Auswertungsphase unterzieht die Gemeinde ihre üblichen Handlungsweisen, Einstellungen und – im Lichte der neu gewonnenen Erkenntnisse – Werte einer Untersuchung. Dadurch lässt sich für alle erkennen, ob bestimmte Veranstaltungen, Programme und Aufgaben mit ihrem Bewusstsein übereinstimmen, sowie ob sie ihrem Verständnis von missionaler Gestaltung entsprechen und ob sie dem Kontext, in dem die Gemeinde sich befindet, angemessen ausgeführt werden. Sie fangen damit an, folgende Fragen zu stellen:

• Entspricht das, was wir tun, unserem Verständnis von uns selbst und unserem Kontext?

• Welche Fertigkeiten und Einstellungen brauchen wir in unserer Situation? Welche davon müssen wir noch entwickeln?

• Gibt es andere Gruppen bzw. Initiativen, die sich mit Ideen und Ansätzen auseinandersetzen, die uns bei unseren Überlegungen, was wir tun sollten, helfen können?

• Wo passt unser wachsendes Verständnis von uns selbst als missionale Gemeinde nicht mehr zusammen mit unseren Gewohnheiten als Gemeinschaft?

• Warum orientieren wir uns immer noch an Mustern, von denen wir eigentlich wissen, dass sie kontraproduktiv sind?

• Welche Traditionen helfen uns weiter und dienen uns auf unserem Weg? Welche Bereiche unserer Tradition sollten wir überdenken?

• Was müssen wir wissen, um gute Entscheidungen bei der Gestaltung unserer aktuellen Gemeindearbeit treffen zu können?

• Hilft uns die Art und Weise, wie wir unseren Finanzhaushalt planen, dabei oder hindert sie uns, unser Verständnis als missionale Gemeinde zu vertiefen?

• Welche Fertigkeiten müssen wir entwickeln, um uns sinnvoll mit unserem Kontext auseinanderzusetzen?

- Was erwarten wir von unseren verantwortlichen Leitern? Sind unsere Erwartungen förderlich oder hindern sie unsere Leitung daran, uns als missionale Gemeinde zu leiten?
- Was sind die Schlüsselbereiche, die viel Aufmerksamkeit verdienen, und welche Bereiche stehen weiter unten auf der Prioritätenliste?

Wenn eine Gemeinde im Bewusstsein und Verstehen wächst, so nimmt auch der Wunsch zu, dies in Taten umzusetzen. Aber der Zeitpunkt für Taten und Pläne ist noch nicht da, jetzt ist die Zeit, um auszuwerten. In dieser Phase ist es von großer Relevanz, sich ausreichend Zeit zu nehmen, um die laufenden Veranstaltungen sowie die Einstellung und die Werte in der Gemeinde genau unter die Lupe zu nehmen und zu beurteilen. Es ist auch die Zeit, um sich zu fragen, welche Fertigkeiten, Strukturen und Hilfestellungen notwendig sind, um die anstehenden Aufgaben zu meistern. In dieser Zeit ist die Gemeinde ganz konkret aufgefordert, Entscheidungen zu treffen. Zum Beispiel die Entscheidung, den Prozess der missionalen Gestaltung weiterzuführen und bewusst Schritte zu gehen, um diese voranzubringen, oder aber den ganzen Prozess anzuhalten oder abzubrechen. Die Gemeinde muss sich also bewusst zu bestimmten Schritten positionieren; dies wird Einfluss auf die Veränderung und den Auftrag der Gemeinde haben. Wie auch alle anderen Prozesse, die im Modell missionalen Wandels beschrieben werden, ist es äußerst wichtig, diese Phase nicht zu überstürzen, sondern ihr ausreichend Zeit einzuräumen. Wie auch in der Verstehensphase werden die Menschen hier dazu neigen, schnelle Lösungen finden zu wollen; die Auswertungsphase ist aber nur dann erfolgreich, wenn in Ruhe Fragen gestellt werden können und wenn die gegenwärtige Gemeinderealität einer kritischen Betrachtung unterzogen werden kann. Das heißt nicht, dass Taten, Pläne und Lösungen nicht wichtig wären – im Gegenteil. Wenn sich eine Gemeinde aber für die Auswertung nicht genug Zeit lässt, dann werden die meisten Lösungen zwar kurzfristig beleben und Hoffnung machen, mittelfristig wird die Gemeinde aber in ihren ursprünglichen Zustand zurückfallen.

Der Auswertungsprozess kann beängstigend sein. Die Menschen merken, dass sie sich mit Fragen auseinandersetzen, die früher oder später Veränderungen hervorbringen werden. Das Gewohnte steht auf der Kippe und die Zukunft ist ungewiss. In dieser Phase ist es entscheidend, dass die Leitung immer wieder deutlich kommuniziert, dass die Gemeinde keine 180°-Kehrtwende vollziehen wird, sondern sich in einem Lernprozess befindet und kleine, bedeutsame Schritte machen wird, um die missionale Zukunft zu gestalten. Die Menschen sollen wissen, dass sie auch in Zukunft ihre Gemeinde wiedererkennen werden und dass das Gemeindeleben nicht komplett umgestaltet werden wird. Sie sollten wissen, dass sie sich mit der Gemeindeleitung auf einige kreative Experimente einlassen werden, um sich auf diese Weise mit den wirklich entscheidenden Herausforderungen auseinanderzusetzen, die sich ihnen auf dem Weg zu einer missionalen Gemeinschaft stellen. Leitung ist hier notwendig, damit das reguläre Gemeindeleben in wichtigen Teilen fortgeführt wird, während gleichzeitig richtungsweisende Experimente initiiert werden, die u.a. dazu führen, dass alternative Gestaltungsmöglichkeiten für das Gemeindeleben und missionarische Aufgaben aufgezeigt und zu einer Option werden. Hier findet der Übergang zur Experimentierphase statt.

Schritt 4: Experimentieren – Veränderung riskieren

In dieser Phase kann eine Gemeinde ausprobieren, was es heißt, missional zu leben. Wenn Menschen mit dem Gelernten experimentieren und wenn sie neue Ideen umsetzen, dann kann echte kulturelle Veränderung auch in der Gemeinde einsetzen. Wie diese Experimentierphase ausgestaltet werden kann, ist ebenso wichtig wie die Voraussetzung, dass die Menschen bereit sind, sich auf Wandel und Veränderung proaktiv einzulassen.

In einem uns bekannten Experiment nahm eine Gruppe Menschen einige Veränderungen selbst in die Hand. Nachdem sie in Rente gegangen waren, verkauften sie ihre großen Häuser, in denen ihre Kinder groß geworden waren, und zogen in die direkte Nachbarschaft ihrer Gemeinde. Hier wohnten inzwischen viel mehr Zugezogene – in der Regel Menschen mit Migrationshintergrund – als die typischen, weißen Mitglieder der Gemeinde. Wirtschaftlich und sozial ging es der Gegend nicht gut, das merkten die Rentner jetzt besonders, weil sie tagein, tagaus unmittelbar vor Ort lebten. Sie entwickelten eine Reihe von Ideen, wie man Dinge verbessern könnte, und machten diverse Vorschläge bei der örtlichen Nachbarschaftsinitiative. Hier erlebten sie jedoch lediglich Misstrauen und Ablehnung. Der Inhaber eines großen Geschäftes in der Hauptstraße beschimpfte sie als „weiße Gutmenschen" und erteilte ihnen Hausverbot.

Zunächst war diese Gruppe von Rentnern überrascht und enttäuscht – was hatten sie denn nur falsch gemacht? Sie beschlossen ein Experiment: Zweimal in der Woche würden sie durch die Straßen gehen und Müll aufsammeln. Nach etwa einem Jahr treuer Müllsammeldienste kam der Geschäftsinhaber, der sie aus seinem Laden geschmissen hatte, auf sie zu und lud sie zu sich ein. Gemeinsam führten sie viele Gespräche und berieten, wie der Nachbarschaft in aller ihrer Unterschiedlichkeit gedient werden könne. Mit der Zeit entwickelte sich daraus sogar eine freundschaftliche Beziehung.

Dieses Beispiel illustriert, wie Menschen in einer Gemeinde ein Experiment initiieren, um ihrer Nachbarschaft zu dienen. Die gleiche Dynamik ist aber auch innerhalb von Gemeinden zu finden, wenn hier Vorschläge unterbreitet werden. Gemeinden, die sich in der performativen oder reaktiven Zone befinden, reagieren oft skeptisch, wenn umfassende Veränderungsvorschläge gemacht werden, die die Struktur und die Veranstaltungen einer Gemeinde betreffen; ob die Veränderungen missionaler Art sind oder nicht, spielt da auch gar keine Rolle. Ganz egal, wie gut gemeint die Vorschläge sind und wie sie präsentiert werden, Gemeinden weigern sich in der Regel in dieser Phase, Vorschläge solcher Art tatsächlich anzunehmen. Für eine Gemeinde, die lange Zeit in der performativen Zone war, bedeuten groß angelegte Vorschläge ein bedrohliches Szenario für ihre etablierten Praktiken und Gewohnheiten. Die meisten Menschen sind so tief in ihrer performativen Zonen-Kultur verwurzelt, dass es für sie nur schwer vorstellbar ist, wie Veränderung aussehen bzw. was dadurch erreicht werden kann. Also stellen sie sich quer. In der reaktiven Zone hingegen sind Verunsicherung und Angst bereits außerordentlich stark, Zuversicht und Vertrauen dagegen auf einem Tiefpunkt. Bei einer solchen Ausgangslage sind die besten Ideen und Pläne zum Scheitern verurteilt, weil die Menschen einfach zu frustriert, zu ängstlich, zu skeptisch sind, als dass sie die Vorstellungskraft für Alternativen aufbringen könnten. Die Art und Weise, wie Leiter diese Experimentierphase in der Gemeinde gestalten, ist maßgeblich für den missionalen Wandel in der Gemeinde. An dieser Stelle braucht eine Gemeinde das, was der Autor und Leiterschaftsexperte Ron Heifetz als flexible, anpassungsfähige anstelle von taktischer Veränderung beschreibt. Es ist nicht das Ziel, lediglich Veranstaltungen oder Strukturen in der Gemeinde zu verändern, sondern vielmehr einen Prozess ins Rollen zu bringen, der die Menschen dazu einlädt, die *Kultur* der Gemeinde zu verändern. Heifetz schreibt:

Wie bedeutsam – und schwierig! – es ist, zwischen flexiblen und taktischen Veränderungen zu unterscheiden, illustriert folgender Vergleich: Wenn man Probleme mit einem Auto hat, so bringt man es in eine Werkstatt. Meistens kann ein KFZ-Mechaniker die Probleme lösen. Wenn sie aber daher rühren, dass irgendjemand in der Familie das Auto schlecht fährt, tauchen sie vermutlich früher oder später wieder auf. Behandelt man das Problem also rein technisch – man bringt das Auto zur Werkstatt und lässt es reparieren – wird der Kern des Problems verschleiert. Möglicherweise muss man seine Mutter überreden, nicht länger betrunken Auto zu fahren, seinen Großvater, seinen Führerschein endgültig abzugeben, oder die gerade 18-jährige Tochter, etwas vorsichtiger zu fahren. Was auch immer das wirkliche Problem ist – der KFZ-Mechaniker wird es kaum lösen können. Vielmehr muss sich die ganze Familie verändern, und das ist eine komplizierte Angelegenheit: Auch diejenigen, die nicht direkt von flexiblen Veränderungen betroffen sind, leiden darunter, wenn jemand das Gleichgewicht einer Gruppe bzw. eines Systems durcheinanderbringt.[16]

Bei taktischer Veränderung geht es entweder darum, das zu verbessern, was in einer Gemeinde bereits geschieht, oder um eine Strategie, die zwar nicht neu ist, die aber in einem neuen Kontext angewendet wird. Taktische Veränderung findet statt, wenn Veranstaltungen verändert werden, neue Programmpunkte dazukommen oder aber organisatorische Elemente im Gemeindeleben verändert werden. Wenn beispielsweise eine Gemeinde in der performativen Zone Mitglieder verliert und als Folge davon Spendeneinbrüche verzeichnen muss, wäre ein taktischer Ansatz, Mitarbeiterstellen zu kürzen, damit das Budget wieder ausreicht. Möglicherweise nutzt der Kassierer oder der Pastor die Gelegenheit, um im Gottesdienst dazu zu ermahnen, als Zeichen der Hingabe und der Loyalität ein bisschen großzügiger zu spenden. Diese Taktik schießt aber an den grundlegenden Problemen der Gemeinde vorbei.

Bei taktischer Veränderung wird angenommen, dass die gängigen Ansätze auch bei aktuellen und noch zu erwartenden Herausforderungen problemlos angewandt werden können. Selbst wenn die Mitglieder einer Gemeinde wissen, wer in ihrer Nachbarschaft wohnt, auch wenn sie die Veränderungen in der Gesellschaft beim Namen nennen können, sogar wenn sie sich bewusst sind, dass die üblichen Aktivitäten kaum jemanden außerhalb der Gemeinde erreichen, dann reagieren die meisten dennoch mit Vorschlägen taktischer Art, wenn es darum geht, Auswege zu finden. So wird beispielsweise vorgeschlagen, den Gemeindekasten umzugestalten, im Eingangsbereich Stehtische aufzustellen oder den Teppich im Gemeindehaus auszutauschen. Der Vorstellungskraft sind also enge Grenzen gesetzt, alle Vorschläge bewegen sich im Rahmen dessen, was immer schon gemacht wurde. Darauf konzentrieren sich demnach auch alle Vorschläge, die im Grunde *Verbesserungs*vorschläge sind; man erhofft sich von der Verbesserung der gewohnten Aktivitäten, dass sie dadurch effektiver werden und mehr Menschen im sich verändernden Kontext der Gesellschaft erreicht werden.

Streben wir hingegen flexible Veränderung an, so müssen wir neue Ansätze finden, um uns den Herausforderungen zu nähern. In Gemeinden der späten performativen Zone und der reaktiven Zone ist irgendwann der Punkt erreicht, wo es nicht mehr ausreicht, bei auftretenden Problemen „das Auto mal eben zur Werkstatt zu fahren"; die entscheidenden Schwierigkeiten sitzen tiefer und bedürfen mehr als ein paar Stunden Herumschraubens. Hier müssen flexible Veränderungen vorgenommen werden. Diese Veränderungen aber sind für Gemeinden in der Regel am schwierigsten zu schlucken. Aus diesem Grund können sie mit groß angelegten, ausgeklügelten Plänen auch nichts anfangen; vielmehr ist das nötig, was in Kapitel 3 als emergente Veränderung beschrieben wurde. Wichtig ist, dass Gemeinden dazu ermutigt werden, auf vielfältige Weise zu experimentieren, um Alternativen kennenzulernen und selbst auch entwickeln zu können.

Die Gruppe von Rentnern, die in eine neue Umgebung gezogen waren, illustriert diese flexible Veränderung. Als sie merkten, dass ihre ehrgeizigen Pläne, Dinge in der Nachbarschaft zu verändern, nicht wie erwartet aufgenommen wurden, fingen sie mit einem klein angelegten Experiment an. Sie versuchten gar nicht erst, anderen ihre Ideen aufzuzwängen, vielmehr initiierten sie ein Experiment, durch das sich die unterschiedlichen Menschen – viele mit Migrationshintergrund – nicht bedroht fühlten und das sie weniger skeptisch gegenüber den weißen, mittelständischen „Gutmenschen" machte. Diese Rentner machten nicht viel Aufhebens um ihre Arbeit, sie hatten auch keinen durchdachten Plan, wie sie dadurch möglichst viele Menschen verändern könnten. Sie begannen ihr Experiment, um an einer Stelle etwas zu bewegen, nicht um anzuzeigen, dass sie sämtliche Lösungen kannten und viel besser Bescheid wüssten als alle anderen. Sie machten sich einfach – und zwar über einen langen Zeitraum, jede Woche, bei Sonne, Regen oder Schnee – an ihre bescheidene, wenig spektakuläre Arbeit und sammelten Müll von den Gehwegen. Mit der Zeit ergaben sich an der einen oder anderen Stelle Veränderungen. Eine Rentnerin berichtete davon, wie der Inhaber eines Cafés sie einfach ignorierte, als sie kurz nach ihrem Umzug mit ihm über die Gegend und positive Maßnahmen sprechen wollte. Weil sie so beharrlich war, unterhielt er sich widerwillig mit ihr, machte aber deutlich, dass weder sie noch die anderen willkommen seien, irgendetwas zu verändern. Monate später traf sie ihn vor seinem Café wieder, dieses Mal war er neugierig, aufgeschlossen und drängte auf eine Unterhaltung über die Nachbarschaft und ihre Probleme.

Diese Geschichte ist bei Weitem nicht einmalig. Wir verstehen immer mehr, dass die lange Zeit, in der Gemeinden als performative Gemeinden so gut funktionieren konnten, eine Ausnahmesituation darstellt. Wenn wir nun in einer Auswertungsphase stecken und überlegen, was zu tun ist, dann fallen uns oft nur taktische, performative Lösungen ein, so z.B. strategisches Planen oder neue Regeln und Kontrollen. Aber es gibt weitere hilfreiche Beispiele, die unserer Vorstellungskraft auf die Sprünge helfen, wie emergente, experimentelle Prozesse in der Gestaltung missionaler Gemeinden aussehen könnten.

„Sie schufen Amerika"[17], das Buch, für das Joseph J. Ellis den Pulitzerpreis gewonnen hat, illustriert diese Experimentierphase. Es geht hier um zwei Männer, die daran beteiligt waren, die amerikanische Nation hervorzubringen. Ellis schreibt:

> Die Schaffung einer eigenständigen amerikanischen Nation geschah nicht allmählich, sondern plötzlich … Niemand, der am Anfang zugegen war, wußte, wie sich die Sache schließlich entwickeln würde. Was im Rückblick so aussieht, als sei es die vorbestimmte Entfaltung des göttlichen Willens, war in Wirklichkeit eine Sache der Improvisation, in der reiner Zufall, pures Glück und ebensolches Pech sowie konkrete Entscheidungen, die in der Hitze bestimmter militärischer und politischer Krisen getroffen wurden, über das Ergebnis entschieden … Der grundlegende Rahmen für alle diese Institutionen und Traditionen wurde in einem plötzlichen Anfall erzwungener Eingebung und behelfsmäßiger Konstruktion in den letzten Jahrzehnten des 18. Jahrhunderts errichtet.[18]

Ellis' These ist, dass der Gründung der amerikanischen Nation weder eine erhabene Vision noch ein großartiger Plan zugrunde lagen, sondern dass die Gründerväter vielmehr eine Gruppe von Männern waren, die unter einer Menge Stress und ohne jegliche Ahnung, welche Folgen ihre Schritte haben würden, eine Reihe von Experimenten initiieren, die letztlich die amerikanische Nation hervorgebracht haben:

> Das wirkliche Drama der Amerikanischen Revolution [...] war seine inhärente Unübersichtlichkeit. Das bedeutete, das aufregende, aber erschreckende Gefühl wiederzugewinnen, das alle Hauptakteure damals hatten – daß sie die Dinge nämlich aus dem Stegreif zusammensetzten, daß sie am Rande der Katastrophe improvisierten.[19]

Ellis macht außerdem folgende Beobachtung:

> Für ihn [John Adams, Anmerkung der Übersetzerin] war die Amerikanische Revolution immer noch ein Experiment, eine Seefahrt in unerforschte Gewässer, die kein anderes Staatsschiff je erfolgreich befahren hatte. Es gab keine Karten oder Pläne, um eine republikanische Regierung zu leiten, die ihre Autorität und Legitimität von der öffentlichen Meinung abzuleiten beanspruchte, jener trüben Quelle der Souveränität, die ebenso unruhig und unberechenbar sein konnte wie die Wogen des Ozeans. Er war auf dieser Fahrt ein Mitglied der Mannschaft gewesen, ja, er hatte eine Zeitlang am Steuer gestanden, und so wußte er so gut wie nur einer, besser als die meisten, daß sie bei mehreren Gelegenheiten fast Schiffbruch erlitten hätten und gesunken wären, daß sie sich während der 1790er Jahre erbittert über den richtigen Kurs gestritten hatten.[20]

So zeichnet sich effektive, missionale Gestaltung im Kontext einer performativ-reaktiven Zone ab. Anstatt Menschen groß angelegte Pläne aufzuzwängen, wird sie vorangetrieben, indem Experimente angekurbelt werden, bei denen Menschen das ausprobieren und anwenden können, was sie neu entdecken und lernen. Bei diesen Experimenten geht es nicht darum, bestimmte Dinge langfristig zu verändern; es geht vielmehr darum, auf dem Weg zu sein und unterwegs Alternativen auszuprobieren und neue Ideen zu entwickeln. Das Schöne an diesen Experimenten ist, dass wir Wind in den Segeln haben, aber das Ziel trotzdem noch nicht erkennen können. Wie unsere Gemeinde am Ende des Weges aussieht, vermag unterwegs noch keiner zu sagen.

Bevor man losgeht, kann niemand vorhersagen, wie die Experimente mit der Vorstellungskraft der Menschen interagieren. Sie bieten die Möglichkeit, neue Fähigkeiten auszuprobieren und ungewöhnliche Ideen zu entfalten. Auf diese Weise werden Menschen sensibler in ihrer Wahrnehmung und entwickeln ihre Fähigkeit, sich in der Emergenten-Zonen-Kultur zu bewegen. Sie können neuartige organisatorische Methoden entwickeln, ohne damit die ganze Gemeinde aufs Spiel zu setzen. Möglicherweise bringen diese ersten Experimente Frucht; viel wichtiger aber ist, dass andere in der Gemeinde mit eigenen Augen sehen können, dass neue Aktivitäten vorstellbar und handhabbar sind und dass diese nicht notwendigerweise das Gewohnte und Liebgewonnene zerstören. Als Folge daraus wächst das Vertrauen in den Prozess der Veränderung; auch die Gemeindekultur als Ganzes öffnet sich und stellt sich darauf ein. Fast unmerklich wird der Übergang von der reaktiven bzw. performativen Zone hin zu einer emergenten Zonen-Kultur vollzogen. Dies ist ein langer Prozess, der seine Zeit beansprucht und nicht abgekürzt werden kann. Er führt letztlich dazu, dass neue Gewohnheiten und Werte in der Gemeinde ihren Platz finden. Anstatt dass sie auf oberster Ebene entschieden und nach unten weitergereicht werden, werden sie auf der unteren Ebene entwickelt und breiten sich von dort auf ganz natürliche Weise nach oben aus.

In einer uns bekannten Gemeinde wurde eine 60-jährige Frau Teil eines solchen Prozesses. Man lud sie dazu ein, zu einer Gruppe zu stoßen, in der sich mehrere Gemeindemitglieder Gedanken machten über Fragen, die u.a. den Generationenkonflikt betrafen. Als Gruppe durchliefen sie die Phasen des Bewusstseins, des Verstehens und der

Auswertung; schließlich regten sie zu einigen Experimenten an, die sich aus der gemeinsamen Arbeit und auf dem gemeinsamen Weg ergaben. In einem Gespräch mit Alan vertraute sie ihm an, dass sie sich lange über ihre Gemeinde geärgert hatte: „Ständig wurden in der Gemeinde Dinge verändert", sagte sie, „und diese Veränderungen sahen immer so aus, dass etliche Leiter auf uns zukamen und uns erklärten, was wir anders machen sollten. Die Veränderungen hat man uns immer nur aufgedrückt und das hat mich schon sehr lange furchtbar wütend gemacht. Irgendwann konnte ich mir gar nicht mehr vorstellen, dass es in dieser Gemeinde je anders aussehen würde." Nachdem sie ihre Frustration beschrieben hatte, hellte sich ihr Gesicht jedoch merklich auf; lächelnd erzählte sie: „Jetzt bin ich wieder zuversichtlich. Ich glaube daran, dass wir eine tolle Gemeinde für den Herrn werden können. Mit den richtigen Mitteln und dem passenden Werkzeug können wir wirklich Veränderungen voranbringen, wir selbst! Und zwar nicht, indem man uns sagt, was wir tun sollen."

Diese Frau wurde zu einer Botschafterin. Sie sprach mit ihren Freunden, die sich durch die jahrelangen Anweisungen, die von oben ergingen, regelrecht an den Rand gedrängt fühlten. Ihre hoffnungsvolle Botschaft war, dass es möglich ist, Dinge zu verändern und alternative Wege kennenzulernen, Gemeinde zu sein. Auf diesen Wegen konnten sie miteinander und füreinander unterwegs sein und gemeinsam lernen. So, wie der 80-Jährige sich probehalber auf die örtliche Vineyardgemeinde einließ, um besser zu verstehen, was die jungen Leute dorthin zog, engagierte sich auch diese Frau in Experimenten, die zu einer offeneren Gemeindekultur führten. Dieser Prozess erfordert Zeit, aber er macht langfristige Veränderungen erst möglich. Ohne diese Experimentierphase ist missionale Gestaltung unmöglich.

Schritt 5: Sich auf eine neue Art, Gemeinde zu sein, einlassen

Je mehr Menschen sich auf die Experimentierphase einlassen, desto zuversichtlicher wird die ganze Gemeinde. Sie kann sich zunehmend vorstellen, was es bedeutet, eine Emergente-Zonen-Gemeinde zu sein. Das passiert aber erst dann, wenn missionale Kultur nicht als

Idee einer einzelnen Person der Gemeinde Fuß fasst oder aufgrund der Persönlichkeit oder Macht einer bestimmten Leitungsfigur, sondern, weil die Menschen selbst diese Ideen entwickelt haben und sich für sie entschieden haben. Auf diese Weise konnten sie den Rahmen missionalen Lebens verinnerlichen.

Das war zwar bei Weitem nicht alles, was es über das Modell missionalen Wandels zu wissen gibt, aber dieses Kapitel hat zumindest einen Überblick darüber vermittelt, wie es funktioniert. Bevor man sich auf die Schritte dieses Modells einlässt, muss sich die Leitung einer Gemeinde aber zunächst grundsätzlich darüber im Klaren sein, ob ihre Gemeinde für Veränderung und Erneuerung bereit ist.

Bereit sein, sich missional zu erneuern

Natürlich ist die Bereitschaft, sich auf Veränderung einzulassen, bei jedem Gemeindeglied unterschiedlich stark ausgeprägt. Die einen brauchen länger und können sich nur auf kleine Schritte einlassen, den anderen kann es gar nicht schnell genug gehen. Deswegen zieht das Modell missionalen Wandels die unterschiedliche Bereitschaft der Einzelnen in Betracht. Die Offenheit, mit der Menschen sich auf neue Ideen einlassen, folgt dem Muster, das in Tabelle 5.1 beschrieben wird.

Tabelle 5.1
Kategorien des Umgangs mit Veränderung

Prozentsatz der Menschen	Grad des Widerstands	Bereitschaft zur Veränderung
10	Gering	innovativ
15	↑	lässt sich ein
25		passt sich an
25		läuft mit
15	↓	sträubt sich
10	hoch	zögert

Vor dem Hintergrund, dass sich in der Regel grundsätzlich nur 10–15 % der Menschen gern und leicht auf Veränderungen einlassen, ist der Versuch, eine missionale Kultur in einer Gemeinde dadurch zu verankern, dass zu Beginn über ein (meist unbekanntes oder schlecht beschriebenes) Konzept abgestimmt wird, zum Scheitern verurteilt. Diese 10–15% der Gruppe aber können eine Schlüsselrolle dabei spielen, Veränderungen anzustoßen. Es ist sinnvoll, wenn die Leitung sich in den ersten 18 Monaten darauf konzentriert, ca. 10% der Gemeindemitglieder durch die verschiedenen Phasen des Modells missionalen Wandels zu lotsen, sodass sie sich schließlich auf die Erneuerungen einlassen können, die sie selbst mitgestaltet haben. Diesen zeitlichen Rahmen enger zu fassen ist schwierig und nicht empfehlenswert.

Das Bewusstsein zu entwickeln dauert in etwa vier bis sechs Monate. Wenn man den Prozess mit 50% der Menschen beginnt, steigen während jeder Phase grob geschätzt etwa 10% aus. Die übrigen 10% sind die *Innovativen*, sie bringen den missionalen Wandel maßgeblich voran.

In den darauf folgenden 18 Monaten nehmen diese 10% weitere 15% mit auf den Weg durch die fünf Phasen; das sind die, *die bereit sind sich einzulassen*. Es ist entscheidend, dass es nicht die Leiter sind, die dafür verantwortlich sind, sondern die Gemeindemitglieder. Viele Studien bestätigen, dass es für Menschen wichtig ist, neu gewonnene Ideen oder Konzepte mit anderen zu teilen, sodass sie selbst in ihrer Überzeugung darin wachsen können. Die Gespräche und der Austauschprozess mit den weiteren 15% sind also auch für die *Innovativen* ein wichtiger Schritt in ihrer fortwährenden Auseinandersetzung mit der missionalen Gestaltung. Am Ende der drei Jahre dürfte etwa ein Viertel der Gemeinde die Bereitschaft teilen, sich als Gemeinde missional zu erneuern. Sobald diese Situation eintritt, kann die Veränderung kaum aufgehalten werden, weil der Prozess eine eigene Dynamik entwickelt hat, die ihn in Schwung hält.

Während der nächsten 18 Monate werden 50–65% der verbleibenden Gemeindemitglieder die Phasen durchlaufen und sich schließlich auf die missionale Erneuerung einlassen. Die Bereitschaft, sich auf Neues einzulassen, wächst dann, weil immer mehr Menschen dabei sind. Dabei ist diese Zeit nicht einfach, denn 10–25% der Menschen (die sich sträuben oder zögerlich sind) wollen die Veränderung nicht und werden sich aktiv gegen alles Neue wehren. Manche können sich partout nicht auf die Veränderungen einlassen und kehren der Gemeinde den Rücken. Dies wiederum wird höchstwahrscheinlich zu einer Leitungskrise führen, weil man sich mit der Frage auseinandersetzen muss, wie man mit der eigenen Angst und den offensichtlichen Konflikten umgeht, während die *Widerständler* auf den Erhalt des Status quo pochen. In einer solchen Anfechtungszeit können Leiter, die regelmäßig die Bibel lesen, beten und Gemeinschaft praktizieren, am besten bestehen und die erfahrene Ablehnung und Krisenerfahrung meistern.

Zusammenfassung

Im Folgenden soll das Modell missionalen Wandels knapp zusammengefasst werden, dabei wird besonders auf die einzelnen Phasen eingegangen bzw. beschrieben, was in diesen passiert (Tabelle 5.2).

Das Modell missionalen Wandels bietet Leitenden ein Gerüst, innerhalb dessen sie ein Umfeld kultivieren können, in dem die missionale Vorstellungskraft aufleben kann. Da dieses Umfeld erst im Entstehen und dabei vor allem vage und vieldeutig ist, müssen die verantwortlichen Männer und Frauen im Bereich der missionalen Theologie firm sein und sie umsetzen können. Die Bedeutung missionaler Theologie während des gesamten Prozesses kann kaum überbewertet werden. Leiter bewegen sich gleichzeitig auf allen Ebenen des Prozesses und gehen auf die Menschen ein, die fragend sind, die Neues entdecken, die biblische Erzählungen neu verstehen. Leiten kann hier eine ganz großartige Arbeit sein, wenn man den Raum schafft, damit Menschen ins Gespräch kommen, Ergebnisse auswerten und Experimente wagen, die sich auf ein biblisches und theologisches Fundament stützen.

Tabelle 5.2

Zusammenfassung des Modells missionalen Wandels

Phase 1: Bewusstsein schaffen	Durch intensive Kommunikation (wie Gespräche zu zweit, Gruppengespräche, Diskussionsrunde) über die Notwendigkeit der missionalen Umgestaltung in der Gemeinde machen sich Leitende und Gemeindemitglieder auf den Weg.	4-6 Monate
Phase 2: Verstehen	Durch Gespräch und Diskussion werden Denken und Fühlen aufeinander bezogen, sodass ein kohärentes Verständnis entsteht.	3-5 Monate
Phase 3: Auswerten	Vor dem Hintergrund des entwickelten Bewusstseins und Verstehens werden die aktuellen Gemeindeaktivitäten unter die Lupe genommen und ausgewertet.	3-5 Monate
Phase 4: Experimente wagen	Langsam kristallisieren sich für die Menschen Bereiche heraus, in denen man aktiv werden kann, um sich als Gemeinde missional umzugestalten. Entscheidend ist *Aktivität*. Man experimentiert durch Aktivitäten.	3-8 Monate
Phase 5: sich auf Neues einlassen	Menschen lassen sich auf Neues ein und verpflichten sich dazu, auch anderen in dem Prozess zu helfen, zu verstehen, auszuwerten, zu experimentieren und sich ihrerseits auf Neues einzulassen.	

Durch Leiten MISSIONALEN WANDEL VORANBRINGEN

Der im Modell missionalen Wandels beschriebene Prozess gleicht nicht im Geringsten einem Ausflug in die Werkstatt, um eine Delle aus dem Auto entfernen zu lassen. Ebenso wenig sollte man ihn sich vorstellen wie die Entwicklung einer taktischen Lösung, wenn man die Herausforderungen radikaler Veränderungen meistern will. Das Modell missionalen Wandels soll eine Hilfestellung für solche Leitenden sein, die ein Umfeld in ihrer Gemeinde kultivieren wollen, in dem eine anpassungsfähige und flexible Emergente-Zonen-Kultur entstehen kann. Dazu brauchen Leiter eine Reihe von Fertigkeiten, die in den folgenden Kapiteln erläutert werden. Zunächst aber wollen wir uns anschauen, wie sich Leiter zunächst selbst vorbereiten können, um missionalen Wandel in ihrer Gemeinde umzusetzen. Die hier vorgeschlagenen Phasen bieten auch hilfreiche Anhaltspunkte für die Fertigkeiten missionalen Leitens, wie sie in den folgenden Kapiteln erörtert werden.

Schritt 1: Eine erste Bestandsaufnahme machen

Missional Leitende benötigen einen guten Einblick in das Umfeld, in dem ihre Gemeinde agiert. Das beinhaltet nicht nur Kenntnisse in missionaler Ekklesiologie, sondern auch ein umfassendes Verständnis von dem sich stets verändernden sozialen und kulturellen Kontext, in dem die Gemeinde sich bewegt. Um solch ein Verständnis zu erwerben, muss man unaufhörlich bereit sein, Neues dazuzulernen, zu diskutieren und zu reflektieren. In Abbildung 5.4 sind diese Herausforderungen dargestellt.

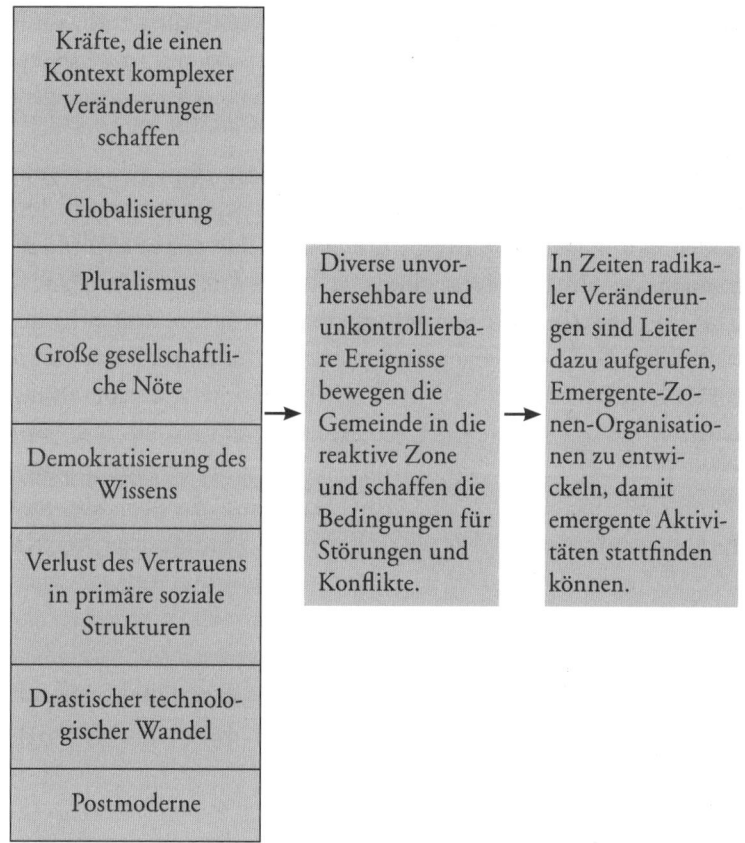

Abbildung 5.4   Auf radikale Veränderung eingehen.

Schritt 2: Sich selbst als Leiter kennen und einschätzen

In der zweiten Phase wird eine Momentaufnahme von sich selbst als Leiter gemacht; dazu gehört sowohl die Frage, wie man sich selbst sieht und wie andere einen als Leiter wahrnehmen und erleben. Direkte, klare und ehrliche Rückmeldung ist durch nichts zu ersetzen. Dabei haben die wenigsten Leiter überhaupt jemals Rückmeldung zu ihrem Leitungsstil erhalten. Wenn man sich keine Rückmeldung geben lässt, verzichtet man auf einen wichtigen Impuls, um neue Fertigkeiten und Kompetenzen auszumachen, die für die missionale Gemeindegestaltung nötig sind.

Um eine gute und ausgewogene Fremdeinschätzung zu bekommen, ist ein 360°-Bewertungs- und Analyseprogramm empfehlenswert, das es einem erlaubt, eine ganze Reihe Menschen zu befragen, mit denen man zusammenarbeitet bzw. die man direkt oder auch indirekt leitet. So können mehrere Dimensionen abgedeckt werden. Dieses Instrument ist eine Hilfe, wenn man herausfinden will, inwieweit man dazu bereit ist, missionale Veränderungen in der Gemeinde zu verankern. Immer wieder haben wir feststellen können, dass Leiter sich durch diesen Prozess sehr viel besser kennenlernen konnten, insbesondere auch vor dem Hintergrund der Frage, inwiefern sie als Leitende dazu bereit sind, die missionale Umgestaltung voranzubringen. Diese Art der Auswertung misst nur sehr begrenzt die typischen Leitungskompetenzen, da diese größtenteils für den Rahmen performativer Gemeinden entwickelt wurden. Das von uns angewandte Instrument stellt diejenigen Kompetenzen heraus, über die Leiter verfügen oder die noch fehlen, um eine Gemeinde durch radikale Veränderungen zu leiten und eine Emergente-Zonen-Kultur unter den Mitgliedern der Gemeinde zu etablieren. Weitere Informationen zu diesem 360°-Instrument sind am Ende dieses Buches zu finden.

Schritt 3: Zuhören

Bevor man auf der Stelle anfängt, an seiner Art des Leitens herumzudoktern, raten wir Leitern dringend dazu, sich Zeit zu nehmen, um auf Kollegen, gute Freunde und Mentoren zu hören und ihnen eine ganze Reihe von Fragen zu stellen. Zuhören erfordert Zeit und die Entscheidung, nicht voreilig Lösungen zu entwickeln. Zuhören kann man nur dann, wenn man dazu bereit ist, näher auf die Fragen einzugehen, wie man als Leiter oder Leiterin von anderen wahrgenommen wird, um Klarheit darüber zu gewinnen, in welchen Bereichen man sich selbst noch stärker entwickeln muss. Wir gehen zum Beispiel so vor, dass wir gemeinsam mit dem Leiter mehrere Bereiche ausmachen, die für die Entwicklung von Leitungskompetenzen ausschlaggebend sind. Für jeden dieser Bereiche erstellen wir eine Reihe von Fragen, anhand derer der Leiter seinen Freunden, Kollegen, Gemeindemitgliedern etc. zuhören und ein tiefes Verständnis davon entwickeln kann, wie er leitet, wie er auf andere wirkt und ob er zum missionalen Leiten bereit ist.

Schritt 4: Schlüsselbereiche und -themen in den Mittelpunkt stellen
Gegen Ende der Phase des Zuhörens konzentriert man sich als Leiter bzw. Leiterin auf ausgewählte Bereiche von Leitungskompetenzen, um diese als missionale Kompetenzen gezielt zu entwickeln. Bei dem von uns entwickelten Instrument werden einige Faktoren evaluiert, die die Bereitschaft zum missionalen Leiten signalisieren; wir empfehlen Leitern jedoch, sich zunächst auf lediglich zwei (höchstens drei) entscheidende Bereiche zu konzentrieren, die während des Zuhörens zum Vorschein gekommen sind.

Schritt 5: Einen Aktionsplan erstellen
Wenn die Kernbereiche festgestellt wurden, müssen Leiter einen klaren, zielgerichteten Plan erstellen, wie sie die festgestellten Kompetenzen innerhalb eines Jahres entwickeln bzw. ausgestalten wollen. Dieser Plan sieht zwei Schwerpunkte vor: Zunächst muss benannt werden, welche Schulungen bzw. Übungen in Angriff genommen werden sollen, wie man Zugang zu diesen Kursen bekommen kann, wie sie mit der regelmäßigen Arbeit zu vereinbaren sind und wer sonst noch auf diesem Weg mitmachen könnte. Die meisten Menschen in Leitungspositionen konzentrieren sich bei Fortbildungen auf ihre Stärken und auf ihre aktuellen Interessensschwerpunkte. Wir hingegen fordern die Leitenden dazu auf, sich aus ihrer Komfortzone herauszubewegen und – so unbequem das ist – das Risiko einzugehen, sich auf bislang unterentwickelte Kompetenzen und vernachlässigte Gewohnheiten einzulassen. In der Regel hat jeder eine gewisse Scheu davor, diese Bereiche aktiv anzugehen, deswegen erfordert dieser Schritt eine große Portion Mut. Als Zweites gehört zu diesem Schritt, dass man spezifische Handlungsfelder benennt, um mit diesen Kompetenzen und Gewohnheiten zu experimentieren bzw. diese einzuüben. Auf diese Weise eignet man sich diese neuen Fähigkeiten ganz automatisch an.

Schritt 6: sich einlassen

Dies ist eine Reise ohne Ziel. Insbesondere in Zeiten radikaler Veränderungen kann an keiner Stelle auf kompromissloses und deutliches Feedback von Mentoren und Kollegen verzichtet werden. Lässt man sich auf das 360°-Programm ein, findet man sich in einem Prozess wieder, in dem man auf regelmäßiger Basis seine Kompetenzen hinterfragen und beurteilen kann. Hier werden die Leiter selbst zu einem Miniaturmodell einer Emergenten-Zonen-Organisation: Sie entwickeln eine Kultur, die eine große Offenheit gegenüber Bewertung, kreativem Lernen und Risikobereitschaft aufbringt und die dazu bereit ist, sich auf neue Entwicklungen einzulassen, die inmitten von radikalen Veränderungen unerlässlich sind.

Wir empfehlen, diese sechs Schritte beim Lesen der nächsten Kapitel im Kopf zu behalten und darüber nachzudenken, wie man diese im jeweiligen persönlichen Kontext anwenden kann.

Teil 2

Missionale Leiterschaft

6. Missionale Bereitschaft und das Wesen des Leitens

In zahlreichen Workshops klagen Pastoren über die überhöhten Erwartungen, die ihre Gemeinden an sie stellen und die oftmals zu Spannungen und Überforderung führen. Vor Kurzem telefonierte Alan mit einem solchen Pastor, der massiven Herausforderungen gegenüberstand. 50 Gemeindemitglieder hatten der Gemeinde den Rücken gekehrt, weil er genau die Veränderungen ins Rollen gebracht hatte, die sie ursprünglich gefordert hatten und auf die man sich in der Gemeinde eindeutig geeinigt hatte. „Was ist denn hier nur los?", fragte der Pastor. Er verstand die Welt nicht mehr – hatte er denn nicht genau das getan, wozu die Gemeinde ihn berufen hatte? Und hatte er nicht sorgfältig sämtliche Schritte vorbereitet und in Gesprächen immer wieder für Klärung gesorgt, bevor er Veränderungsvorschläge zur Abstimmung gebracht hatte? Nach einem halben Jahr stand er ungeahnten Turbulenzen gegenüber – der Austritt der 50 Mitglieder traf ihn wie auch den Rest der Gemeinde tief und ließ sie verletzt und fragend zurück.

Einem anderen Pastor machte zu schaffen, dass seine immer älter werdende Gemeinde von ihm wahre Wunder erwartete: Er sollte den Mitgliederschwund auffangen und dafür sorgen, dass man wieder finanzielle Rücklagen bilden konnte; kurz: er sollte den Gemeindebetrieb wie ein leistungsstarker Unternehmer wieder auf Vordermann bringen. Mehrere Gemeindemitglieder hatten Bücher über erfolgreiches Gemeindewachstum gelesen, bei denen ein charismatischer und unternehmerischer Leiter im Mittelpunkt stand, der einer kränkelnden Gemeinde schnell wieder auf die Sprünge half. Der Pastor aber, mit dem wir im Gespräch waren, hatte eine ganz andere Art zu leiten: Er wusste, dass er diese Erwartungen nie würde erfüllen können. Als er vor zwanzig Jahren seine erste Pastorenstelle angetreten hatte, waren die Erwartungen an ihn noch ganz anders gewesen; nun veränderte sich alles so rasend schnell. Gott hatte ihn zwar in diese Gemeinde gerufen, aber verzweifelt wie er war, wollte er eigentlich nur noch weg. Er war gefangen in einem Netz der übersteigerten Erwartungen, Vorwürfen und Angst vor Versagen.

In der reaktiven Zone verlangen Gemeinden immer mehr von ihren Leitenden. Diese sollen endlich irgendetwas tun, um die unerträgliche Situation zu verbessern und die Verwirrung zu entwirren. Wie auch die oben genannten Pastoren fragen sich viele von ihnen, wie sie sich auf diese Anforderungen einlassen können bzw. welche Kompetenzen ihnen fehlen; vor allem aber die Frage danach, wie sie selbst mit ihrer eigenen Angst und dem Gefühl umgehen können, die falsche Person am falschen Ort zu sein. Diese Leiter brauchen konkrete Hilfsmittel, um ihre Gemeinden effektiv und nachhaltig missional umgestalten zu können. Um eine missionale Gemeinde zu leiten, bedarf es nicht eines bestimmten Leitungstyps: Im Grunde kann jeder Leiter die nötigen Fähigkeiten und Kompetenzen erlernen, die für das Leiten missionaler Gemeinden relevant sind. Im Laufe der Zeit haben sich einige Faktoren herauskristallisiert, die für diejenigen Leiter bedeutsam sind, die anhaltende missionale Veränderungen voranbringen wollen.

Relevante Faktoren für missionale Leiterschaft
Am Ende des fünften Kapitels wurde ein mehrschrittiger Prozess vorgestellt, der zu Beginn der missionalen Umgestaltung steht:

- *ein Inventar dessen erstellen, was man bereits weiß*
- *Zuhören*
- *Schlüsselbereiche und -themen in den Mittelpunkt stellen*
- *einen Aktionsplan erstellen*
- *sich einlassen*

Wenn man sich auf diesen Prozess einlässt, erkennt man schnell den Wert von Feedback. Man lernt zudem, neue Räume zu finden und sie zu kultivieren, um missionale Gemeinde zu gestalten. Es kommt normalerweise nur sehr selten vor, dass Leiter solche Rückmeldung bekommen, die es ihnen erlaubt, direkt an den konkreten missionalen Herausforderungen zu arbeiten, denen sie gegenüberstehen. Die meisten Menschen in Leitungspositionen kennen das: Man wird von denen gelobt, die einen mögen, und von denen kritisiert, die sowieso immer etwas auszusetzen haben. Fundiertes Feedback zum eigenen Leitungsstil zu erhalten, ist hingegen ein wahres Geschenk. Solche Rückmeldungen sind die Voraussetzung dafür, dass man in seiner Bereitschaft zur missionalen Gemeindegestaltung wächst.

Während wir eine ganze Reihe Faktoren herausgearbeitet haben, die die Bereitschaft anzeigen, eine missionale Gemeinde zu kultivieren, haben die meisten Pastoren während ihrer Ausbildung Leitungskompetenz erworben, die auf einen performativen Kontext ausgerichtet war. Veränderung in einem solchen Kontext war linear und gleichmäßig; deswegen konnte man bisher bestimmte Entwicklungen voraussehen und entsprechend planen. So war es auch möglich, strategische Pläne zu entwickeln, die 3- oder auch 5-Jahresziele realistisch erscheinen ließen. Sämtliche Ressourcen der Gemeinde konnten dann auf einen solchen Plan ausgerichtet werden; der Erfolg maß sich am Abarbeiten der Schritte hin zu einem übergeordneten Ziel. Die für diesen Leitungsstil notwendigen Fähigkeiten und Kompetenzen funktionieren im Übergang von der reaktiven zur performativen Zone bzw. zur emergenten Zone nur selten.

Die meisten Gemeinden müssen durch eine turbulente Zone der Umbrüche und Übergänge hindurch, in der der emergente Kontext in höchstem Maße schwammig und schwer greifbar bleibt. Die von uns genannten Faktoren, die die Voraussetzung für missionale Leiterschaft bilden, sind nichts Neues, manche werden für die Gemeinde aber neu sein. Sie müssen aus der Perspektive missionaler Ekklesiologie betrachtet und verstanden werden und werden so zum Ausgangspunkt für die Analyse und Diskussion, durch die sich das Leitungsverständnis – das häufig durch unsere eigenen Erfahrungen oder durch Beobachtungen anderer Leitender geprägt ist – radikal verändern kann. Auf diese Weise werden die Faktoren allmählich zu einem Bild dessen, was missionale Leiterschaft ausmacht.

Das Zusammenspiel zwischen individuellen Charaktereigenschaften und den relevanten Faktoren für missionale Leiterschaft

Beim Kultivieren missionaler Gemeinden spielen individuelle Charaktereigenschaften ebenso eine Rolle wie ganz bestimmte Faktoren, die die Bereitschaft anzeigen, missional zu leiten. In der Regel weichen diese Eigenschaften und Faktoren von dem ab, was Leiter in ihrer Ausbildung gelernt haben. Seelsorge, Lobpreis, Lehre und Organisationsmanagement sind wichtig, müssen aber im Licht des missionalen Kontexts radikaler Veränderungen neu gewertet und interpretiert werden. Anstatt sie lediglich aus der performativen Zonen-Perspektive zu betrachten, müssen diese Bereiche vielmehr aus der emergenten Perspektive in den Blick genommen werden. Abbildungen 6.1 sowie 6.2 veranschaulichen den Rahmen für diese Eigenschaften und Faktoren. Diese werden in den folgenden Kapiteln nochmals einzeln aufgegriffen und erläutert.

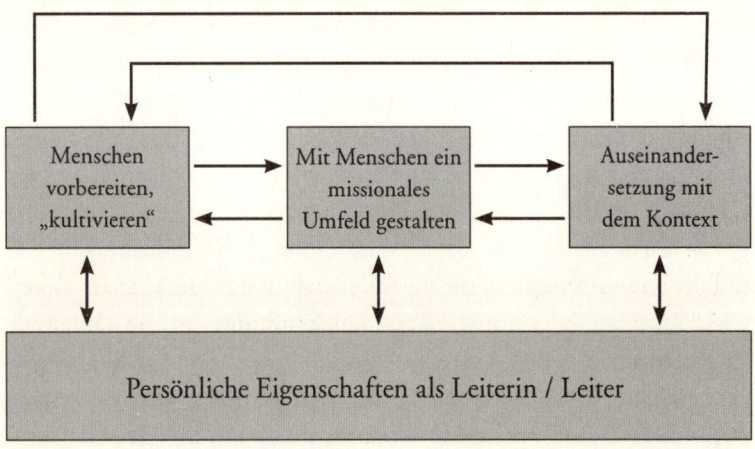

Abbildung 6.1 Persönliche Eigenschaften und die Bereitschaft, missional zu leiten

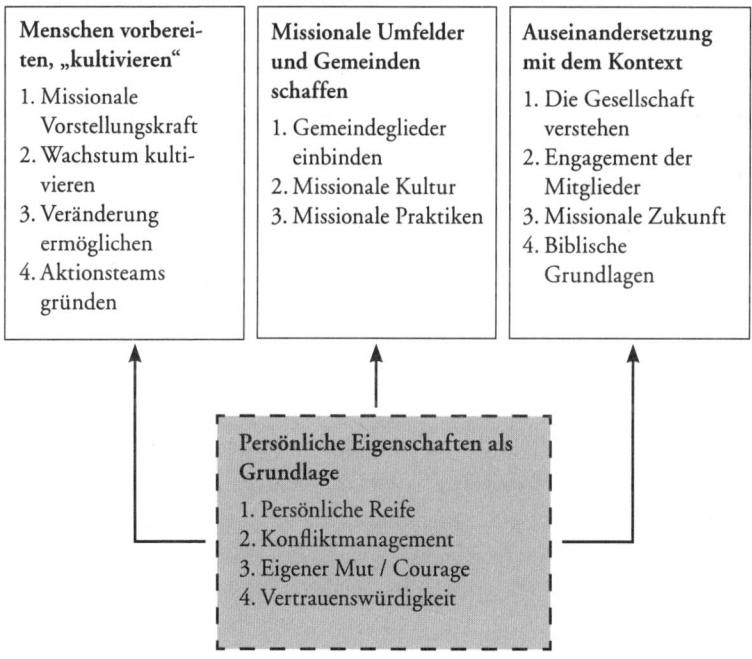

Abbildung 6.2 Die Interaktion zwischen individuellen Charaktereigenschaften und den relevanten Faktoren für missionale Leiterschaft

Das Diagramm zeigt vier miteinander verbundene Bereiche, in denen es auf einen guten Leitungsstil ankommt, um missionale Gemeinden zu gestalten.

Persönliche Eigenschaften der Leitenden

Beim Kultivieren missionaler Gemeinden ist zunächst einmal der persönliche Charakter der Leitenden entscheidend, ihre Eigenschaften und Gewohnheiten. Wir nennen diesen Bereich Ich-Identität.

Ich-Identität ist die Grundlage für alles andere. Missionale Leiterschaft setzt die Reife, das Vertrauen und die Integrität der Leitenden voraus. Gut ausgebildete Fähigkeiten in den anderen drei Bereichen sind wichtig, bringen allerdings nachhaltige Veränderungen nur so lange voran, wie sich die Gemeinde auf die Persönlichkeit des Leitenden 100%ig verlassen kann. Sie stehen also deshalb an erster Stelle, weil sie die Eintrittskarte zur missionalen Leiterschaft sind.

Menschen: Eigenschaften, um Menschen vorbereiten, zu „kultivieren"
Um mit den Gemeindemitgliedern eine missionale Vorstellungskraft zu entwickeln, brauchen Leitende zum einen die Fähigkeit, eine Gemeinschaft zu gestalten, die sich dadurch auszeichnet, dass ihre Mitglieder zuhörend Gespräche miteinander führen und dabei in Bewusstsein und Verstehen wachsen können.

Zum anderen brauchen sie die Fähigkeit, Gespräche zu ermöglichen und zu gestalten. Diese Fähigkeit wird gern belächelt, ist aber tatsächlich wichtiger als das Geschick, Strategiepläne zu entwickeln oder organisatorische Meisterleistungen zu vollbringen. Wenn die Gemeinde selbst der Ort ist, an dem Gott Kreativität und Vorstellungskraft angelegt hat, dann sind die Gemeinden gleichsam auch die Quelle für Ideen und missionale Vorstellungen. Deswegen geht es beim Leiten darum, diese Quelle aufzutun, indem offene Gespräche gestaltet werden, in denen (alternative) Vorstellungen zutage treten sowie die Hoffnung, die sich in den biblischen Erzählungen gründet. All dies geschieht ohne Manipulation oder ein Überstülpen von vorher ausgearbeiteten Plänen.

Gemeinde: Eigenschaften, um ein missionales Umfeld zu gestalten
Ein wichtiges Aufgabenfeld von missional Leitenden ist es, Menschen als Mentor oder auch als Trainer zu helfen, ganz entscheidende Gewohnheiten zu entwickeln und Praktiken zu übernehmen, die das Wesen und die Identität einer christlichen Gemeinschaft ausmachen: sich regelmäßig intensiv mit Gottes Wort zu beschäftigen; die Gewohnheit zu pflegen, miteinander zu sprechen, indem man vor allem aufeinander hört; Gebet, Stille und Bibelstudium im Tagesablauf zu verankern; Gastfreundschaft zu üben. Das missionale Leben der Menschen entwickelt sich entlang dieser Übungen; auch das missio-

nale Leben der Gemeinde basiert darauf, dass durch die Kultivierung bestimmter Praktiken ein Umfeld geschaffen wird, in dem die Gemeinde sich darin üben kann, zu hören und zu begreifen, welche neuen Formen missionalen Lebens für sie möglich und angebracht sein könnten. Bei dieser Frage geht es nicht primär um organisatorische Strukturen, sondern vielmehr um die Fähigkeit von Leitern, bei der Gestaltung des individuellen sowie gemeindlichen Lebens zu helfen. Darauf liegt unser Fokus und weniger auf den Fähigkeiten, zu organisieren bzw. konkrete Handlungsanleitung zu geben.

Kontext: Eigenschaften für die missionale Auseinandersetzung
Bei missionaler Leiterschaft geht es auch darum, sich aktiv mit der Gesellschaft, der eigenen Stadt, der Nachbarschaft und der sozialen Realität zu beschäftigen und aus dieser Beschäftigung heraus ein Bewusstsein und Verstehen zu generieren und den Gemeindemitgliedern zu ermöglichen. Das verstehen wir unter Kontext.

Jede Gemeinde ist in hochkomplexe soziale Beziehungsgeflechte eingebettet, die in die unterschiedlichsten sozialen Bezüge hineinreichen: in die heterogene Nachbarschaft, das Arbeitsumfeld, die pluralisierte Gesellschaft. In all diesen Bereichen wetteifern unterschiedliche Erzählungen miteinander, während sie gleichzeitig friedlich nebeneinanderherleben. Diese Welt ist für Gemeinden etwas Neues; entsprechend müssen Leiter sich dafür einsetzen, dass ihre Gemeinde diese kennenlernen und sich in ihr zurechtfinden kann. Die Gemeinde muss lernen, auf neue Weise Gottes Zeugnis zu sein und neue Wege zu finden, das Reich Gottes in ihrem Kontext sichtbar zu machen.

Im nächsten Kapitel wird jede Eigenschaft und jeder Faktor mitsamt seinen Charakteristika vorgestellt. Die verbleibenden Kapitel des zweiten Teils fungieren wie die Punkte auf einem Kompass – sie geben an, wie eine Leiterin bzw. ein Leiter Segel setzen muss, um in bestimmte Richtungen unterwegs zu sein, d.h.: um sich effektiv orientieren bzw. sinnvolle Manöver für Gottes Volk einleiten zu können. Wir möchten mit diesen Kapiteln eine Art Landkarte bereitstellen, an der Leiter sich orientieren können, und die notwendige Schritte anzeigt, um eine missionale Gemeinde zu kultivieren. Davor aber wollen wir einen Schritt zurückgehen, um ein generelles Bild vom Leiten zu gewinnen: Was ist Leiten überhaupt und inwiefern unterscheidet sich Leiten in einer Gemeinde, sei diese nun missional oder nicht, vom Leiten in ganz anderen Kontexten?

Wohin wir gehen

In manchen Kreisen tut man sich mit dem Wort Leiter/Leiterin recht schwer. Um auf langatmige Ausführungen an dieser Stelle zu verzichten, möchten wir im Folgenden auf ein paar Beobachtungen eingehen, die wir beim Gebrauch dieses Wortes gemacht haben. Über weite Teile des 20. Jahrhunderts haben wir die dominanten Bilder und Metaphern, die das Leiten in der Gemeinde definieren und beschreiben sollen, aus anderen Bereichen entlehnt, zum Beispiel aus der Wirtschaftswelt. Darüber hat man sich keine großen Gedanken gemacht und entsprechend wurde dieser Entlehnungsprozess auch kaum reflektiert. Im Gegenteil, in der Regel wurde angenommen, mit Leiten verhielte es sich in der Gemeinde auch nicht anders als in anderen Bereichen des Lebens bzw. der Arbeitswelt.

Normalerweise wird ganz unkritisch angenommen, dass das Wort Leiter bzw. Leiterin nicht nur in Gemeinden, sondern auch in anderen Organisationen verwendet wird, und dass damit auch die gleichen Aufgaben und Kompetenzen einhergehen. In gewisser Weise stimmt das auch. So gehen wir in diesem Buch davon aus, dass Gemeinden sich in einem pluralistischen Kontext befinden, in dem radikale Veränderungen großen Maßstabs an der Tagesordnung sind. Wenn sie nicht untergehen wollen, müssen Gemeinden sich an diesen Kontext anpassen und in ihm funktionieren. Viele Erkenntnisse in Bezug auf das Leiten, die andere Organisationen vor diesem sich verändernden Hintergrund gemacht haben, sind auch für unsere Fragen wertvoll und nützlich. Gleichzeitig sind Gemeinden heutzutage hochkomplexe Organisationen. In den allermeisten Fällen sind sie weder in kleine, landwirtschaftlich geprägte Gemeinschaften eingebettet noch in sich im Entstehen befindliche vorindustrielle Handelsstädte, wie sie im 16. Jahrhundert üblich waren. Dies war die Zeit, in der die modernen Modelle gemeindlichen Lebens entstanden sind. Heute hingegen müssen Gemeinden in einem komplexen soziokulturellen Umfeld funktionieren, in dem Organisation und Management hohe Ansprüche an alle Beteiligten stellen. Diese Erfordernisse sind real und dürfen nicht ignoriert oder mit vergeistigtem Vokabular weggeredet werden. Aus unserer Erfahrung ist es so, dass vielen Leitenden die hierfür notwendigen Basisfähigkeiten fehlen und ihre Gemeinden auch deshalb in Schwierigkeiten stecken, weil ihre Leiter große Probleme damit haben, die Menschen effektiv zu leiten, Mitarbeiter sinnvoll zu berufen, Teams zusammenzustellen oder bestimmte Dinge klar zu kommunizieren. Diese Fähigkeiten sind auch für die Gestaltung missionaler Gemeinschaften relevant, können aber auch in anderen Kontexten erworben werden. Aus der Perspektive missionaler Gemeinden unterscheiden sich die Anforderungen an Leiterinnen und Leiter aber auch erheblich von denjenigen, die in anderen Gemeinschaften oder Organisationen Führungsaufgaben haben. Dieser Unterschied hängt eng mit dem Ziel des Leitens zusammen. Aristoteles schrieb über das Verstehen von Dingen, dass man nach dem *telos* fragen müsse, also nach dem Ziel. Bei dieser Frage geht es um mehr als um das, was jemand oder etwas tut. Es geht nicht um den Zweck einer Tätigkeit im Sinne ihrer Funktion; vielmehr geht es um den eigentlichen Sinn, der dahintersteckt. Also müssen wir auch danach fragen, welchen Sinn missionales Leiten hat, wozu wir in dieser Gemeinschaft, die Gemeinde heißt, überhaupt leiten?

In der christlichen Erzählung ist das *telos* des menschlichen Lebens weder Selbstverwirklichung im modernen Sinne des Individuums noch die Entfaltung der eigenen Persönlichkeit. Unser *telos* ist es, Gott zu kennen. Sowohl Augustinus als auch Thomas von Aquin bezeugen, dass Gott unser Sinn ist und deswegen auch unsere Quelle. Gott zu kennen heißt, das Gute zu kennen. Gott zu kennen heißt weiter, an einem Leben teilzuhaben, das voller Sinn – sinnvoll! – ist, bedeutungsvoll und voller Möglichkeiten, unsere Aufgaben in diesem Leben zu erfüllen. Nur wenn wir unser Leben in Gott leben, können wir entsprechend unserem *telos* leben. Als Menschen suchen wir nach dem Guten im Leben, welches gleichsam unser *telos* ist, dieses können wir außer in Gott nirgends finden.

Das ist nicht lediglich eine „geistliche" Idee. Sie hat ganz praktische, ganz konkrete Implikationen für die Frage nach unserer Identität und nach der Art und Weise, wie wir leiten. Es geht darum, welche Bedeutung das Leiten in der Gemeinde hat. Vor allem geht es beim Leiten um unsere Identität als Menschen, die ihr Leben in Gott leben und ihren Platz in der Welt ausfüllen. Beim Leiten geht es um die Identität, die sich daraus ergibt, das *telos* zu kennen; dieses zu kennen setzt jedoch auch voraus, dass wir unser Leben in Gott leben. Zu leiten bedeutet, einen Charakter zu entwickeln und ein Leben zu leben, das durch Tugendhaftigkeit geprägt ist.

Im Kern ist die Frage nach dem Leiten also eine Frage nach der eigenen Identität und ihrer Quelle. Das ist auch der Grund dafür, dass Gemeinden Modelle des Leitens nicht einfach aus anderen Bereichen übernehmen und die dort verwendeten Kategorien auf ihr Gemeindeleben übertragen können. Tut man dies trotzdem, so übernimmt man gleichermaßen den Sinn und die Ziele dieser Modelle, die aber nicht durch die Interaktion mit Gott zustande kommen. Das heißt nicht, dass man als Gemeindeleiterin oder -leiter nach einem Leitungsmodell aus der Wirtschaft nicht erfolgreich sein könne; als Mensch Gottes wird man so aber nicht wachsen. Auch die Gemeinde erhält so ein verzerrtes Bild von sich selbst und ihrer Bestimmung. Beispielsweise orientieren sich nicht wenige Leiter in Gemeinden an einem Leitungsmodell, das an Erfolg orientiert ist, der gleichbedeutend ist mit Wachstum. Ein Leben in Gott misst Erfolg jedoch nicht notwendigerweise an Größe bzw. Zahlen. Vielmehr ist das eigene Leiten derart zu gestalten, dass ausschließlich danach gefragt wird, wie Gott handelt und wie er seine ecclesia, seine Gemeinschaft gestaltet. Um diese Fragen zu beantworten, muss man sich der Theologie zuwenden, insbesondere den Fragen nach der Inkarnation Christi.

Die theologischen Wurzeln christlicher Leiterschaft

Wenn wir von Leiterinnen und Leitern lesen, die ihre Aufgaben in den ersten Gemeinden beschrieben – oder auch das *telos*, das den Rahmen für sämtliche Aktivitäten bildete – dann wird schnell deutlich, dass sie ihre Aufgabe ganz anders verstanden haben, als wir es heute tun. Im zweiten Jahrhundert nach Christus veranschaulichte Tertullian sein Verständnis vom Leiten, das erstaunlich unabhängig von zeitgenössischen Diskursen und Praktiken war. Seine Auseinandersetzung mit dem Gemeindeleben, mit Identität und mit Zielsetzungen hing eng mit seiner theologischen Perspektive zusammen. Aus Tertullians Sicht gestaltete der Gott Abrahams, Isaaks und Jakobs (Israel in seiner handfesten Geschichte) in Jesus Christus eine neue Gesellschaft in dieser Welt. Hier ist nun ein neues Volk, eine alternative Gemeinschaft mit einem neuen Bürgerrecht. Tertullians theologisches Verständnis prägte nicht nur sein konkretes Handeln als Leiter, auch die ganz praktischen Fragen zum Leiten in der Gemeinde waren betroffen. Seine Arbeit basierte auf den biblischen und theologischen Annahmen über die Art und Weise, wie Frauen und Männer sich zu einer alternativen Gesellschaft entwickeln können, obwohl die Welt, in der sie leben, vom Kaiser geprägt wird. Diese theologisch ausgerichtete Weltanschauung hatte zur Folge, dass die Aufgaben von Leitern eng mit den Menschen zu tun hatten, das heißt, dass mit ihnen auf solche Art und Weise gearbeitet werden soll, dass sie sich mit ihrem Leben auf diese alternative Gesellschaft ausrichten und sich in diese integrieren können. Leiten hat hier also viel mit sozialisieren und integrieren zu tun. Heute ringt kaum einer beim Thema Gemeindeleitung mit theologischen Fragen wie beispielsweise der, wie Menschen lernen können, Teil einer alternativen Gemeinschaft zu sein. Im Gegenteil, der Schwerpunkt liegt oftmals darauf, Gemeinde so zu gestalten, dass „Suchende" Teil der Gemeinschaft sein können, ohne ihr Leben in irgendeiner Weise auf diese Gemeinschaft auszurichten.

Der Unterschied zur Zeit von Tertullian könnte größer kaum sein: Hier mussten sich Menschen, die zur Gemeinde gehören wollten, auf eine harte Trainingszeit einstellen, in der das angemessene

Verhalten im alltäglichen Leben erlernt werden sollte. Mit anderen Worten: Um zu dieser neuen Gemeinschaft von Jesus zu gehören, wurde man so trainiert, dass man sein Verhalten anpassen konnte. Heutzutage spricht man eher darüber, die Schwelle so niedrig wie möglich zu halten, um einen sicheren Ort zu gestalten, zu dem Menschen möglichst schnell und möglichst einfach dazugehören können. Hier lassen sich gut zwei komplett unterschiedliche Kontexte erkennen, in denen gleichwohl dieselbe Sprache gesprochen wird. Diese unterschiedlichen Ansätze sprechen dafür, dass unter Leiten grundsätzlich Unterschiedliches verstanden wird. Im letztgenannten Fall und in unserem derzeitigen kulturellen Kontext basiert das Verständnis nicht auf theologischer, biblisch geprägter Vorstellungskraft, sondern vielmehr auf Marketingstrategien, die auf Studien fußen, die anzeigen, was Menschen sich wünschen, wenn sie neu in eine Gruppe kommen. Das soll natürlich nicht heißen, dass wir die Menschen nicht willkommen heißen sollen, die in unsere Gemeinden kommen. Vielmehr soll hier deutlich gemacht werden, dass es unterschiedliche Auffassungen vom Leiten gibt, die jeweils auf verschiedene Quellen zurückzuführen sind.

Tertullian ging es als Leiter in erster Linie darum, die Menschen und ihr Verhalten auf das auszurichten, was er als spezifisch biblische Verhaltensweisen und Praktiken sah. Unter anderen hat Wayne Meeks herausgestellt, dass die Vorstellung vom Leiten geprägt war von der Idee der „Resozialisierung in eine alternative Gemeinschaft"[21]. Darin liegt eine missionale Aktivität begründet, die sich auf die Ausbildung von Menschen als Gottes neue Gesellschaft konzentriert. Kirchenhistoriker Alan Kreider beschreibt, wie dieser Schwerpunkt des christlichen Lebens besonders in der Spätmoderne zunehmend verloren ging.[22] Kreider hat untersucht, wie das Phänomen der Bekehrung bereits in den ersten Jahrhunderten nach Christus ganz unterschiedlich interpretiert und auch erlebt wurde. Er verfolgt die Veränderungen, die sich in der Bedeutung und den Mitteln von Bekehrung innerhalb dieser Zeit zugetragen haben: „Ursprünglich wurden Menschen durch ihre Bekehrung zu einer deutlich abgegrenzten Sorte Mensch – eigentlich wie Ausländer, Fremde mit Aufenthaltsgenehmigung. Jetzt ist Bekehrung vielmehr etwas, durch das Menschen dazugehören; sie sind nicht länger Fremde, sondern ganz normale Bürger."[23] Die Folgen waren enorm. Anstatt Leiten als die Arbeit mit Menschen zu betrachten, die neue Verhaltensweisen lernen und sich in eine neue Gesellschaft integrieren sollen, nahm Leitung immer mehr administrative Züge an und wurde zur Regulierung und Organisation der vergeistigten sowie privatisierten ethischen Praktiken, die sich immer mehr vom biblischen bzw. theologischen Verständnis von *ecclesia* als den Menschen Gottes entfernten.[24]

Innerhalb dieses Rahmens, in dem Leiten gedacht wurde, entwickelte sich auch die Vorstellung von gutem Management und von Leitern, die durchgreifen können, Veränderungen voranbringen und die am quantitativen Wachstum gemessen werden. Insbesondere in Nordamerika wurde der Faktor Wachstum immer bedeutsamer für alle Fragen rund um das Leiten, umso mehr, als die Gemeinden inzwischen ihre privilegierte Stellung als die primäre religiöse Anlaufstelle in ihrer Kultur eingebüßt haben.

Leiten und die Inkarnation

Die Inkarnation war ein zentraler Bezugspunkt für die Bemühungen der frühen Kirche, auszuhandeln, was es bedeutet, Gemeinde in einer konkreten Kultur zu bauen. Die konkrete, greifbare Offenbarung Gottes in Jesus Christus bot die Grundlage für jegliches Denken und Handeln. Auch deswegen wurden Fragen des Leitens eng mit der Frage verknüpft, in welcher Beziehung man zu Gott steht. Die Teilhabe an der Welt Gottes hatte jedoch nichts mit privaten, weltfernen und spirituellen Praktiken zu tun, die mit dem öffentlichen, politischen und sozialen Leben der Gesellschaft nichts zu tun hatten. Tatsächlich war das Gegenteil der Fall. Die Teilhabe an der Welt Gottes bedeutete, eine Gemeinschaft derart zu gestalten, dass sie immer wieder zu einer Herausforderung für die politischen und sozialen Institutionen wurde. Nicht umsonst wurden die ersten Christen von denjenigen verfolgt, die genau merkten, dass die Machtverhältnisse und die Autorität der herrschenden Klasse durch die christlichen Gemeinschaften bedroht und untergraben wurden. Die Inkarnation Jesu war konkret und lässt sich nicht etwa auf eine immaterielle, vergeistigte Erfahrung reduzieren, die nur das Innenleben einzelner Individuen betraf.

Für Leiter in der frühen Kirche hatte die Inkarnation eine politische Dimension, weil in ihr offensichtlich wurde, dass der Gott, der uns in Christus begegnet, nicht von der konkreten Realität – des Ortes, der Zeit, der Kultur – getrennt werden kann, in der wir leben. Sie ist deswegen politisch, weil Bürger das Verhältnis untereinander und zu anderen aushandeln müssen. Trotzdem bleibt es eine Herausforderung, sämtliche Implikationen der Inkarnation, ihrer Beschaffenheit und Materialität, zu erfassen. Das fiel auch in den ersten Jahrhunderten nach Christus vielen sehr schwer: Gnostische Bewegungen haben seit jeher versucht, Jesus zu entmaterialisieren und zu vergeistlichen; gleichzeitig wurde dadurch die Gottesbeziehung stark begrenzt auf eine innere, geistliche Erfahrung, die mit der öffentlichen und konkreten Auseinandersetzung mit der Welt rein gar nichts mehr zu tun hatte. Mit einem solchen gnostischen Jesus und seinen rein spirituellen Implikationen lässt sich viel leichter umgehen als mit dem Einen, der uns in den biblischen Erzählungen entgegentritt und der in den Zeugnissen der ersten Christen fassbar wird. Aber auch heute sind wir nicht frei von Gedankengut, das auf der Vorstellung von zwei separaten Welten, auf der Trennung von Konkretem und Geistlichem, von Öffentlichem und Privatem fußt. Wir müssen gut aufpassen, dass wir die Überzeugungen der frühen Kirche nicht verlieren, dass die Inkarnation nicht nur alles verändert, sondern vor allem von Grund auf der neue Ausgangspunkt werden muss, von dem aus nicht nur sämtliche Realitäten betrachtet und verstanden werden müssen, sondern auch das Leben gelebt werden muss.

Gott begegnet uns als inkarnierter Gott in der Konkretheit unseres Lebens, in Raum und Zeit; nicht etwa in einer überirdischen Sphäre, die aus Ideen und Gefühlen besteht und in der unsere Leiblichkeit überhaupt keine Rolle spielt. Wenn Leitende missionale Gemeinde gestalten und kultivieren wollen, müssen sie diese Kategorien überwinden lernen; keine leichte Aufgabe, da die Probleme schon da anfangen, wo wir diese Kategorien in unserem Denken überhaupt erst aufdecken. So tief haben wir als moderne Menschen diese bereits verinnerlicht. Implizit nehmen wir diese Zweiteilung hin, sodass wir – davon ausgehend, dass das Weltliche und das Geistliche zwei gesonderte und völlig voneinander getrennte Sphären seien, die keine gemeinsame Schnittmenge haben – im Grunde innerhalb eines praktischen Atheismus oder bestenfalls funktionalen Gnostizismus leben und funktionieren. Das hat zur Folge, dass Praktiken und Fähigkeiten, die für Leiter relevant sind, unkritisch aus allerlei Bezügen in den christlichen Kontext importiert werden, während das Leiten – im Verständnis christlicher Erzählungen – seinen Ursprung im inneren, persönlichen und geistlichen Leben hat. Der oben erklärte Dualismus wird von Leitern oft derart übernommen, dass sie zwar auf der einen Seite geistliche Gewohnheiten entwickeln wollen, um ihren Charakter auszubilden, Leitungsstrategien und -kompetenzen aber kritiklos aus Bereichen übernehmen, die gar keine geistliche Dimension haben, um mit diesen Ziele zu definieren, Veränderungsprozesse in Gang zu bringen und ihre Gemeinden als Systeme zu managen.

Das Rezept ist ganz einfach: Man nehme das persönliche geistliche Leben (die innere Welt des Individuums, den Charakter der leitenden Person, oder auch die Ethik), füge gute Leitungstechniken und -strategien hinzu (die konkrete, historische Welt, die wir durch unser Handeln hervorbringen), und schon erhalten wir eine effektive Leitfigur mit Charakter (der Idealtyp).

Diese Anschauung basiert nicht auf der Bibel oder den Überzeugungen und Erlebnissen der frühen Kirche, sondern auf dem Reduktionismus der Moderne. Wie Lesslie Newbigin betont[25], haben die Leiter in der frühen Kirche mit großer Sorgfalt und Mut über das Leben aus der Perspektive von Gottes Offenbarung in Jesus nachgedacht. Sie haben nicht zuerst einen Rahmen oder eine Ressource für ihre Arbeit innerhalb ihrer Kultur gesucht und dann dadurch legitimiert, dass diese mit der göttlichen Offenbarung kompatibel seien. Sie sind viel weiter gegangen und bezogen ihr gesamtes Denken, ihre Deutungen und Praktiken christlichen Lebens (und damit ihre Sicht des Leitens überhaupt) auf die zentrale Tatsache der Inkarnation als dem Ort, an dem Gottes Wille und Absichten offenbar werden.

Eine Gemeinschaft gestalten

Die frühe Kirche ging davon aus, dass Gott sie zu einer alternativen Gemeinschaft inmitten eines übermächtigen Herrschaftsreichs machen wollte; zu leiten bedeutete hier also in erster Linie, eine Gemeinschaft zu gestalten. Dies lässt sich unter anderem daran erkennen, dass neue Mitglieder durch die Unterweisung im Katechismus in die Gemeinschaft integriert wurden.[26] Es ging darum, dass Praktiken entwickelt und eingeübt wurden, die eine Gruppe Menschen zu einer sozialen Gemeinschaft, einer Gemeinde, macht. Zu leiten bedeutet, eine solche Gemeinschaft von Menschen zu gestalten, die Zeugen dessen sind, was Gott in Jesus Christus tut.

Bei missionaler Leiterschaft geht es nicht um Effektivität, Wachstum oder Selbstverwirklichung. Genauso wenig geht es nur darum, den Gemeindemitgliedern gesunde Beziehungen untereinander zu ermöglichen, die auf Außenstehende attraktiv wirken. Bei missionaler Leiterschaft geht es um das Kultivieren eines Umfelds, das die missionale Vorstellungskraft der Menschen Gottes freisetzt. Der Theologe Stanley Hauerwas beschreibt die Herausforderungen missionaler Leiterschaft folgendermaßen: „Kurz, das größte Problem der Moderne für Gemeinden ist die Frage, wie wir als geordnete Gemeinschaften in einer demokratischen Gesellschaft überleben können."[27] Moderne Bezugsrahmen haben auch die Vorstellungen vom Leiten in unseren Gemeinden geprägt. Aus diesem Grund wird Leiten als die Förderung der individuellen Spiritualität betrachtet, als das bedenkenlose Gestalten von Gemeinden entlang ungeprüfter Normen, die aus der Psychologie oder Familientherapie übernommen werden, als das Entwickeln strategischer Pläne oder als das Steigern der Mitgliederzahl. Keine Rolle spielt hier hingegen die theologische Perspektive auf das Leiten: die Berufung zum Gestalten alternativer Gemeinschaften des Reiches Gottes, die von theologischen und biblischen Erzählungen geprägt sind. Hauerwas hilft uns zu verstehen, was hier gemeint sein könnte: „Wir sind nicht deshalb Christen, weil wir gläubig sind, sondern weil wir dazu berufen sind, Jesus nachzufolgen. Ein Jünger Jesu zu werden ist nicht gleichbedeutend mit einem neuen oder modifizierten Selbstverständnis, vielmehr bedeutet es, Teil einer anderen Gemeinschaft zu werden, in der andere Gewohnheiten und Praktiken zentral sind ...“[28]

Menschen in eine solche Gemeinschaft zu integrieren setzt voraus, dass man sich selbst ganz auf das Leben in dieser Gemeinschaft eingelassen hat und in ihr zu Hause ist. Im protestantischen Nordamerika gibt es nicht viele Leiter, von denen man dies behaupten könnte. Vielmehr kennt man sie als Unternehmer, als Macher (die Dinge in Gang setzen und den Erfolg suchen), als Heiler (die Gemeinde soll wie ein Arzt oder ein Therapeut funktionieren) oder als Gemeinschaftsstifter, die homogen ausgerichtete Glaubensgemeinschaften an sicheren Orten für ängstliche Vorstadtsmenschen organisieren. Es gibt einen eklatanten Mangel an Leitern, die darin geübt sind, Menschen in die Praktiken des Glaubens einzuführen, ihnen die Beichte abzunehmen, Gastfreundschaft zu üben, Vergebung zu leben und das Abendmahl sinnstiftend in der Gemeinde einzusetzen.

Ein relationales Volk

Wegen der Inkarnation allein sah sich die frühe Gemeinde gezwungen, völlig kontraintuitiv von Gott zu sprechen; trotzdem erlebten sie Gott auf entscheidende und revolutionäre Art und Weise. Aufgrund ihrer Begegnung mit Christus bezeugten sie, dass Gott dreieinig ist. Aus diesem Trinitätsverständnis von Gott entstand die Einsicht, dass die Realität weder im Rahmen des griechischen Neuplatonismus Platz hat noch im Rahmen fernöstlicher Formen dematerialisierter Spiritualität, sondern dass vielmehr real ist, dass Gott mit Menschen in Beziehung steht. Derjenige, der uns in Jesus begegnet, ist der Gott, der Beziehung ist: Beziehung zwischen Vater, Sohn und Geist. Gott rief die Schöpfung ins Leben, die sein Wesen widerspiegelt. Sowohl im Neuen Testament als auch in der frühen Kirche bedeutete dies, dass Menschen als neue Gemeinschaft gestaltet werden, die mit ihrem (Zusammen-)Leben Gottes Wesen reflektiert. Die Gemeinde war das Zeichen, das Zeugnis und der Vorgeschmack auf Gottes Leben inmitten seiner Schöpfung.

Beim missionalen Leiten geht es darum, ein Umfeld zu kultivieren, in dem diese Relationalität des Reiches Gottes erfahren werden kann. Die Gabe des Geistes bedeutet, dass die Gemeinde der Ort ist, an dem wir zu Risikofreudigkeit eingeladen sind; da, wo der Geist anwesend ist, stehen wir ohnehin inmitten eines unendlichen Abenteuers.[29]

Leiter kultivieren ein Umfeld, in dem der grenzüberschreitende Geist der Gemeinde fortwährend neue Wege erkennen lässt, wie Gottes Gemeinschaft sein kann. Der Missiologe David J. Bosch beschreibt die Apostelgeschichte als eine Geschichte, in der der Heilige Geist Grenzen überwindet, die die frühe Kirche sich selbst durch ihre Pläne und eigenen Erwartungen auferlegt. Die Pläne der Verantwortlichen gehen nicht auf, vielmehr müssen sie sich auf eine Reise einlassen, die ihre sorgfältig erarbeiteten Pläne und Kategorien ignorieren. Gemeinde ist nicht etwas, das wir selbst hervorbringen oder das wir beherrschen könnten. Wir können sie nicht im Detail entwerfen oder eine allgemeingültige Definition formulieren, der sie dank einer gut überlegten Strategie dann entsprechen muss. Die Zukunft der Gemeinde entsteht mitten unter den Menschen, die die *ecclesia* ausmachen. Deswegen bauen Leitende, die ihre Gemeindemitglieder dazu bringen, ihren Plänen und Strategien zu folgen, auch nicht die Zukunft der Gemeinde. Missionale Leiterschaft kultiviert eine Art zu leben, in der Gottes Zukunft von selbst Form gewinnt. Gott entzieht sich unserem Bedürfnis, Systeme zu schaffen; Gottes *ecclesia* kann man weder schaffen noch managen noch unter Kontrolle bringen. Durch seinen Geist gibt Gott uns Zukunft; wir sind dazu eingeladen, an der Entfaltung der Gegenwart sowie der Zukunft teilzuhaben, und zwar an den ganz konkreten Orten, an denen missionale Gemeinschaften ihr gemeinsames Leben gestalten.

Im nächsten Kapitel geht es um einige Faktoren, die Leitern auf diesem abenteuerlichen Weg weiterhelfen können.

7. Der Charakter einer missionalen Leiterin/eines missionalen Leiters

Alan und Clark kannten sich schon seit ein paar Jahren, als sie eines Tages einen langen Spaziergang in Vancouver machten, um gemeinsam über Clarks Sabbatjahr zu sprechen. Clark war ein Gemeindeältester mit einer wichtigen Leitungsfunktion in seinem Verband und er war mitten in seinem Sabbatjahr. Während dieser Zeit hatte er an diversen Konferenzen teilgenommen sowie Zeit mit Gemeindeleitern in Schottland verbracht, um einen Einblick zu gewinnen, wie diese ihre Gemeinden in ihrem spezifischen Kontext missional ausrichten.

Gemeinsam mit Alan reflektierte Clark die letzten drei Jahre, in denen er mit seiner Arbeit in der Gemeinde den missionalen Wandel voranbringen wollte. Dabei erinnerte er sich an die Anfangszeit, als wir mit ihm die Eigenschaften und Faktoren erarbeiteten, die für missionale Leiterschaft nötig und auch in diesem Buch beschrieben sind.[30] Es stellte sich heraus, dass Clark als ein höchst integrer und reifer Leiter wahrgenommen wurde; aber auch – und er wusste das selbst nur zu gut – dass er Schwachstellen hatte, wenn es um Konfliktfähigkeit und um Beharrlichkeit ging. Er hatte zwar überhaupt keine Schwierigkeiten damit, eine Vision zu formulieren, aber das Kultivieren von Gemeinschaft lag ihm nicht. Zu Beginn unserer Zusammenarbeit war Clark ein Leiter mit einer großen Leidenschaft für Gottes Reich und für die Gemeinden, denen er diente. Gleichzeitig sah er die Gefahr, dass aus seiner Leidenschaft irgendwann Frustration wurde, da seine Tage randvoll waren mit Aufgaben, die das bisherige System am Laufen hielten.

Jetzt, drei Jahre später, zog Clark ein erstes Resümee über die Frage, wie er selbst sich verändert hatte. Inzwischen hatte er Verantwortung dafür, einen gewagten Veränderungsprozess in der ganzen Gemeinde in Gang zu bringen; er half den Menschen, sich mit neuen Ideen und Veränderungsmöglichkeiten auseinanderzusetzen, die im Laufe ihrer gemeinsamen Arbeit entstanden. Viele – auch über die

Gemeinde hinaus – konnte er davon überzeugen, von den ständigen Kämpfen innerhalb der eigenen Denomination abzusehen, um sich auf eine neue Art von Gemeinde einzulassen.

Alan war vor allem von Clarks gestärktem Selbstbewusstsein beeindruckt sowie von seinem Gespür für die Prinzipien, die in diesem Buch behandelt werden. Anstatt seiner Gemeinde einen vorgefertigten Plan zu präsentieren, nahm er sie mit auf den Weg, die Zukunft der Gemeinde selbst zu gestalten. Inzwischen fühlte Clark sich in seiner Rolle wohl, eine Gemeinschaft zu kultivieren und sie auf eine emergente Zukunft vorzubereiten. Die Veränderungen, die Clark vor allem bei sich selbst erlebt hat, sind vor allem auf die Anfangszeit zurückzuführen, der wir besonders viel Aufmerksamkeit geschenkt hatten. Anhand unseres 360°-Bewertungs- und Analyseprozesses hatte Clark andere gebeten, ihn als Leiter einzuschätzen. Es erforderte Mut, sich mit den Ergebnissen auseinanderzusetzen, und Reife, um auf die Einschätzungen von 30 anderen Leitern und Mitarbeitern zu hören. So schwer dieser Schritt auch war, es war der erste Schritt in die richtige Richtung. In diesem Kapitel setzen wir uns mit den grundlegenden Faktoren für missionale Leiterschaft auseinander.

Die Identität und die Persönlichkeit von Leitern

Wie bereits im vorangegangenen Kapitel erläutert, halten wir die Persönlichkeit von Leitenden – die Ich-Identität – für einen außerordentlich wichtigen Faktor missionalen Leitens. Ich-Identität verweist sowohl auf die Eigenschaften und das Verhalten der Leitenden, als auch auf ihr Verhältnis zur Gemeinde und zum Gemeindeleben. Missionale Leiterschaft bedeutet, selbst eine ganzheitliche Person zu werden. Was bedeutet das?

Beim missionalen Leiten geht es primär um die Persönlichkeitsentwicklung der Leitenden. Leitende können dem Geist entweder Raum geben, damit er unter den Menschen in Erscheinung tritt, oder aber sie beeinträchtigen diesen Raum. Die Frage, mit der Gemeindemitglieder vielfach mehr oder weniger direkt beschäftigt sind, ist, ob sie – in einer sich verändernden, oft unsicheren Welt – ihren Leitern

tatsächlich vertrauen können. Es ist wichtig für sie, sich der Glaub-
würdigkeit und Integrität ihrer Gemeindeleitung sicher zu sein. Eine
Gemeinde dazu einzuladen, sich auf Veränderungsprozesse einzulassen, erfordert Reife und Sicherheit. Unentbehrlich ist es, dass Leitende selbst die Werte und Überzeugungen des missionalen Wandels
verkörpern lernen.

Eine Persönlichkeit umfasst individuelle Eigenschaften, Kompetenzen und Verhaltensweisen, die Selbstvertrauen und Glaubwürdig-
keit hervorbringen. Wichtig sind auch die Motivation, Werte und
eine eigene Deutung vom Sinn des Lebens. Eine reife Persönlichkeit
kennt sich selbst, und im Zentrum ihrer eigenen Bedeutung und der
Berufung steht Jesus Christus. Die tiefen Sehnsüchte, die ganz eigene
Identität und die Berufung kommen in einer reifen Persönlichkeit
zusammen. Sie ist in der Lage, in den Menschen Vertrauen zu wecken, sodass sie sich auf Veränderungen und einen Weg in eine neue
Richtung einlassen. Eine solche Persönlichkeit zeichnet sich durch
folgende vier Merkmale aus: persönliche Reife, Konfliktfähigkeit,
Mut und Vertrauenswürdigkeit bzw. Verlässlichkeit.

Persönliche Reife

Ein Umfeld zu kultivieren, in dem die Gemeinde ihre missionale
Vorstellungskraft entwickeln kann, erfordert reife Leiterinnen und
Leiter, die sich nicht nur ihrer selbst bewusst sind, sondern ebenso die
Gemeindemitglieder und ihre Anliegen gut kennen. Offenheit und
Reife sind die Voraussetzungen dafür, dass Leitende im Kontext radikaler Veränderungen besonnen handeln können. Clark hat uns deswegen so beeindruckt, weil er außerordentliche Reife bewiesen hat,
indem er die Ergebnisse der Eingangsanalyse offen mit denjenigen
besprochen hat, die ihm Feedback zu seiner Person als Leiter gegeben
hatten. Er gestand sich und anderen ein, dass er in bestimmten Bereichen Schwierigkeiten hatte und noch Veränderungsbedarf sah. Diese
Haltung führte auch bei anderen Leitern zu einer verstärkten Offenheit und Bereitschaft, an sich als Leiterin bzw. Leiter zu arbeiten.
Clark war selbst ein Risiko eingegangen, er hatte sich geöffnet und
verletzbar gemacht. Ohne diese Leiterqualitäten wäre die Gemeinde

vielleicht nie selbst zu einem ähnlichen Risiko und zur Veränderung bereit gewesen. Die Menschen in der Gemeinde konnten Clark vertrauen, obwohl sie merkten, dass er an einigen Stellen noch an sich arbeiten musste. Was für die Gemeinde jedoch vor allem zählte, waren seine Aufrichtigkeit, seine Offenheit sowie seine Bereitschaft, in Bezug auf Veränderung zunächst einmal bei sich selbst anzusetzen. Das Vertrauen der Gemeinde war die Grundlage für alle Veränderungen, die nun anstanden.

Die persönliche Reife missional Leitender benötigt drei wesentliche Zutaten: Offenheit sich selbst und anderen gegenüber, Authentizität sowie ein gesundes Maß an Selbstbewusstsein.

OFFENHEIT SICH SELBST UND ANDEREN GEGENÜBER. In unserem sozialen Kontext ist es üblich, dass Leiter Anerkennung finden, wenn sie messbare Erfolge vorweisen können. Manager großer Firmen oder Banken, die bei bestimmten Wachstumsraten mit beträchtlichen Boni rechnen können, konzentrieren sich folglich oft vorzugsweise auf kurzfristige Gewinne. In den letzten Jahren gab es immer wieder zahlreiche Beispiele von Managern und Vorstandsvorsitzenden, die unmoralisch gehandelt und fragwürdiges Verhalten gefördert haben, um kurzfristig hohe Gewinne einfahren zu können. Wenn derartige Vorgänge ans Licht kommen, werden auch tief sitzende kulturelle Vorstellungen über Erfolg und Effektivität ersichtlich, die eng mit Zahlen sowie Dollars und Euros zusammenhängen. Den meisten Leitern fehlt der innere Kompass, um die Entwicklung der eigenen Reife anzustreben.

Auch Gemeinden sind bei Weitem nicht frei von solchen Vorstellungen. Viele Pastoren können bestätigen, dass sie enorm unter Druck stehen, wenn das Gemeindewachstum stagniert. Nicht viele können offen darüber sprechen, manche gehen mit diesem Druck um, indem sie ihn verleugnen. Aber immer wieder geben Pastoren uns gegenüber zu, dass sie mit ihrer Rolle als Leiter immer unzufriedener werden, weil ihre Gemeinde mit den populären, großen Gemeinden meint mithalten zu müssen. Obwohl sie wissen, dass sie so gar nicht sein wollen, geschweige denn können, sehen sich immer mehr Pastoren dem Druck ausgesetzt, mitreißende, unternehmeri-sche Leiter zu werden.

In Nordamerika wird unter Erfolg die Fähigkeit verstanden, die äußeren Bedingungen kontrollieren und manipulieren zu können, um die angestrebten Ergebnisse zu erzielen. Wenn Leitende an sol-chen Kriterien gemessen werden, dann spielt die Persönlichkeit der Leitenden immer weniger eine Rolle; auch andere Menschen, die ei-gene Befindlichkeit oder wie man von anderen wahrgenommen wird, wird nebensächlich. Auf diese Weise lässt sich eine Gemeinschaft, die radikalen Veränderungen ausgesetzt ist, kaum leiten. Ein Pastor, den wir hier Bill nennen, ist Leiter einer mittelgroßen Gemeinde im Wes-ten der USA. Bei einem Treffen mit anderen Pastoren beschrieb er evangelistische Einsätze, die seine Gemeinde regelmäßig durchführt und durch die in den letzten Jahren eine Menge neuer Mitglieder gewonnen werden konnten. Gleichzeitig hatte er für seine Kollegen und auch seinen Gemeindeverband nur kritische Worte übrig, da diese in seinen Augen nicht „geistlich" genug seien. Damit meinte er, dass diese nicht – wie er und seine Gemeinde – evangelistisch tätig waren, über bestimmte Themen anderer Ansicht waren und sich nicht jede Woche zum Gebet trafen.

Bill merkte gar nicht, was er alles in diesem Gespräch preisgab – über sich selbst! Er setzte seine eigenen Vorstellungen davon, was eine gesunde Gemeinde und erfolgreiche Leiter ausmachte, absolut und kritisierte die anderen. Dabei blieb Bill blind für die Menschen in seiner eigenen Gemeinde; viele von ihnen hatten das Gefühl, dass Bill sich überhaupt nicht für das interessierte, was sie bewegte. Ver-letzt und missverstanden fragten sich nicht wenige, warum sie über-haupt noch weiter zur Gemeinde gingen. Bill bekam von alldem nichts mit, ihm fehlte es an Bewusstsein und entsprechend an per-sönlicher Reife.

Bills Gemeindemitglieder waren ratlos – sie wussten nicht, wie sie sinnvoll mit ihrem Pastor umgehen sollten. Nach außen waren sie stets höflich und nett, nach innen war ihnen zum Weinen zumute. Bill war fleißig, organisierte Veranstaltungen und nahm viele Aufga-ben wahr, hatte aber gleichzeitig keine Ahnung, wie man ein Umfeld kultiviert, in dem missionale Vorstellungskraft gedeihen kann. Die Mitglieder seiner Gemeinde hatten nicht den Eindruck, dass es auf sie ankäme oder dass es irgendjemanden interessiere, was sie zu sagen hatten.

Dieses Beispiel ist extrem, illustriert aber das tief sitzende Übel, mit dem zahlreiche wohlmeinende und talentierte Leiter zu kämpfen haben. Diesbezüglich kann Alan sich an ein Projekt erinnern, das er in der Innenstadt von Toronto Anfang der 1980er-Jahre ins Leben rief: Mit einer sterbenden Gemeinde wollte er einen Neuanfang wagen. Von Anfang an erlebte Alan einen enormen Druck – von vielen Seiten, sogar von sich selbst. Der Neuanfang musste einfach klappen, und nicht nur das, es sollte eine Erfolgsgeschichte werden!

Für knapp zwei Jahre arbeitete Alan mit ein paar anderen verbissen daran, dafür zu sorgen, diese Erwartungen nicht zu enttäuschen. Sie bewältigten zahlreiche Sitzungen, Hausbesuche, Kleingruppenarbeit und ungezählte Aktionen, um Gemeindefremde zu erreichen. Außerdem betrieben sie Fundraising und setzten sich immer wieder mit anderen Leitern des Verbandes auseinander, die für die Veränderungen wenig Verständnis hatten und mit Unterstützung zurückhaltend waren.

Die Gemeinde wuchs und erreichte eine Größe, sodass sie sich selbst unterhalten konnte. Mit der Zeit wurde aus der Gemeinde eine der Top-Gemeinden, die auch über Toronto hinaus Bekanntheit erlangte. Alan und seine Frau hatten an mehreren Tagen die Woche Gäste. Die Gemeinde hörte nicht auf zu wachsen: Je größer sie wurde, desto größer wurden die Herausforderungen, desto mehr Strategien schienen nötig. Eine leise Stimme flüsterte Alan immer wieder zu, dass er dermaßen damit beschäftigt war, den Gemeindebetrieb am Laufen zu halten, dass er einen enormen Bereich seines Lebens aus den Augen verlor: seine Frau, seine Kinder, seine Freunde und viele Menschen um ihn herum. Aber die Arbeit musste ja getan werden und Alan ging unbeirrt davon aus, dass er bald aus dem Karussell aussteigen, Bilanz ziehen und sich ins „normale" Leben zurückziehen würde.

Wenn man etwas auf die lange Bank schiebt, kostet das natürlich seinen Preis. Irgendwann war allen klar, dass das Projekt des Gemeindeneuanfangs geglückt war und dass man auch mal durchatmen konnte. Endlich war die Zeit, in der man sich mehr miteinander auseinandersetzen konnte – nur wie, das wusste keiner! Es war ein schmerzhafter Prozess zu erkennen, dass man jahrelang mit Freunden zusammengearbeitet hatte, sich dabei aber auch fremd geworden war. Wie konnte das passieren? Im Wesentlichen, weil man sich zu lange darauf konzentriert hatte, den Laden ins Laufen zu bringen und dann in Betrieb zu halten. Dieser Fokus ging zulasten des Bewusstseins und der Auseinandersetzung miteinander.

Aus diesem Grund legen wir bei Veränderungsprozessen so viel Wert auf den 360°-Bewertungs- und Analyseprozess. Wir setzten dieses Instrument u.a. bei einer Gruppe von Pastoren ein, die sich für die Kompetenzen und Fertigkeiten interessierte, die für die missionale Gestaltung ihrer Gemeinde relevant sind. Im Rahmen der Zusammenarbeit hatten sie ausreichend Gelegenheit, sich über ihre Erfahrungen als Leiter auseinanderzusetzen und Bereiche zu ermitteln, die sie noch weiter ausbauen wollten.

Chris war einer dieser zumeist jungen Pastoren, der vor Kurzem seine zweite Pastorenstelle angetreten hatte. Nachdem er nach seinem Bibelschulabschluss acht Jahre lang eine Kleinstadtgemeinde in Pennsylvania geleitet hatte, übernahm er eine Gemeinde, deren Vorstand eine ausgeprägte Vorstellung davon hatte, was Chris in der nächsten Zeit alles würde tun können. Für sein Alter war Chris ausgesprochen reif und ein weiser Leiter. Deswegen war ihm von Anfang an klar, was es bedeuten würde, auf das fahrende Gemeindekarussell mit allen Strategieplänen, Leitbildern und ausgefeilten, hochprofessionellen Veranstaltungen aufzuspringen: Weder wäre es der richtige Weg für die Gemeinde, noch würde sein Herz weiter so für das Reich Gottes brennen wie bisher. Er suchte das Gespräch mit Mentoren, diskutierte mit uns über missionalen Gemeindebau und wurde sich immer mehr bewusst, dass die Erwartungen an ihn, Pläne für das Gemeindewachstum zu entwickeln und durchzusetzen, absolut nicht dem entsprachen, was er erreichen wollte.

Weil Chris genau wusste, wie sehr er durch die geistlichen Einrichtungen, wie sie in diesem Buch immer wieder besprochen werden, beeinflusst war, begann er damit, diese in die Arbeit mit seinen Kolleginnen und Kollegen zu integrieren. Er führte Übungen durch, bei denen über bestimmte Bibelverse meditiert wurde und in denen man sich in Stille übte. Gemeinsam lernten sie, mehr auf Gott und aufeinander zu hören. Er traf sich regelmäßig mit anderen Leitern zum Frühstück, um auf das zu hören, was sie auf dem Herzen hatten. Dabei sprach Chris auch immer wieder die Möglichkeiten an, bestimmte Experimente zu wagen, um herauszufinden, was Gott für die Gemeinde und mit ihr vorhaben könnte.

Zunächst war diese Vorgehensweise für alle Beteiligten schwierig. Die anderen Vorstandsmitglieder reagierten regelrecht frustriert – sie wollten einen tatkräftigen Pastor, von Chris dachten sie lange, er wolle einfach nur reden. In unseren Gesprächen mit Chris konnten wir immer wieder nur staunen über seinen Langmut und die Bereitschaft, sämtliche Aspekte mit den anderen durchzusprechen, obwohl ihm manchmal ganz schön mulmig zumute war, wenn er sich ihre Reaktionen ausmalte. Chris ließ nicht locker. Behutsam, aber bestimmt blieb er dabei: Er würde nicht Hals über Kopf Pläne schmieden und Veranstaltungen organisieren, ohne vorher mit der Gemeindeleitung eine Haltung zu entwickeln, in der das Hören auf das Wort Gottes und aufeinander eingeübt werden konnte.

Allmählich, nach eineinhalb Jahren gemeinsamer Gespräche, geduldigen Zuhörens, Predigten, Einkehrtagen, inoffiziellen Treffen zum Frühstück, Kaffee oder Abendessen, zeigten seine Bemühungen darum, das Hören auf Gott und aufeinander stärker in den Fokus zu stellen, erste Früchte. Es gäbe hier natürlich noch viel mehr zu erzählen, wichtig ist aber, dass Chris' Selbstbewusstsein und seine Reife die Voraussetzung dafür waren, dass die Gemeindeleitung sich allmählich zu einer Gemeinschaft entwickeln konnte, die sich gemeinsam mit Gottes Wort beschäftigte und auf Gott und aufeinander hörte.

AUTHENTIZITÄT. Authentizität lässt sich nur schwer beschreiben, aber vor allem meinen wir damit eine gewisse Beständigkeit und Kongruenz. In seinem Buch „Authentic Leadership: Courage in Ac-

tion" („Authentisch leiten: mutig in der Tat") schreibt Robert W. Terry: „Viele von uns sind sich einer schmerzlichen Diskrepanz bewusst,
die zwischen der von uns erlebten, realen Welt und der Welt unserer
ganz eigenen Vorstellung und Rhetorik besteht … Manchen reicht
ihre Intuition, um diesen Bruch festzustellen, andere suchen handfes-
te Beweise. Aber auf irgendeine Weise reagieren wir alle auf die brö-
ckelnde Realität. Die wenigsten zweifeln daran, dass wir uns in einer
Zeit radikaler Veränderungen befinden, oder unterschätzen die Tatsache, dass Veränderungen immer schneller vonstatten gehen, die
Beschleunigung immer mehr zunimmt. Die unbekannte Richtung,
in die diese Veränderungen drängen, verunsichert uns und macht
uns misstrauisch. Worauf müssen wir uns einstellen – Verheißungs-
volles oder Unglück?"[31]

Zur neuen Realität gehört, dass ein gewisser Sinn auf gesamtge-
sellschaftlicher Ebene ebenso verloren geht wie eine gemeinsame, zu-
sammenhaltende Erzählung. Die Erzählungen, die uns lange begleitet und getragen haben, verlieren zunehmend an Geltung und Glaub-
würdigkeit. Das, was vor ein paar Jahrzehnten für uns noch in Stein
gemeißelte Wahrheiten waren, entgleitet uns allmählich; unser Leben ist komplexer geworden, alte Weisheiten lassen sich weniger leicht
anwenden. Und das spüren auch die Frauen und Männer in unseren
Gemeinden. Um eine Gruppe als eine Gemeinschaft zu gestalten,
muss sich eine gemeinsame Erzählung im Leben ihrer Mitglieder ma-
nifestieren. Deswegen brauchen wir Leiter, die authentisch demonst-
rieren können, was es heißt, ein Leben zu führen, das mit dem über-
einstimmt, was man glaubt.

Wort und Tat müssen bei authentischen Leitern übereinstimmen.
Leiter müssen ernst nehmen, dass wir in einer Zeit leben, die von den
meisten als höchst brüchig und unsicher wahrgenommen wird. Gerade wenn Menschen das Gefühl haben, auf sich selbst gestellt zu sein
und keine echte Verbindung zu anderen zu haben, müssen Leitende
vorleben, was es heißt, sowohl zu sich selbst als auch zu anderen in
einer gesunden Beziehung zu stehen.

Ein solcher Leiter ist Tim, er lebt im mittleren Westen der USA.
Vor acht Jahren sah Tim sich dazu berufen, eine neue Gemeinde zu

gründen, die Menschen ein Umfeld bieten sollte, ehrlich zu sein und sich offen miteinander austauschen zu können – und tatsächlich, binnen kürzester Zeit kamen scharenweise junge Leute in den 20ern und 30ern in Tims Gemeinde. Als Alan vor einiger Zeit mit Tims Mitarbeitern sprach, fand er schnell heraus, dass diese es vor allem Tims Persönlichkeit zuschrieben, dass inzwischen jede Woche etwa 900 junge Erwachsene in die Gemeinde kamen. Alan fragte genauer nach, aber niemand antwortete, Tim habe einfach die richtigen Pläne, Visionen, Strategien oder Veranstaltungsideen gehabt. Vielmehr sprachen alle von Tims Persönlichkeit und seinem Selbstbewusstsein. Er verhielt sich zu anderen Menschen wie jemand, der völlig innerhalb der christlichen Erzählung lebt. Er gab bereitwillig zu, dass er bei Weitem nicht alle Antworten kannte, dass er aber gern dazu bereit war, mit anderen Menschen zusammenzuarbeiten, ihnen zuzuhören und gemeinsam Ideen zu entwickeln, welche Art von Gemeinde Gott aus ihnen machen wollte. Die jungen Menschen fühlten sich vor allem deswegen zur Gemeinde hingezogen, weil sie deutlich spürten, dass Tim ein höchst authentischer Leiter ist, der genau weiß, mit welchen Fragen und Herausforderungen sie sich in ihrem Leben herumschlagen. Tim ist dazu in der Lage, von seiner eigenen Reise zu berichten, ehrlich zu sein und sich offen und vor anderen mit seinen Fragen auseinanderzusetzen.

EIN GESUNDES SELBSTBEWUSSTSEIN HABEN. Wenn Bewusstsein der erste wichtige Schritt auf dem Weg zur Gestaltung einer missionalen Gemeinschaft ist, dann ist die Entwicklung des Selbstbewusstseins der Leitenden ein ganz entscheidender Punkt im gesamten Prozess. Im Modell missionalen Wandels verweist Bewusstsein auf den Bezug, den eine Gemeinde zu den Erzählungen hat, die ihr Identität verleihen. An dieser Stelle haben Leiter eine wichtige Funktion. Wenn sie selbst sich nicht die Zeit nehmen, um die Erzählungen ihres eigenen Lebens zu verstehen und in Worte zu fassen, so werden sie kaum dazu in der Lage sein, Erzählungen in ihrer Gemeinde zu kultivieren. Reife bedeutet hier, dass das Leben zu Gott hin gelebt wird, dem Gott, der die Erzählungen unseres Lebens schreibt.[32] Es bedeutet, sein Leben mitsamt seinen Schattenseiten Gott auszuliefern. Leitern, die diesen Weg nie gegangen sind, fehlen die Ressourcen und die Sicherheit, die nötig sind, um ein Umfeld des Bewusstseins in einer Gemeinde zu kultivieren.

An Chris lässt sich dieses Selbstbewusstsein gut illustrieren. Wir wissen genau, wie schnell wir uns dazu hinreißen lassen, uns auf Strategien zu verlassen, um Wachstum zu erreichen, oder auch wie gern wir genau solche Predigten halten, für die wir von der Gemeinde gelobt werden. Wir wissen auch, dass unser Engagement nicht selten daher rührt, dass wir Anerkennung suchen oder Kontrolle haben wollen. Fehlt uns ein gutes Selbstbewusstsein, sind wir uns womöglich wenig über diese Bedürfnisse im Klaren, die unser Handeln tatsächlich stärker antreiben, als wir uns oft eingestehen. Sich mit den eigenen Motiven auseinanderzusetzen, ist harte Arbeit und kann nicht schnell abgehakt werden.

Reife Leiter verfügen über genügend Selbstbewusstsein, um auch dann nicht aufzugeben, wenn schwierige Zeiten anstehen. Reife Leiter wissen um die Verquickung ihres eigenen Lebens mit ihrer Arbeit und können beides in Einklang miteinander bringen.

Wenn wir ehrlich sind, können die wenigsten von uns behaupten, dass wir unsere Reife voll entwickelt hätten. Dennoch müssen wir als Leiter, die wir unsere Gemeinden zu missionalen Gemeinschaften umgestalten wollen, kontinuierlich an unserem Selbstbewusstsein arbeiten, an unserer Authentizität sowie an unserer Fähigkeit, uns selbst und anderen gegenüber offen auftreten zu können. Dazu gehört, dass unsere Ich-Identität, der Platz, den unsere Berufung in unserem Leben einnimmt, und die Art und Weise, wie wir die Vorstellung der missionalen Bewegung in unserer Auseinandersetzung mit anderen ausleben, zueinanderpassen.

Unser Selbstbewusstsein ist auch entscheidend bei der Frage, wie wir mit Konflikten umgehen. Es mag ungewöhnlich erscheinen, an dieser Stelle vom Umgang mit Konflikten zu sprechen, weil uns das womöglich eher an eine konkrete Kompetenz erinnert, als an das, was wir unter Selbstbewusstsein verstehen. Nichtsdestotrotz machen wir immer wieder die Erfahrung, dass die Art und Weise, wie Leiter mit Konflikten umgehen, eng damit verbunden ist, wie reif sie sind und wie ausgeprägt ihr Selbstbewusstsein ist. In der Regel haben die Frauen und Männer in Gemeindeleitungen mit Konflikten in Form von Eheproblemen oder Streitigkeiten in der Gemeinde zu tun. Wie sie selbst sich aber zu solchen Konflikten verhalten, die gar nicht gelöst werden können, mit denen vielmehr gearbeitet werden muss, die fruchtbar gemacht werden müssen, das hat in den seltensten Fällen jemand gelernt. Wenn Leiter sich im Unklaren darüber sind, was Konflikte mit ihnen selbst machen, dann wird es ihnen sehr schwerfallen, sich mit den radikalen Veränderungen unserer Zeit angemessen auseinanderzusetzen.

Konfliktfähigkeit

Im Kontext missionalen Wandels stehen Leiter in einer hochgradig von Konflikten bedrohten Zone. Diese Zone ist eine Übergangszone – alte Gewohnheiten werden zunehmend überflüssig, während sich Neues erst noch entwickeln muss. In dieser nicht zu unterschätzenden Spannung ist es ganz selbstverständlich, dass Gruppen erhebliche Konflikte erleben. In jedem Veränderungsprozess sind Konflikte vorprogrammiert. Ob sie auftauchen oder nicht, steht also gar nicht zur Debatte. Vielmehr gilt die Frage, wie man sie interpretiert und wie man mit ihnen umgeht. Zu missionaler Leiterschaft gehört die Fähigkeit, die Konflikte im Kontext der Veränderungen zu verstehen, und zwar auf drei verschiedene Arten und Weisen.

JEDE VERÄNDERUNG GEHT MIT KONFLIKTEN EINHER. Pastoren tendieren in der Regel dazu, Dissonanzen so gering wie möglich zu halten; Konflikten gehen sie lieber aus dem Weg oder bringen sie schnell zu einem Ende. Mit dieser Einstellung kann man Veränderungen jedoch kaum selbst aktiv gestalten. Vielmehr sollte man Konflikte mutig angehen und sich und andere dazu ermutigen, die Spannung eine Weile auszuhalten, sodass man es schafft, sich mit wichtigen – aus der Spannung heraus entstehenden – Fragen zu beschäftigen, die uns auf eine Fährte bringen können, wie wir uns als Gottes Leute verstehen können.

So mit Konflikten umzugehen ist natürlich besonders für diejenigen von uns schwierig, die lange Zeit in Gemeinden verbracht haben, in denen Konflikte als etwas Negatives empfunden wurden. Tatsächlich hat es eine lange Tradition, jede Auseinandersetzung im Kern zu ersticken, um ja nicht wie die Welt zu erscheinen. Christen sollten anders sein – und sich ja nicht streiten. Aber wenn wir so denken, sitzen wir einem großen Irrtum auf. Das Zeugnis des Neuen Testaments über die ersten Christen („man soll sie daran erkennen, dass sie Liebe untereinander haben") spricht nämlich keineswegs von ständiger Harmonie und Eintracht. Diese Christen waren sich durchaus nicht immer einig, sie stritten zuweilen heftig über die Frage, wie Gemeinde aussehen sollte, sie trugen Konkurrenzkämpfe aus und waren manchmal sogar regelrecht machtgierig. Die Realität des Lebens hatte ihren Raum bei ihnen und wurde nicht unterdrückt. Gleichzeitig erlebten sie den Geist der Einheit unter ihnen – inmitten aller Konflikte. Sie pflegten ihre Liebe zueinander mitten im Durcheinander des Zusammenlebens. Mitten in diesen Spannungen und Turbulenzen entdeckten sie, was es heißt, als Gottes Gemeinschaft zu leben.

Missional Leitende können in ihrem Umgang mit Konflikten Vorbilder werden und auf genau diese Weise Veränderung voranbringen. Anstatt nur mit Konflikten sinnvoll umzugehen, gehört zu missionaler Leiterschaft mitunter sogar, Konflikte auszulösen und damit Fragen aufzuwerfen, alternative Gedanken zu ermöglichen und Neues daraus entstehen zu lassen. Missionale Leiterschaft bedeutet, die Realität von Konflikten zu akzeptieren und dem inneren Drang zu widerstehen, Konflikte um jeden Preis zu vermeiden.

WO KEIN KONFLIKT IST, IST KEINE BEWEGUNG. Bei einem Konflikt mit einem anderen entstehen in der Regel negative Gefühle. Diese können aber auch Energie freisetzen, um sich mit dem anderen und seinem Standpunkt auseinanderzusetzen, um so gemeinsam Lösungen zu entwickeln. Jeder Konflikt birgt dieses Potenzial. Wenn wir Konflikte zulassen und uns mit ihnen auseinandersetzen, dann können wir daran wachsen und unsere Beziehung zum anderen kann stärker werden. Konflikte positiv zu nutzen will jedoch gelernt sein. Die meisten von uns ziehen es vor, Konflikte zu vermeiden; wir lassen zu, dass sie uns verletzen und wir andere verletzen. Fred, ein Freund von uns, erinnert sich an einen komplizierten Konflikt mit einer seiner Mitarbeiterinnen. Dieser Konflikt belastete ihn derart, dass er heftigste Rückenschmerzen bekam; diese andere Person saß ihm – wie sein Schmerz – ständig im Rücken, und erst als der Konflikt gelöst war, löste sich auch der Schmerz.

Fred ist Psychologe und meint, wir unterschätzen den Einfluss, den Konflikte auf uns haben. Lang anhaltende, ungeklärte Spannungen können zu körperlichen Krankheitssymptomen führen, unsere Beziehungen belasten und letztlich das Leben ruinieren. Deswegen sind unsere Pastoren in der Regel so ausgebildet, dass sie Konflikte nach Möglichkeit so schnell wie möglich lösen. Auch in unserer Kultur und unseren Familien geht die Tendenz dahin, Konflikten aus dem Weg zu gehen, sie zu leugnen oder schnell unter den Teppich zu kehren. Entsprechend sind wir viel besser darin, Konflikte zu vermeiden und diejenigen abzulehnen, die nicht unserer Meinung sind, als Konflikte zuzulassen und uns mit ihnen auseinanderzusetzen.

ÜBUNG MACHT DEN MEISTER. Selbst wenn wir sämtliche Phasen, Schritte und Prozesse kennen, die bei Konfliktlösungen angewendet werden, müssen wir uns erst einmal auf Konflikte einlassen, um den Umgang damit zu üben. Es gibt sogar Frauen oder Männer in Leitungsposition, die erst einmal lernen müssen, dass ihre Art und Weise, mit Konflikten umzugehen, nicht nur ihrer Gemeinde, sondern auch ihnen selbst Schaden zufügt. Vor einer Weile haben wir mit einem Gemeindeleitungsteam gearbeitet, das ganz allgemein Probleme in diesem Bereich hatte, wie wir durch die Analyse zu Beginn unserer Zusammenarbeit feststellen konnten (vgl. Kapitel 11). Als wir diesen Punkt im Detail besprachen, fiel bei einer Pastorin der Groschen: „Soll das etwa heißen, dass ich die ganze Zeit den Kontakt mit bestimmten Menschen gemieden habe, Leute nicht zurückgerufen habe, von denen ich wusste, dass sie mit meiner Arbeit unzufrieden waren, dass ich übertrieben freundlich zu denen war, die ich eigentlich nicht ausstehen konnte ...", sie stockte kurz, „... dass ich ihnen und mir damit vielleicht gar keinen Gefallen getan habe, sondern sie – und mich! – verletzt habe? Und während ich die ganze Zeit dachte, ich lerne, mit Konflikten besser umzugehen, wurde ich immer schlechter darin?"

Die Antwort steckte schon in der Frage, diese Pastorin war absolut perplex. Noch am selben Tag rief sie eine ganze Reihe Personen an, denen sie bislang konsequent aus dem Weg gegangen war. Sie brauchte nicht mehr als ein paar Minuten intensiven Austausch über das Thema Konflikte und schon war alles auf den Kopf gestellt, was sie bislang dazu gedacht hatte und wie sie sich dazu verhalten hatte. Jerry ist ein Pastor, der in eine Gegend berufen wurde, in die immer mehr lateinamerikanische Arbeiterinnen und Arbeiter zogen, was kulturell bald auf allen Ebenen zu spüren war. Seine Gemeinde hatte eine lange Tradition und fast alle Mitglieder waren weiß. Das Berufungskomitee sowie der Gemeindevorstand erläuterten Jerry, dass sie Veränderungen umsetzen wollten und einen Leiter suchten, der ihnen dabei half, die lateinamerikanischen Menschen zu erreichen. Hochmotiviert fing Jerry an, Spanisch zu lernen; er verbrachte sogar einen ganzen Monat in Mexiko, um seine sprachlichen Fähigkeiten sowie seine kulturellen Einsichten zu vertiefen.

Nach nicht mal einem Jahr machten Gerüchte die Runde, dass die Gemeindeleitung mit Jerrys Arbeit unzufrieden war. Obwohl Jerry davon mitbekam, schenkte er dem Gerede keinen Glauben, schließlich machte er doch genau das, wozu man ihn angestellt hatte. Er machte also einfach so weiter bis bisher.

Aber die Spannungen nahmen zu; der Vorstand beriet sich mit einem Vertreter des Gemeindeverbands und zeigte Jerry die gelbe Karte. Man werde ihm kündigen, falls er nicht grundlegende Änderungen vornehmen würde. Als Jerry zu diesem Gespräch vorgeladen wurde, war dieser verwirrt, er wusste gar nicht mehr, wie er sich diese Situation erklären sollte. Allerdings hatte Jerry inzwischen einen treuen Unterstützerkreis in der Gemeinde, mit dem er viel Zeit verbrachte, um seine Arbeit zu besprechen und sich Hilfe zu holen.

In dieser Phase trafen wir Jerry zum ersten Mal bei einer Einkehrtagung für Pastoren und kamen prompt über seine unangenehme Gemeindesituation ins Gespräch. Es war schnell klar, dass Jerry sich immer mehr einigelte und sich nur noch mit denen in der Gemeinde befasste, die ihm wohlgesonnen waren und ihn ermutigten. Das Gespräch mit der Gemeindeleitung jedoch vermied er, wo immer er konnte. Um unsere Sicht zu illustrieren, zeichneten wir ein Bild, das Folgendes deutlich machte: Je mehr Jerry sich in seine sichere Umgebung zurückzog, desto größer wurde der Konflikt in der ganzen Gemeinde. Diese Perspektive war ganz neu für ihn und half ihm, die generelle Situation besser zu verstehen. Dabei war noch gar nicht die Rede gewesen von inhaltlichen Fragen seiner Arbeit. Wer hier recht hatte und wer nicht, spielte gar nicht die entscheidende Rolle. Was uns aber wichtig erschien, war Jerrys eigener Umgang mit dem Konflikt, der sich an seinem Verhalten zugespitzt hatte. Wir rieten ihm dazu, neue Wege auszuprobieren, mit dem Vorstand ins Gespräch zu kommen und auch auf andere Mitarbeiterinnen und Mitarbeiter zu hören. Gespräche, die man führt, um in erster Linie zuzuhören, erschienen uns als geeignete Maßnahme, um das zerrüttete Verhältnis wiederzubeleben. Und tatsächlich, Jerry setzte unsere Empfehlungen um und konnte nach einer Weile eine deutliche Verbesserung feststellen, was die Atmosphäre in der Gemeinde betraf.

Es erfordert Mut, Selbstbewusstsein, Reife und Verständnis dafür, die eigene Rolle in Konflikten zu entwickeln. Wenn man seine Gemeinde zur Auseinandersetzung mit Veränderungen bewegen möchte und der kontinuierlichen, missionalen Gestaltungsarbeit nachgeht, muss man häufig auch mutige Entscheidungen treffen.

Mut

Missionales Leiten ist nichts für Zimperliche. In einer Situation, in der eine Gemeinschaft Leitung braucht, um die gewohnten Praktiken und Vorstellungen zu hinterfragen und zukunftsfähig zu werden, erfordert es viel Mut, das Richtige zu tun, gerade wenn Spannungen auftauchen und die Beteiligten – vielleicht sogar man selbst – nervös werden. Als Mose sein Volk durch das Rote Meer führte, waren zunächst einmal alle restlos begeistert, dass es jemanden gab, der sie aus der Sklaverei befreit hatte. Aber es dauerte nicht lang, da war das Volk in der Wüste und musste feststellen, nicht für die Wüste gemacht zu sein – auf einmal erschien sogar Ägypten wieder als gar nicht so schlecht. Die Menschen wurden wütend und beschwerten sich, sie verlangten von Mose sogar, sie wieder zurück ins sichere Ägypten zu bringen. Mose hingegen bewies genügend Mut und Stärke, dem Druck nicht nachzugeben.

Pastoren, die die missionale Umgestaltung voranbringen wollen, benötigen eine Menge Mut und Stärke; es ist nicht einfach, Entscheidungen zu treffen, die die eigene Beliebtheit nicht gerade fördern! Eine lange Reise anzutreten und nicht frühzeitig wieder umzukehren, weil Schwierigkeiten auftreten oder weniger Menschen mitkommen, als man sich erhofft hatte, das schaffen nur die ganz Mutigen. In solchen schwierigen Zeiten bleibt einem nichts anderes übrig, als sich auf seine Grundwerte zu besinnen und seine Berufung nicht aus den Augen zu verlieren, auch wenn man sich damit keine Freude macht.

Diese Art von Mut ist vor allem dann unerlässlich, wenn eine Gemeinde begreift, dass es sich beim missionalen Wandel in keiner Weise um die schnelle, pragmatische Lösung eines kurzfristigen Problems handelt, dass es vielmehr um die langfristige Veränderung unseres Denkens geht. Mutig zu sein bedeutet aber nicht gleichzeitig, übermütig zu werden. Mit einer „Einfach-immer-drauflos"-Einstellung kommt eher mangelnde Reife als Mut zum Ausdruck. Mut kann manchmal auch bedeuten, dass man bereit ist, an sich selbst zu arbeiten und bestimmte Gewohnheiten einzuüben, bevor man mit einem Projekt loslegt.

Dieses Kapitel soll veranschaulichen, dass der Mut, den Leitende aufbringen, eine Voraussetzung dafür ist, ihre Leute sicher durch einen Veränderungsprozess zu führen. Dabei haben wir die Beobachtung gemacht, dass die meisten Leiter mutige Frauen und Männer sind; viele von ihnen müssen jedoch noch lernen, an welchen Stellen sie ihren Mut besonders einsetzen müssen. Beispielsweise hat Jerry Mut bewiesen, sich auf Neues einzulassen, indem er eine neue Sprache und Kultur lernte. Was die Konflikte mit seiner Gemeindeleitung betraf, verhielt Jerry sich hingegen sehr viel zurückhaltender, ja er entzog sich den Spannungen zunächst weitestgehend. Hier musste er allen Mut aufbringen, um seine Arbeit ruhen zu lassen und sich geduldig mit den aufgebrachten und verärgerten Menschen der Gemeindeleitung zu beschäftigen. Solchen Mut kann man lernen und entwickeln, das geschieht aber vor allem in der Praxis des Lebens, weniger in der Theorie.

Vertrauen bzw. Verlässlichkeit

Ohne Vertrauen kann es keine missionale Veränderung geben. Vertrauen ist die Voraussetzung dafür, dass Gemeinschaften auch in schwierigen Zeiten zusammenhalten und Schritte nach vorn wagen. Vertrauen erfordert eine hohe Übereinstimmung von Taten und Worten. Verlässlichkeit ist eng mit Reife verbunden; wer zuverlässig ist, zeigt ein hohes Maß an Beständigkeit und Authentizität; die Werte, nach denen man sein Verhalten richtet, wechseln nicht wöchentlich. Man kann sich auf sie und auf den anderen verlassen. Vertrauen basiert auf meinem konsequenten Verhalten, meinen Werten und Fähigkeiten; dabei müssen diese Bereiche übereinstimmen und eine auch für andere erkennbare Linie enthalten.

Dass Vertrauen notwendig ist, steht außer Frage. Im Kontext radikaler Veränderungen muss man mutig reagieren, Experimente wagen und sich auf Unbekanntes einlassen. Kaum einer wird sich von jemandem leiten lassen, dem man nicht zutraut, dass er selbst im Kontext radikaler Veränderungen die Grundbedürfnisse stillen kann. Vertrauen ist so etwas wie ein unsichtbarer Bund zwischen Leitenden und denen, die sich leiten lassen; dieser Bund beruht auf dem Bekenntnis der Leitenden zu denen, die sich ihrer Leitung anvertrauen, er macht den gemeinsamen Weg überhaupt erst möglich. Geht das Vertrauen verloren, ist es extrem schwierig, diesen Bund aufrechtzuerhalten bzw. wiederherzustellen.

Im Buch Hosea verwendet Gott eine sehr persönliche und sogar intime Sprache, um die Beziehung zu seinem Volk zu beschreiben. Diese Menschen sind für ihn nicht einfach nur ein „Projekt", sie sind sein Volk. Der Bund, den Leitende mit den Menschen aus ihren Gemeinden eingehen, muss sich an den Bund anlehnen, den Gott mit seinem Volk gemacht hat. Dieser Bund zeugt von Identität, Hingabe und Liebe und ist ein Bund des Vertrauens. Als missional Leitende führt man – wie Mose – Menschen voran an unbekannte Orte und muss seine Anpassungsfähigkeit, Risikobereitschaft sowie seinen Mut ständig unter Beweis stellen.

Vertrauen kann als zwischenmenschliches Barometer fungieren. Dabei wird Vertrauen nicht wie in Abbildung 7.1 auf einer Achse zwischen wenig und viel festgesetzt, sondern als Alternative zu Misstrauen betrachtet wie in Abbildung 7.2.

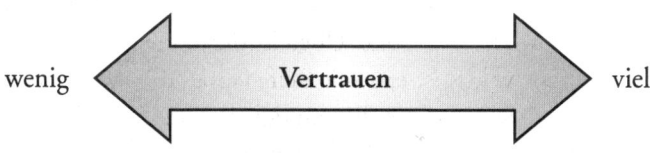

wenig   Vertrauen   viel

Abbildung 7.1: Vertrauen verorten (1)

Misstrauen   neutrales Moment   Vertrauen

Abbildung 7.2   Vertrauen verorten (2)

Je mehr mir Menschen misstrauen, sei es in Bezug auf meine Motivation, meine Absichten, meine Theologie, meine Fähigkeiten oder in Bezug auf das, was ich sage, desto mehr werden sie sich meinem Einfluss entziehen und sich gegen ihn schützen wollen. Sie werden auf der Hut sein vor mir und das, was ich sage und tue, infrage stellen, weil ich es bin, der es gesagt oder getan hat. Natürlich befürworte ich, dass man sich kritisch mit dem auseinandersetzt, was ich sage, und Vertrauen zu mir erst aufbauen muss. Gleichzeitig wird es schwierig, wenn an dem, was ich sage, gezweifelt wird, weil ich es bin, der oder die es sagt. In einer solchen Situation kann höchstens ein neutrales Moment in der zwischenmenschlichen Beziehung erreicht werden, nicht jedoch Vertrauen.

Eine Pastorin, die auf sich das 360°-Messinstrument angewendet hat, erreichte zu ihrem Leidwesen nur sehr wenige Punkte im Bereich Vertrauen. Sie war am Boden zerstört und wollte das Problem umgehend lösen. Am liebsten wäre ihr eine Zauberformel gewesen, um auf der Stelle Vertrauen zu gewinnen.

Wir berieten die bestürzte Pastorin dahingehend, eine mittelfristige Lösung anzustreben und erst einmal ein paar Monate darauf zu verwenden, sich bewusst zu werden, was bei anderen dieses Misstrauen auslöste. Unser Rat war, sich mit mindestens 20 Menschen zu treffen und ihnen zu sagen: „Ich merke, dass einige mir nicht vertrauen. Bitte sagt nicht, dass das nicht stimmt, nur um mir zu helfen! Ich bin fest davon überzeugt, dass ich vertrauenswürdig bin, aber es ist wohl offensichtlich so, dass ich bestimmte Dinge tue oder mich auf eine gewisse Weise verhalte, die dazu führen, dass ihr mir nicht vertraut und euch auf mich verlassen könnt. Deswegen bitte ich euch dringend, darüber nachzudenken, was das sein könnte. Wenn euch dazu etwas einfällt, möchte ich es wirklich unbedingt erfahren. Bitte habt keine Angst, mich zu verletzen. Diese Sache ist mir sehr wichtig und ich wäre euch sehr dankbar, wenn ihr mir dabei helfen würdet, ein besserer Mensch zu werden." Unsere Empfehlung an sie war, einfach zuzuhören und sich auf das einzulassen, was man ihr dazu sagen würde. Als Folge ihres mutigen Schrittes ergab sich eine Liste von unvorteilhaften Verhaltensweisen, über die sie gründlich reflektieren konnte. So konnte sie nachvollziehen, was andere ihr zu sagen hatten, sowie konkrete Veränderungen an ihrem Auftreten und ihrem Verhalten vornehmen.

Zusammenfassung

Dieses Kapitel hat die Rolle verdeutlicht, die die Persönlichkeit von Leitenden beim Gestalten missionalen Wandels in der Ortsgemeinde spielt. Die Beispiele von Leitern, die sich mit ihrem Selbstbewusstsein, ihrer Authentizität, Verlässlichkeit und Reife sowie ihrer Haltung zu Konflikten auseinandersetzen, verdeutlichen, dass klassische Leitungskompetenzen wichtig sind, aber bei Weitem nicht ausreichen. Der hier vorgestellte Prozess dauert ein Leben lang und nimmt Leitende als ganze Menschen in den Blick. Eine Pastorin aus Pennsylvania schrieb uns: „Das hat mein Leben verändert. Bislang habe ich mich vor allem mit strategischen Aspekten des Leitens beschäftigt; jetzt habe ich auch die ganz grundlegenden und wichtigen Bereiche des Leitens im Blick. Ich kann wohl ehrlich sagen, dass es meine Art zu leiten revolutioniert hat!"

Dies ist der Ausgangspunkt für das nächste Kapitel, in dem es um die wesentlichen Bereiche geht, in denen unsere Gemeindemitglieder für das missionale Leben befähigt werden müssen.

8. Die Gemeinde auf eine missionale Zukunft vorbereiten

Bill war seit fast einem Jahr Pastor in einer großen Gemeinde im Nordwesten, davor hatte er eine mittelgroße Gemeinde im Südosten gegründet und lange geleitet. Man kannte Bill als reifen, feinfühligen sowie starken Leiter; auch als Prediger war er überdurchschnittlich begabt und lehrte mit Vollmacht. Die Gemeindemitglieder ließen sich gern von ihm ansprechen und leiten. Nun hatte seine neue Gemeinde eine lange Tradition, ihre Pastoren waren ihr stets über viele Jahrzehnte treu geblieben, darauf war man in der Gemeinde sehr stolz. Aber bevor Bill kam, mehrten sich die Anzeichen dafür, dass bei vielen Gemeindegliedern die Luft raus war, dass das Gemeindeleben für sie seine Spritzigkeit verloren hatte und sie immer unzufriedener wurden.

Entsprechend erleichtert hatte die Gemeinde reagiert, als Bill voller Elan, mit vielen Ideen und großen Visionen in die Gemeinde kam. Sowohl der Vorstand als auch die Mitglieder der Gemeinde waren regelrecht begeistert, endlich wieder einen Leiter zu haben, der wusste, wo es langgeht und der der Gemeinde neues Leben einhauchen würde. Innerhalb weniger Monate hatte Bill einen Plan entwickelt, wie man die zugezogenen Familien der unmittelbaren Gemeindeumgebung würde erreichen können. Der Plan sah unter anderem vor, Teile des Gemeindegebäudes umzugestalten, die beiden Gottesdienste zu verändern und die Öffentlichkeitsarbeit anzupassen. Bills Plan basierte auf seiner Wachstumsstrategie und sollte schrittweise innerhalb der nächsten zwei Jahre umgesetzt werden. Immer wenn Bill mit dem Vorstand über seine Pläne sprach und der Gemeinde seine Ideen vorstellte, spürte man ihm seine Begeisterung ab; dass Bill von seinen Plänen restlos überzeugt war, war jedem klar. Mit seiner leidenschaftlichen und gleichzeitig präzisen sowie effektiven Art schaffte er es auch problemlos, andere davon zu überzeugen, sich auf die Veränderungen einzulassen. Sämtliche hauptamtlichen Mitarbeiter übernahmen ihre Rolle im neuen Entwurf, dazu kamen sogar noch neue Mitarbeiter, die Bill eigens für die Arbeit mit Kindern eingestellt hatte.

Um Bills Plänen offiziell grünes Licht zu geben, wurde eine Gemeindeversammlung einberufen, die dann auch den Start der ersten Phase der Wachstumsstrategie freigab. Die beiden Gottesdienste wurden sichtbar verändert und manche Gebäudeteile grundlegend umgebaut. Nach zehn Monaten jedoch war die Stimmung gekippt: Fast 20% der Gemeindemitglieder waren ausgetreten, es rumorte in allen Bereichen und Bills Leitungsstil wurde von kaum jemandem noch unkritisch gesehen. Es taten sich tiefe Gräben auf und von Einheit konnte bald nicht mehr die Rede sein. Bill war verzweifelt und konnte sich einfach nicht erklären, was geschehen war. Er fragte sich, ob es nicht für alle das Beste wäre, wenn er seine Kündigung einreichen und sich eine neue Gemeinde suchen würde.

Bills Erfahrungen waren heftig, aber bei Weitem nicht außergewöhnlich – ein hochtalentierter Leiter mit ausgeprägter charismatischer Persönlichkeit, der in seiner Gemeinde immer wieder in Auseinandersetzungen gerät, obwohl seinen Plänen doch auf sämtlichen Ebenen zugestimmt wurde!

Eine andere Geschichte als Kontrast dazu beleuchtet den springenden Punkt in Bills Situation. Als Mark mit seiner japanisch-amerikanischen Frau Nina und ihren beiden Söhnen in eine neue Stadt zog, um eine Dozentenstelle an einer theologischen Ausbildungsstätte anzutreten, wurden sie bald Mitglieder in einer japanischen Gemeinde in ihrer Nachbarschaft. Die Gemeinde bestand hauptsächlich aus älteren Mitgliedern und einigen wenigen jüngeren Familien. Die goldenen Jahre waren längst vorbei, die Kontakte außerhalb der Gemeinde waren dürftig und überhaupt schien unklar, wozu die Gemeindeglieder sich regelmäßig trafen. Mark und Nina begannen, sich an verschiedenen Stellen des Gemeindelebens einzubringen, sei es im Gottesdienst oder bei anderen Veranstaltungen. Viele setzten ihre Hoffnung auf diese dynamische Familie und wünschten sich, dass Mark als Theologieprofessor und Nina als Unternehmerin die Gemeinde anschieben und wieder auf die richtige Spur setzen würden.

Wie auch die Gemeinde in Bills Beispiel speiste sich die neu gewonnene Zuversicht der Gemeinde aus dem Enthusiasmus und den Fähigkeiten von Mark und Nina. Diese sollten die Gemeinde wieder zum Blühen bringen! Mark und Nina hingegen gingen mit dieser Erwartungshaltung ganz anders um als Bill. Anstatt eine große Vision und einen dazu passenden Plan zu entwickeln, trafen sie sich immer wieder zu Gesprächen mit den Gemeindemitgliedern, um zu hören, welche Erzählungen in deren Leben wichtig sind. Das kostete sie eine Menge Geduld und Zeit, weil die meisten sehr zögerlich waren, über sich selbst zu sprechen. Mit der Zeit aber kamen immer mehr Geschichten zum Vorschein, solche, die vom Ruhm der vergangenen Tage handelten, und solche, die eher Träume für die Zukunft waren. Es dauerte mehrere Jahre, bis die Menschen sich wieder mit den Erzählungen auseinandersetzten, die die Identität der Gemeinde lange ausgemacht hatten. Aus dieser Auseinandersetzung entwickelten sich Ideen für Experimente, auf die die Gemeinde sich einlassen könnte. Davon versprach man sich ein neues Verständnis von sich selbst und viel Aufschwung für das Gemeindeleben. Entgegen aller Erwartungen waren Mark und Nina ohne große 4-Jahrespläne oder kühne Visionen zur Gemeinde gekommen. Vielmehr setzten sie ihr Interesse an den Menschen und ihre Liebe für sie ein und nutzten ihre Fähigkeiten, um Hoffnung und neuen Mut zu kultivieren.

Erfahrungsgemäß trifft man sehr häufig auf Leiter wie Bill. Sie setzen auf ihre Persönlichkeit und ihre Fähigkeit, Visionen und Pläne zu formulieren. Leider fehlt ihnen häufig die Kompetenz, in erster Linie mit Menschen anstatt mit Plänen zu arbeiten. Menschen wie Bill gehen anscheinend davon aus, dass eine gute Vision und viel Elan automatisch dazu führen, dass Menschen sich gern leiten lassen. In der Vergangenheit traf dies auch häufig zu, heutzutage aber, in Zeiten radikaler Veränderungen, kann man davon nicht mehr ausgehen. Bill muss also lernen, was Mark und Nina aus anderen Kontexten bereits wussten: Eine Gemeinde zu beleben und missional zu gestalten ist primär eine Frage des Umgangs und der Arbeit mit Menschen, weniger eine Frage der richtigen Strategie. Die Energie und die

Vorstellungskraft für missionales Leben haben ihren Ursprung inmitten der Menschen, sie können nicht angeordnet werden.

Die Gestaltung missionaler Gemeinden kann nur so weit gehen, wie einzelne Menschen sich auf diesen missionalen Gestaltungsprozess einlassen. Viel zu lang schon waren Gemeindeleitende auf der Suche nach einer Strategie, einer Taktik oder einem Plan, um Ziel und Weg vorab festzulegen, die Menschen darauf einzustimmen und loszumarschieren. Hinter dieser manchmal obsessiven Suche steckt die Überzeugung, dass es beim Leiten nicht nur darum geht, die Vision von der bestmöglichen Zukunft zu malen und zu planen, sondern auch dafür zu sorgen, dass diese Pläne umgesetzt werden. Vor diesem Hintergrund kann man viel vom Dienen, Sorgen und Hirtesein sprechen, letztlich jedoch wird Leitung oft reduziert auf die Anwendung der richtigen Methoden. Es wird Kontrolle ausgeübt und mitunter manipuliert, so weit, dass Menschen nichts weiter sind als das Mittel zum Zweck der Leitenden.

Erleben Leitende radikale Veränderungen, müssen sie sich eingestehen, dass sie die Zukunft weder vorherbestimmen noch definieren können. Die Welt, in der wir es uns als Gemeinde lange gemütlich gemacht haben, gibt es nicht mehr. Die Fähigkeiten und Gewohnheiten, die sich in der Vergangenheit immer als nützlich erwiesen haben, sind heute kaum noch brauchbar. In der Zeit, in der wir uns aktuell befinden, wäre es vermessen, wenn wir meinen, wir wüssten, wie Gemeinden in ein paar Jahren aussehen werden. Aber wie kann dann Leitung aussehen? Gottes Zukunft ist unabhängig von unseren Plänen und Strategien. Gottes Zukunft nimmt Gestalt an inmitten von seinen Leuten. Hier entsteht sie, Gottes Zukunft. Auch jetzt gerade, sie erwächst aus dem, was jeder Einzelne von uns in der Gemeinde einbringen kann.

Für die Leiterschaft hat das eine Reihe von Folgen. Leitende sind zuallererst dazu berufen, mit Menschen zu arbeiten, Gemeinschaft zu kultivieren und zu verdeutlichen, dass Gottes Zukunft dort bereits angefangen hat. Michelangelo soll eines Tages dabei beobachtet worden sein, wie er einen großen Stein durch die Straßen von Florenz schob. Einige belustigte Bürger kommentierten seine offensichtliche

Strapaze und fragten ihn: „Was hast du mit diesem großen Stein zu schaffen, Michelangelo?" Seine Antwort war so einfach wie genial: „In diesem Stein steckt eine Person, die es gar nicht erwarten kann, endlich herauszukommen!"

Andere zu leiten ähnelt der Aufgabe eines Bildhauers. Es geht um die erstaunliche Erkenntnis, dass Gottes missionale Zukunft für die Gemeinde bereits in der Gemeinde lebt. Die Geburtsgeschichte von Jesus, die Niederkunft Marias und viele andere biblische Erzählungen zeugen davon, dass Gottes Zukunft meist bei denen beginnt, von denen wir es als Letztes erwarten – auch bei denen in unseren Gemeinden, die wir als unwichtig abstempeln. Es ist hier Aufgabe der Leitenden, die Gemeinschaft dieser Menschen so zu gestalten, dass Gottes Zukunft sichtbar werden kann. Dieser Gestaltungsprozess erfordert eine Reihe konkreter Fähigkeiten, die in der Arbeit mit Menschen zum Tragen kommen:

1. Die missionale Vorstellungskraft mitten unter den Menschen fördern.
2. Wachstum kultivieren, indem bestimmte Praktiken und Gewohnheiten christlichen Lebens eingeübt werden.
3. Menschen dazu befähigen, die vielen Veränderungen, mit denen sie konfrontiert sind, besser zu verstehen und sich sinnvoll mit ihnen auseinanderzusetzen.
4. Innerhalb der Gemeinde Interesse an offenen Gesprächen wecken sowie Experimentierfreude fördern.

Tabelle 8.1 veranschaulicht den Kontrast zwischen der Vorstellung, die viele Leiter von ihrer Rolle und Verantwortung haben, und der Vorstellung, dass die Gestaltung von menschlicher Gemeinschaft der primäre Fokus beim Leiten ist.

Tabelle 8.1 *Missionale Vorstellungskraft entwickeln*

Übliches Denken von Leitenden	Leitende, die ihre missionale Vorstellungskraft entwickeln
Man entwickelt Strategien, um die Gemeinde attraktiver zu machen und Wachstum voranzubringen. Diese müssen durch die Gemeindeversammlung abgesegnet werden.	Man schafft ein Umfeld für Dialoge und für das Aufeinanderhören. Die Erzählungen der Gemeindeglieder sind relevant, sie enthalten Erkenntnisse und Ideen für das missionale Leben.
Menschen *kommen* zur Gemeinde *hin*; das Gebäude ist der Mittelpunkt religiösen Lebens.	Gemeinde – das sind die Menschen, die sich miteinander (und) mit ihrem Kontext auseinandersetzen.
Die Menschen in der Gemeinde nehmen Predigten, Lehre und ein gewisses Zugehörigkeitsgefühl als religiösen Service und Dienstleistung in Empfang.	Menschen erlernen eine bestimmte Art zu leben.
Die Gemeinde richtet sich nach den Experten, die Konzepte entwickeln, die dann wiederum den Gemeindegliedern dienen sollen.	Die Gemeinde ist das Zentrum, in dem Menschen miteinander lernen und sich und ihre Fähigkeiten entwickeln können.

MISSIONALE VORSTELLUNGSKRAFT ENTFALTEN

Vorstellungskraft meint nicht Tagträumereien oder fantastische, irreale Ideen. In erster Linie geht es bei der Vorstellungskraft um die Fähigkeit, sich zu trauen, anders zu denken, als wir es gewohnt sind. Oder auch: andere Gedanken zu denken, nicht nur lineare, in Ursache-Wirkung-Schemata verstrickte, geordnete Gedanken. Es geht ums Denken, das kreativ ist, das intuitiv ist und das sich auch nicht von so etwas wie dem gesunden Menschenverstand bzw. vom weithin akzeptierten Wissen einengen lässt. Einstein hatte eine geniale Vorstellungskraft: Zu Beginn des 20. Jahrhunderts sprengte er die bis dahin glasklare Überzeugung, dass Zeit absolut sei. Picassos Kunst lädt uns ein, das Gewohnte aus vielen Perspektiven zu sehen – und zwar gleichzeitig! Als Karl Barth ungefähr zur gleichen Zeit seinen berühmten *Römerbrief Kommentar* schrieb, zeichnete er ein Bild von der Bedeutung vom Wort Gottes in der modernen Kultur, das gegen sämtliche Vorstellungen früherer Theologen ging. Stanley Hauerwas und William Willimon erreichten etwas ganz Ähnliches, als sie 1989 „Resident Aliens" („Sesshafte Fremde") schrieben, Brian McLaren mit seinen Büchern wie „Die geheime Botschaft von Jesus". Jeder von ihnen ist bemüht, eine neue Vorstellung zu beschreiben, die ein neues Feld besetzt, innerhalb dessen wir als Christen denken und handeln können.

Wir begegnen in biblischen Texten einer ungeheuerlichen Vorstellungskraft. Jesus benutzt Parabeln und Erzählungen, die die Menschen dazu bringen, die Realität aus ganz neuen Perspektiven zu betrachten. Durch diese neuen Betrachtungsweisen werden ganze Welten auf den Kopf gestellt! Die Geschichte vom Barmherzigen Samariter forderte die Zuhörer beispielsweise dazu heraus, Beziehungen, Pflichten und ethnische Unterschiede in einem völlig neuen Licht zu sehen. In dieser Geschichte wird deutlich, dass Gott sich nicht begrenzen lässt von unseren engen Vorstellungen, wer im Reich Gottes ist und wer nicht. Für jüdische Menschen muss es eine harte Nuss gewesen sein, diese Geschichte zu akzeptieren, da Samariter in ihren Augen betrügerische und geschmacklose Menschen waren, die nie und nimmer in den Genuss von Gottes Zuwendung kommen konnten. In Jesu Geschichte aber handelt der Samariter mit der Güte Gottes. Die Menschen, die Jesus zuhörten, mussten sich notgedrungen fragen: „Wenn so das Reich Gottes aussieht, was für ein Reich ist das denn?" Diese Frage wird immer drängender, z.B. wenn Jesus davon spricht, dass ein Kamel eher durch ein Nadelöhr passe, als dass ein Reicher ins Reich Gottes kommen könne. Wieder müssen die Zuhörenden sich fragen: „Was ist das nur für ein Reich?" Auf diese Weise schafft Jesus anhand von Geschichten und Parabeln einen Raum für seine Zuhörerinnen und Zuhörer, neue Vorstellungen vom Reich Gottes zu entwickeln.

Zum Kultivieren missionaler Vorstellungskraft gehört es auch,

der Gemeinde zu helfen, allzu bekannte Erzählungen und selbstver-
ständliche Situationen ganz neu zu hören bzw. wahrzunehmen. In
diese Richtung haben Mark und Nina in ihrer japanisch-amerikanischen Gemeinde gearbeitet. Sie ermunterten die älteren Gemeindemitglieder dazu, aus der Anfangszeit der Gemeinde zu erzählen. Geschichten aus der Zeit des Zweiten Weltkriegs kamen zum Vorschein,
Berichte aus der Gefangenschaft, aus der Nachkriegszeit, über den
Aufbau der Gemeinde. Viele jüngere Menschen hörten diese Geschichten – wie Mark und Nina – zum ersten Mal und wollten immer mehr hören. Aus dieser Offenheit und dem Erzählen entstand
ein neues Miteinander und gleichzeitig eine neue Perspektive auf die
Gemeinde als Gemeinschaft, als Ort des Zeugnisses und der Mission. Noch einmal: Es geht dabei nicht um die richtige Strategie oder
gute Pläne, sondern darum, sich als Gemeinde mit den biblischen
Erzählungen auseinanderzusetzen, um so die eigene Welt und Wirklichkeit durch neue Perspektiven neu betrachten zu können.

Seine Vorstellungskraft entwickeln heißt auch, fähig zu sein, sich
mit dem zu befassen, was noch nicht ist, was aber allein durch die
Beschäftigung damit hervorgerufen werden kann. Durch unsere
Vorstellungskraft haben wir Zugang zu dem, was uns normalerweise
verborgen bleibt. Beispielsweise kann in einer brüchigen Übergangszeit die Zukunft nicht zuverlässig geplant, ausgearbeitet und kontrol-
liert werden. Sie ist aber dennoch – mitten unter den Menschen – am
Entstehen; Leitende müssen es daher verstehen, die missionale Vorstellungskraft zu kultivieren, die eine Kraft *ist* und Kraft *hat*, etwas
hervorzurufen. Das ist weitaus mehr, als den Menschen die „richtigen
Gedanken" nahezulegen. Wäre das alles, würde ein bisschen Fortbil-
dung über didaktisch gute Predigten und Lehre genügen. Eine Vorstellungskraft zu kultivieren heißt aber, die Menschen dazu zu befähigen, sich auf biblische Erzählungen beziehen zu können und biblische Erzählungen auf sich zu beziehen, sodass greifbar wird, was
Gott mitten unter ihnen bereits tut. Genau dies geschieht in den biblischen Erzählungen aus dem Exil. Nachdem das Volk Gottes aus
Jerusalem nach Babylon geführt wird, klagen und betrauern sie ihren
riesigen Verlust. Erstaunlich aber ist, was in der fremden babyloni-

schen Welt geschieht – in der kein Jude sich je hätte vorstellen können zu leben: Die für Israel konstitutiven Erzählungen werden wie-
derentdeckt, und damit einher geht eine neue Vorstellung davon, was
es heißt, Gottes Volk zu sein. Dieser schmerzhafte Prozess war notwendig, damit Israel einen Begriff davon bekommt, welche Zukunft
Gott für sie im Blick hat.

Solche Exilerfahrungen werden auch heute immer wieder gemacht. Sandy arbeitet seit Langem als Pastor in einer ländlichen Gegend in Kalifornien. Hier gibt es in jedem Dorf eine Gemeinde, das
Gemeindeleben ist an das Landleben optimal angepasst. Auch Sandy
passt gut zur Gegend und zu seinen Leuten; wie die meisten hat auch
er einen großen Garten, in dem er eigenes Gemüse und frisches Obst
anbaut. In dieser Gegend wachsen die leckersten Tomaten wie Un-
kraut, so fruchtbar ist die Erde, und so zuverlässig scheint die Sonne.
Leider wächst nur das Gemüse so gut, das Wachstum der Gemeinde
lässt im Vergleich zu wünschen übrig. Zudem herrscht seit einiger
Zeit eine gewisse Unruhe in den Gemeinden. Immer mehr Menschen
ziehen fort, diejenigen, die neu in die Gegend ziehen, ersetzen aber
die Fortgezogenen nicht einfach, sie kommen häufig aus Mexiko und
gründen eigene Gemeinden und Gemeinschaften. Das lässt viele Alt-
eingesessene ratlos zurück – man war an Wachstum gewöhnt, sei es
durch Geburten oder durch Zugezogene. Jetzt aber sah man sich
konfrontiert mit fremden Menschen, die ihre eigenen Gottesdienste
feierten, die zudem noch ganz anders waren als das, was man kannte!
Sandys Gemeinde fühlte sich zunehmend wie im Exil.

Wenn Sandy darüber spricht, wird deutlich, dass es für die Gemeinde nicht einfach ist, sich mit diesen Veränderungen zu arrangieren. Er geht gegen die Angst und Sorge der Gemeindeglieder jedoch
nicht an, indem er so tut, als kenne er die Lösung, die alles wieder ins
Lot bringen könnte. Stattdessen arbeitet er weiter ganz unspektakulär mit seinen Leuten, kommt mit ihnen ins Gespräch, hört ihnen zu
und bringt die Erzählungen der Menschen in Verbindung mit einigen der biblischen Erzählungen, die wir auch in diesem Buch besprochen haben. Ganz allmählich – es braucht einfach seine Zeit – beginnen die Menschen in der Gemeinde, neue Fragen zu stellen und neue

Perspektiven zu entwickeln für das, was Gott in ihrer Umgebung tut und für ihre Rolle inmitten aller Veränderungen. Auf diese Fragen gibt es keine schnellen Antworten, schon gar keine strategischen. Diese Fragen werden gestellt von Menschen, die – inmitten ihrer Erfahrungen von Verlust und Exil – sich auf ganz neue Weise als Gottes Leute begreifen lernen.

Leitende können die missionale Vorstellungskraft kultivieren, indem sie den kollektiven Erzählungen zuhören und sich mit den Ängsten und Sorgen, aber auch mit den Träumen ihrer Gemeindemitglieder auseinandersetzen. Indem sie dann den Bezug zu biblischen Erzählungen schaffen, laden sie dazu ein, sich selbst neue Fragen zu stellen und die eigene Rolle neu zu interpretieren. Dieses Kultivieren braucht Zeit, weil es weniger ein Gemeindeprogramm ist als eine Art, Gemeinde zu sein. Diese Art, Gemeinde zu leben, muss über Jahre hinweg gelernt und eingeübt werden, was nicht bedeutet, dass ganz lange gar nichts passiert. Aber Zuhören, Gespräche und den Bezug herstellen zwischen persönlichen und biblischen Erzählungen ist nicht etwas, das man innerhalb weniger Monate „erledigen" könnte.

Alan hat einen solchen Prozess einmal über längere Zeit begleitet; mit acht Frauen und Männern traf er sich einmal wöchentlich, um sich im Zuhören und in der Gesprächsführung zu üben. Nach einem gemeinsamen Abendessen tauschten sie sich über seine Erfahrungen aus, insbesondere in Bezug auf die Frage, wie Veränderungen erlebt werden. Sie lasen die Bibel und erzählten von sich selbst. Es dauerte etwa ein Jahr, bis die Erkenntnis durchdrang, dass Gott tatsächlich mitten unter ihnen ist. In der Bibel lasen sie vor allem Texte, in denen Jesus über das Reich Gottes spricht. Alle Beteiligten einigten sich darauf, jeden Tag einige ganz einfache Übungen zu befolgen, wie beispielsweise Gebet, Bibellese, Stille. Nach mehreren Monaten bemerkten einige, wie sie durch bestimmte Hoffnungen und Träume in ihren Erzählungen auf Bereiche aufmerksam wurden, in denen sie ein Zeugnis für Gott sein könnten, Bereiche, über die sie nie vorher nachgedacht hatten. Mit der Zeit wurde ihnen auch bewusst, dass Schwierigkeiten nicht gelöst werden müssen, indem der Gemeindevorstand oder ein Pastor bzw. eine Pastorin ein Konzept vorlegen, das sämtliche Fragen berücksichtigt, sondern dass sie selbst die Quelle aller Ressourcen und Antworten unter sich haben, dass sie selbst es sind, die das Zeugnis und die Mission der Gemeinde gestalten.

Von dieser Art des Kultivierens hatte Alan einige Jahre zuvor erfahren. Die Gemeinde, deren Pastor er war, wuchs und gedieh prächtig, sodass andere in Leitungsposition ihn einluden, darüber zu sprechen, wie solches Wachstum auch in ihren Gemeinden erreicht werden könne. Alan sagte zu, war sich aber gleichzeitig unsicher, was er eigentlich zu sagen hatte; er hatte eher das Gefühl, dass er gar nichts Besonderes machte. Schließlich brachten die Menschen in der Gemeinde mit ihrem Einfallsreichtum und ihrem Enthusiasmus die Gemeinde nach vorn, was also sollte er den anderen Pastorinnen und Pastoren sagen? Irgendwann fiel ihm auf, dass er durchaus seinen Beitrag zur Kreativität und Initiativkraft der Gemeinde leistete und zwar indem er

- Bilder malte von den verschiedenen möglichen Bedeutungen des Reiches Gottes im Kontext der Gemeinde.
- Raum schaffte, damit andere Neues ausprobieren und Experimente wagen konnten.
- selbst bei Experimenten mitmachte, ohne vorzugeben, wo es langgeht.
- kleine Gruppen zusammenstellte, die in Nachbarschaften verankert waren und in denen es um das Einüben grundlegender christlicher Praktiken ging.
- immer wieder verdeutlichte, dass eine Vorstellung von Gott auch dann vermittelt wird, wenn man ganz einfache und normale Beziehungen zu anderen Menschen, z.B. seinen Nachbarn, eingeht, ohne diese auf irgendeine Weise manipulieren oder bekehren zu wollen.

Es gibt zahlreiche Menschen in dieser Gemeinde, die irgendwann dazugestoßen waren, weil sie merkten, dass hier ihre Fantasie, ihre Gaben und Träume willkommen geheißen und ermutigt wurden. Es

gab weder einen 5-Jahres-Plan noch eine 3-Jahres-Strategie. Der Plan
sah so aus, dass man Menschen einladen wollte, die Praktiken christlichen Lebens zu erlernen, einander zuzuhören, über biblische Erzählungen ins Gespräch zu kommen und zu überlegen, was diese für
unseren Kontext bedeuten, und als Folge auch neue Ideen auszuprobieren. Diese Arbeit kann nicht als Zusatz zu einer Strategie betrachtet werden. Die missionale Vorstellungskraft von Gottes Leuten zu
kultivieren, ist die Kernstrategie.

Um nicht falsch verstanden zu werden: Missionale Leiterschaft
bedeutet nicht, die konventionelle Art an der einen oder anderen
Stelle nachzubessern. Immer wenn wir Leitung so beschreiben, erleben wir heftigen Widerstand von Leitern, egal ob jung oder alt. Viele
Leiter befürchten, gekündigt zu werden, sollten sie versuchen, so zu
leiten; schließlich erwarten ihre Gemeinden eine starke Leiterin bzw.
einen starken Leiter, der genau weiß, wo es langgeht. In solchen Fällen wäre es natürlich nicht besonders klug, plötzlich einen anderen
Leitungsstil an den Tag zu legen. Solche Leitende müssen erst einmal
so weitermachen wie bisher, können aber an der einen oder anderen
Stelle kleine Experimente wagen, um einen missionalen Leitungsstil
auszuprobieren bzw. zu entwickeln.

Es gibt aber auch Leitende, die sich gar nicht vorstellen können,
dass sie keine Strategie für Wachstum, keinen Plan für die Öffentlichkeitsarbeit der Gemeinde zu haben brauchen. Mit solchen Frauen
und Männern kann man sich nur sehr schwer darüber auseinandersetzen, weil sie stark davon überzeugt sind, dass Leiten notwendigerweise einen Plan, eine Richtung und Kontrolle voraussetzt. Diese
Überzeugung hält sich hartnäckig in unseren Gemeinden. Für viele
Leitende ist es dann eine Entlastung, wenn sie merken, dass die Veränderungen nicht bedeuten müssen, dass ihre Gemeinden sich von
jetzt auf gleich um 180° drehen müssen, sondern dass es viele kleine
Schritte und Experimente sind, die auch langfristig Veränderung
bringen. Bei Konferenzen erleben wir es nicht selten, dass Leiter auf
uns zukommen und uns davon berichten, wie diese Art zu leiten dazu
geführt hat, dass sie sich wieder viel stärker mit ihrer Arbeit identifi-
zieren können und dass ihnen endlich die schwere Last von den

Schultern gefallen ist, ein übermenschlicher Leiter bzw. eine über alles erhabene Leiterin zu sein.

Bei dieser Art des Leitens geht es um missionalen Tatendrang. Entsprechend laden Leitende jedes Gemeindeglied dazu ein, seine missionale Berufung neu zu entdecken und sich – in der Auseinandersetzung mit der eigenen Vorstellungskraft – neu darauf einzulassen.

WACHSTUM KULTIVIEREN

Das Wort *kultivieren* stammt aus dem Gartenbau und beschreibt die Arbeit mit Pflanzen im Garten. Heute verwenden wir das Wort vor allem metaphorisch; unter Kultivieren verstehen wir dabei weniger etwas Mechanisches oder Taktisches, sondern vielmehr etwas Organisches. Beim Kultivieren eines Gartens setzen wir voraus, dass wir über das Leben und den Sinn einer jeden Pflanze keine Kontrolle oder Macht haben. Wir kultivieren die Pflanze, indem wir mit ihr inmitten von Wachstumsprozessen arbeiten. Wir sorgen für den richtigen Boden, wir stellen sicher, dass die Pflanze ausreichend Wasser bekommt und vor zu viel Sonne oder Kälte geschützt ist. Wenn wir Leiten im Sinne von Kultivieren verstehen, dann bedeutet das für uns als Leitende, dass wir für das richtige Umfeld sorgen, in dem die missionale Vorstellungskraft der Menschen aufkeimen und in der Gemeinschaft erblühen kann. Einige der folgenden Illustrationen verdeutlichen, wie ein solches Umfeld kultiviert werden kann.

Wenn man üblicherweise von Wachstum spricht, dann meint man entweder a) persönliche, innere Reife, b) die Entdeckung und den Einsatz von Gaben in der Mission bzw. sonstigen Diensten oder c) einen quantitativen Zuwachs der Gemeindemitglieder. Wachstum kultivieren, wie wir es verstehen, geht über diese Kategorien hinaus. Es bedeutet auch, Menschen zu helfen, weiter zu denken, als sie es bislang gewohnt sind, und alternative Vorstellungen vom christlichen Leben und der Gemeinde zuzulassen. Inmitten von radikalen Veränderungen sind die Menschen richtig gefordert, sie müssen sich irgendwie zu den Veränderungen verhalten. Viele wollen die Veränderungen lieber anhalten und zum stabilen, altbekannten Status quo zurückkehren. Hier entsteht unweigerlich eine Spannung, denn den Status quo gibt es nicht mehr! Wachstum zu kultivieren heißt, diese Spannung auszuhalten. Wachstum zu kultivieren heißt hier auch, neue Praktiken christlichen Lebens einzuführen, die zunächst ungewohnt erscheinen und mit dem, was lange Zeit für normales christliches Leben gehalten wurde, nicht viel zu tun zu haben scheinen.

Wachstum zu kultivieren erfordert auch, das Leben durch die Einübung ganz bestimmter Gewohnheiten und Praktiken zu gestalten. Welcher Art sind diese Gewohnheiten und Praktiken und wie können Leitende diese vermitteln?

Diese Frage schreit eigentlich nach einem weiteren Buch. Die wichtigsten Praktiken missionalen Lebens sollen im Folgenden dennoch kurz angesprochen werden; dabei ist die Auflistung nicht als komplett zu betrachten. Anbetung oder das Feiern des Abendmahls zum Beispiel sind ganz zentrale Praktiken, will man ein missionales Umfeld gestalten.

Um es kurz zu machen: Leitende entwickeln diese Gewohnheiten, indem sie Teil einer Gruppe von Leitern werden, die sich gemeinsam auf den Weg machen, diese Praktiken und Übungen selbst zu lernen, und sich gegenseitig darüber Rechenschaft geben. Das ist die absolute Grundvoraussetzung dafür, dass Leitende andere überhaupt mit auf diesen Weg nehmen können.

Zum Sinn dieser Praktiken

Diese Praktiken auszuüben ergibt auf zweierlei Weise Sinn. Zum einen müssen wir einige der Gewohnheiten und Praktiken *wieder* erlernen, die Christen über Jahrhunderte hinweg entwickelt haben, um ihre christliche Identität zu kultivieren. Diese Praktiken sind größtenteils vergessen worden oder fristen ein Schattendasein in christlichen Kreisen. Wir merken jedoch mehr und mehr, dass sie uns bitter fehlen und dass wir sie brauchen, um uns als Christen zu entwickeln.

Zum anderen decken diese Praktiken andere Gewohnheiten auf, die uns und unser christliches Leben tatsächlich prägen und zwar oft nicht zum Guten! Darin wird auch die Weisheit dieser Praktiken offenbar, dass sie uns aufzeigen, wo wir noch in alten Verhaltensweisen gefangen sind, die uns hindern, unser Potenzial als Christen voll zu entfalten. Die Praktiken können also dabei helfen, ein Umfeld zu kultivieren, in dem wir lernen und alternative Vorstellungen von uns als Gottes Leuten entwickeln können. Es folgen einige dieser Praktiken.

Das Stundengebet

Monastische Gemeinschaften haben sich um einen bestimmten Rhythmus des Lebens herum entwickelt, das Stundengebet genannt wird. Zu ganz bestimmten Zeiten des Tages läutete die Glocke, um alle aus ihren jeweiligen Beschäftigungen heraus in die Gemeinschaft zu rufen; man hielt kurz inne, las die Bibel und sprach ein Gebet. Dieser tägliche Rhythmus prägte die Lebensweise der Menschen, weil sie kontinuierlich daran erinnert wurden, dass ihr Leben sowie ihre Treue allein Gott gehörten.

Warum ist das Stundengebet so wichtig für missionale Gestaltung? Es schafft einen Kontext, damit zwei entscheidende Dinge passieren: Zum einen wird man mehrmals täglich daran erinnert, dass das Leben ein Geschenk Gottes ist und gleichzeitig Gott gehört. Diese kontinuierliche Vorstellung prägt, wir gewinnen ein tiefes Verständnis von der Gnade sowie dem Geschenk und der Einsicht, dass wir das Leben nicht selbst hervorbringen können oder müssen. Das Leben soll vielmehr in Dankbarkeit angenommen sowie in der Gegenwart Gottes und für andere Menschen gelebt werden. Das ist das komplette Gegenteil eines auf sich selbst ausgerichteten Lebens, in dem es nur darum geht, zu bekommen, zu nehmen und zu behalten.

Das Stundengebet macht uns zweitens regelmäßig bewusst, wie sehr wir uns oft von anderen Dingen vereinnahmen lassen, wie schnell bestimmte Ansprüche und negative Erzählungen in unserem Leben und dem der Gemeinschaft überhandnehmen und uns nicht im Sinne des Evangeliums prägen. Deswegen wird die Gemeinde im Neuen Testament auch als vom Kreuz geprägt beschrieben – sie ist auf einer Reise, die einen hohen Preis gekostet hat. Das Kreuz – nicht die vielen verschiedenen Erzählungen unserer Gesellschaft – muss die Grundlage für Jüngerschaft sein. Wenn wir regelmäßig innehalten, erinnern wir uns an die wirklich wichtigen, entscheidenden Dinge im Leben und können unseren Fokus wieder auf das richten, was uns als Gemeinschaft am wichtigsten ist: die Herrlichkeit Jesu Christi.

Wie aber kann das Stundengebet ganz praktisch aussehen, wenn man nicht gerade in einem Kloster lebt oder leben möchte? Wir sind es gewöhnt, beruflich alles zu geben und in jedem Bereich unseres Lebens hohen Ansprüchen gerecht zu werden, unseren eigenen und denen unserer Kultur. In unserem Leben haben wir also in der Regel mehr als genug Anforderungen, die wir erfüllen müssen; oft widersprechen sich diese Ansprüche sogar, sodass wir in ständiger Spannung leben. Je nach Situation füllen wir verschiedene Rollen aus und müssen sämtlichen, teils unvereinbaren Anforderungen gerecht werden und für das nötige Gleichgewicht sorgen.[33] Das ist gleichwohl kein Argument für den Rückzug aus dieser Welt in kleine, klosterähnliche Gemeinschaften. Für manche mag dies eine Option sein; das Stundengebet, wie es hier beschrieben wird, gehört jedoch zur Einübung von geistlichen Praktiken in der Gemeinde.

Das Leitungsteam einer bestimmten Gemeinde fing an, diese Ideen zunächst in ihrem kleinen Kreis mit ein paar Mitarbeiterinnen und Mitarbeitern durchzuführen. Bei einer ganzen Reihe von ihnen wuchs das Bewusstsein, wie stark sie in ihrer hektischen Betriebsamkeit verhaftet waren und wie wenig Raum ihnen in der Regel blieb, um sich in Stille und im Zuhören zu üben. Sie einigten sich darauf, mehrmals am Tag zu vorher festgelegten Zeiten ihre Arbeit kurz zu unterbrechen, um die Bibel zu lesen und ein Gebet zu sprechen. Dazu benutzten sie ein Buch[34], das für jeden Tag der Woche einen unterschiedlichen Bereich des christlichen Lebens behandelte (Auferstehung, Schöpfung, Inkarnation, Geist, Gemeinschaft und Kreuz). Jeder Tag war unterteilt in vier kurze liturgische Einheiten, die jeweils dem Gebet und dem Wort Gottes gewidmet waren. Man einigte sich darauf, jeden Tag zwei dieser Einheiten zu praktizieren, ganz gleich, ob alle zusammen waren oder nicht. Zu vorher vereinbarten

Zeiten ließen sie – egal, wo sie gerade waren – ihre Arbeit ruhen und konzentrierten sich auf einen biblischen Text sowie das Gebet. In der Anfangsphase dieses Experiments machte sich rasch Euphorie breit; der neue Rhythmus fühlte sich abenteuerlich und gut an. Jeder hatte den Eindruck, dass das Leben sehr viel reicher wurde und eine sinnvolle Struktur erhielt.

Allerdings geschah in den folgenden Monaten auch noch etwas anderes: Die Zeiten, die zum kollektiven Innehalten vereinbart waren, gingen im Trubel des Alltags zunehmend unter; es wurde immer schwerer, diese einfache Übung konsequent zu befolgen. An dieser Stelle hatten sie alle die Chance, wahrzunehmen, wie schwer es uns in unserer gegenwärtigen Kultur fällt, unser Leben auf eine alternative Erzählung zu bauen. Die anfängliche Euphorie tatsächlich in die Praxis umzusetzen, erweist sich also als eine massive Herausforderung.

Ist man sich erst einmal bewusst, wie komplex die Umsetzung grundlegender Überzeugungen ist, lassen sich vielfältige Fragen stellen, die sich mit den Mechanismen befassen, durch die unser Leben im Wesentlichen geprägt wird und die unser Leben bestimmen, weil sie ihm Sinn verleihen. Warum ist es so, dass wir vollends von einem Kontext absorbiert werden, in dem uns die Geschäftigkeit und das Getöse des Alltags derart bestimmen, dass wir uns regelrecht wie der sprichwörtliche Hamster im Laufrad fühlen? In unseren Gemeinden ist die Mehrheit der Menschen zutiefst verunsichert, was ihre Zukunft betrifft, und oft besorgniserregend erschöpft durch ihre Arbeit. Die technologischen Entwicklungen bedeuten nämlich nur in den seltensten Fällen eine Entlastung; sie sorgen vielmehr dafür, dass unsere Arbeit nicht länger einen Anfang und ein Ende hat, sondern dass wir rund um die Uhr auf Abruf sind.

An welchen Stellen können wir uns von alternativen Vorstellungen, von alternativen Erzählungen prägen lassen? Gibt es einen anderen Lebensrhythmus, der eine Gegenerzählung zu dieser dominanten Vorstellung vom Leben darstellt? Was tun wir, wenn wir erkennen, dass unser Leben entgegen unserer größten Sehnsucht von Vorstellungen geprägt ist, die dem von Jesus verkündeten Reich Gottes komplett widersprechen? Das Stundengebet zu praktizieren, ist im Rahmen unserer Kultur etwas geradezu Umwälzendes. Es geht auf genau diese Fragen ein, ohne Schuldgefühle heraufzubeschwören. Tauchen solche dennoch auf, hat man die Gnade und die Ziele nicht verstanden, um die es beim Stundengebet geht. Wenn wir uns aber ganz darauf einlassen, lernen wir gleichzeitig, der Herausforderung zu begegnen, in unserer heutigen Kultur ekklesiale Gemeinschaften zu gestalten.

Gastfreundschaft üben

Gastfreundschaft ist ein uralter kirchlicher Brauch, dessen Sinn fast gänzlich in Vergessenheit geraten ist. Will man ein missionales Umfeld kultivieren, muss man sie wieder ins Leben rufen. Dabei darf Gastfreundschaft keinesfalls als Strategie zur Evangelisation missverstanden werden. Gastfreundschaft bedeutet vielmehr, Fremde[35] aufrichtig und unvoreingenommen willkommen zu heißen, inklusive allem, was Gastfreundschaft in antiken, nahöstlichen Kulturen mit sich brachte. Heutzutage können auch die Nachbarn in der Wohnung unter uns solche Fremden sein, die Witwe, deren Kinder weit weg wohnen, oder aber die vielen jungen Menschen, die sich nach Austausch und Anerkennung von älteren Menschen sehnen. In einer in höchstem Maße individualisierten Kultur leben immer mehr Menschen isoliert und abgeschottet, sodass auch Nachbarn einander Fremde sein können.

Gastfreundschaft – als zutiefst christliche Übung – stellt in unserer Kultur, in der Menschen selbst in ihrer unmittelbaren Nachbarschaft fremd und einsam bleiben können, eine alternative Handlungsweise dar. Besonders deswegen, weil wir es in unserer Kultur gewöhnt sind, als Objekte wahrgenommen zu werden, die durch ihr Konsumverhalten entscheidend für das Wohlergehen unser Wirtschaft sind; als solche sind wir für andere interessant. Wer kennt sie nicht, die Umfragen, die Bonuspunkteprogramme, die Marktforschungsanalysen, die alle nur darauf aus sind, uns als Konsumenten wahrzunehmen. Unsere Vorlieben, unser Kaufverhalten und wir selbst werden als Objekte missbraucht und gewissermaßen gleichsam als Ware gesehen. Erfahrungen dieser Art lassen uns Fremden gegen-über schnell mit Skepsis begegnen, wir reagieren zurückhaltend auf Menschen mit anderem ethnischen Hintergrund als unserem eige-nen, weil sie in unserer Kultur stets als potenzielle Gefahr und Bedro-hung wahrgenommen werden. Die Moderne selbst ist ein Kind des Argwohns, und wir sind darauf trainiert, Menschen gegenüber vor-sichtig zu sein, die nicht aus unserem kleinen Kreis auserwählter Freunde kommen.

In unserer Gesellschaft ist es in weiten Teilen so, dass Menschen einander kaum noch kennen. Wir finden immer mehr Wege, um uns von anderen abzugrenzen, und meinen, uns damit zu schützen, ob-wohl unser Leben so immer brüchiger wird. Das Evangelium lädt uns Christen dazu ein, uns mit unserem Misstrauen und unserer Angst auseinanderzusetzen und eine andere Lebensweise zu finden. Menschen sehnen sich danach, aufgenommen und willkommen ge-heißen zu werden – sie haben einen großen Hunger nach Anerken-nung und Wertschätzung und leiden darunter, dass sich unser kultu-reller Kontext in die entgegengesetzte Richtung bewegt. Vor diesem Hintergrund ist Gastfreundschaft gegenüber Fremden ein revolutio-närer Ausdruck des Entgegenhaltens. In der Bibel lesen wir, dass es eines Tages keine Fremden mehr geben wird und das Bild, das be-nutzt wird, um Gottes Erlösung zu veranschaulichen, zeigt eine riesi-ge Festtafel, zu der Gott alle einlädt, auch die Fremden: „Alle, die nicht zu Gottes Volk gehörten, sollen sich an den Tisch des Lebens setzen." Dieses Bild wirkt überraschend entwaffnend. Scheinbar wer-den an die geladenen Gäste keine Bedingungen gestellt oder Absich-ten formuliert, was aus den Gästen möglichst werden sollte. Gast-freundschaft ist eine Weise, die eschatologische Zukunft jetzt schon auszuleben, indem wir Fremde als Ehrengäste an unseren Tisch bit-ten. In den Erzählungen der Bibel gebraucht Jesus Fremden, die den Glaubenden die Fremdheit und die Besonderheit der Wahrheit nä-herbringen. Sich ängstlich von Fremden fernzuhalten, indem man sich in ganz bestimmte Wohnviertel zurückzieht, ist gleichbedeutend mit dem Errichten einer Mauer gegen die Möglichkeiten, der provo-kativen Wirklichkeit von Gottes Wahrheit zu begegnen.

Für die Gestaltung eines missionalen Umfelds ist das Ausüben von Gastfreundschaft ein zentrales Anliegen. Angehörige einer missionalen Gemeinschaft sollten einen Abend im Monat freihalten, um jemand Fremdes zu sich nach Hause einzuladen. Diese Person könnte eine Nachbarin oder ein Bekannter sein. Wichtig ist, dass man jemanden einlädt, der nicht in die Gemeinde geht oder mit dem man befreundet ist. Das könnte eine Kollegin sein, die Eltern eines Kindes, mit dem die eigenen Kinder in die Schule gehen, oder jemand aus dem Sportverein. In unserer Gesellschaft ist man Fremden gegenüber derart reserviert, dass es ein zu großer erster Schritt wäre, jemanden von weit außerhalb unseres Bekanntenkreises einzuladen. Wir laden andere ein, um Fremde als Gäste zu behandeln, um die gütige Freundlichkeit Gottes zu erleben.

Warum ist ausgerechnet Gastfreundschaft eine so wichtige Übung? Wenn wir Gastfreundschaft üben, sind wir dazu angehalten, unseren betriebsamen routinemäßigen Alltag zu unterbrechen, um unsere Aufmerksamkeit einer fremden Person zu schenken, ganz allein um der fremden Person willen. Diese eigentlich ganz einfache Übung führt dazu, dass wir im positiven Sinne Störer werden, d.h., dass wir uns den kulturellen Erwartungen entgegenstellen und uns selbst auch irritieren lassen durch das, was dann geschehen kann. Wir werden mit der Erkenntnis konfrontiert, dass unser Leben von Kräften bestimmt wird, die wir uns in den seltensten Fällen selbst ausgesucht haben und die diesem beziehungs*reichen* Leben im Wege stehen. Fremden Menschen einen herzlichen und freundlichen Tisch zu bereiten darf nicht darauf hinauslaufen, sie bekehren zu wollen; vielmehr soll ein Raum geschaffen werden, um zuzuhören – mehr nicht. Gastfreundschaft in ihrer schönsten Form kann man im Mittleren Osten antreffen, wo das ungeschriebene Gesetz gilt, dass Fremde zum Essen eingeladen werden, sie Ruhe und Versorgung finden sollen und man sie erst nach drei Tagen fragt, welches Anliegen sie haben. Welch ein großes Geschenk wäre das für die Menschen heute! Wenn man Gastfreundschaft auf diese Weise praktizieren würde, würde dies zu gewaltigen Veränderungen in den meisten Gemeinden führen.

Wenn sich die Mitglieder einer Gemeinde in Gastfreundschaft üben, könnten sie sich darüber austauschen, wie es sich anfühlt, Fremde aufzunehmen. In der ersten Zeit empfinden sie diese Übung möglicherweise als Zumutung oder zumindest als eine schwere Bürde, schließlich ist ihr Leben schon stressig genug. Das ist Teil des ganz natürlichen Prozesses, uns unserer eigenen Gefangenheit bewusst zu werden und die kulturellen Lügen aufzudecken über das vermeintlich Wichtige und Zentrale. Mit unserer Offenheit fremden Menschen gegenüber wächst auch unsere Offenheit, uns auf das Evangelium des Reiches Gottes mehr und mehr einzulassen.

Worum geht es eigentlich letzten Endes, wenn wir Fremde willkommen heißen? Im Neuen Testament lesen wir von der eindrücklichen Begegnung zwischen Jesus und zwei verzweifelten ängstlichen Jüngern, kurz nach Jesu Kreuzigung und Auferstehung. Sie sind unterwegs, zurück auf dem Weg in ihr früheres Leben. Nach der Hinrichtung von Jesus haben sie sämtliche Hoffnung verloren; ihre Welt ist völlig in sich zusammengefallen. Dann begegnen sie diesem Fremden, der mit ihnen geht. Erstaunt, dass er scheinbar nichts von dem kürzlich Geschehenen gehört hat, berichten sie ihm vom Grund ihrer Trauer. Zutiefst mit sich selbst beschäftigt, bemerken sie gar nicht, wer da mit ihnen geht, nicht einmal, nachdem er von Hoffnung und Zuversicht spricht und ihnen die Verheißungen der Schriften aufzeigt. Als die Nacht hereinbricht, laden sie ihn ganz selbstverständlich ein, mit ihnen zu essen. In ihrer kleinen Runde sitzen sie gemeinsam am Tisch. Da nimmt der Fremde das Brot und bricht es und auf einmal erkennen sie, wer da mit ihnen am Tisch sitzt. Die wahre Identität des Fremden wird erst offenbar, als sie gemeinsam am Tisch sitzen und miteinander essen.

In der Gemeinschaft mit Menschen aus unserer Nachbarschaft bzw. unserer Stadt lernen wir sie erst richtig kennen; wenn wir gastfreundlich sind und andere einladen, mit uns an unserem Tisch zu sitzen, können wir erfahren, wie es ist, wenn Neues entsteht, wenn unsere Kultur sich verändert, nur weil wir uns verändern.

Die Übung des Lernens

In unseren Gemeinden sind mehr und mehr Menschen, denen die christliche Geschichte weitgehend unbekannt ist. Deshalb ist es wichtig, zu einer Gemeinschaft von Lernenden zu werden.

Ein Mann war schon seit drei Jahren Mitglied in seiner Gemeinde, als er nach einem Gottesdienst seinem Freund davon erzählte, dass er gerade die beste Predigt seines Lebens gehört hatte. Auf die Frage, warum dies so sei, antwortete er, dass er sich vorher nie bewusst war, dass die Apostelgeschichte erst geschrieben wurde, als Paulus längst tot war. Das mag uns trivial erscheinen, ist aber ein Zeichen dafür, dass uns oft die Zusammenhänge und Hintergründe der biblischen Geschichte nicht klar sind.

Gemeinden müssen zu Lerngemeinschaften werden; wir müssen in unseren Gemeinden missionale Praktiken des Lernens verankern und uns auf den Weg gemeinsamen Lernens machen.

Das gemeinsame Lernen soll Gemeinden nicht zusätzlich belasten oder ihnen einen weiteren Satz frommer Pflichten auferlegen; vielmehr sollen sie ein Umfeld ermöglichen, in dem Menschen sich entwickeln und dem Reich Gottes gemäß geprägt werden können. Das, was Römer 12 impliziert – die Umgestaltung des Selbst getreu des Reiches Gottes –, kann ganz praktisch umgesetzt werden. Diese Umsetzung erfordert allerdings Zeit, die Praktiken müssen erlernt und entwickelt werden. Entsprechend sollten die Menschen bezüglich dieser zu einem Lernprozess eingeladen werden. Dazu sind Zeit und Geduld notwendig. Wenn sie sich auf diesen Prozess einlassen und sich kontinuierlich mit den verschiedenen Praktiken auseinandersetzen, gewinnen missionale Gemeinschaften an geistlicher Gestalt.

Veränderung ermöglichen

Wie im Laufe des Buches bereits mehrmals beschrieben wurde, sehen sich die meisten Gemeinden mit radikalen, unvorhersehbaren und in hohem Maße herausfordernden Veränderungen konfrontiert. Wir leben in einer Zeit, in der es unmöglich ist, mit Sicherheit zu sagen, wie die Zukunft aussehen wird. Wenn nun Frauen und Männer in Leitungsposition meinen, sie könnten mit diesem Wandel umgehen, indem sie einfach eine Zukunft ausmalen, die den Menschen behagt, und entsprechende Pläne entwerfen, um diese zu erreichen, dann werden sie mit Sicherheit keine missionalen Gemeinschaften schaffen. Sie verhindern damit lediglich, dass Gemeinden sich mit dem radikalen Wandel, der sie umgibt, auseinandersetzen.

Inmitten von Veränderungen gute Leitungsstrukturen entwickeln hat Ähnlichkeiten mit dem Gestalten einer intakten Ehe. Stabile Ehen entstehen dort, wo zwei Persönlichkeiten unentwegt den Konflikten, Unterschieden und Veränderungen, die in einer Ehe zwangsläufig entstehen, proaktiv begegnen. In einer guten Ehe entschließen sich beide Partner dazu, den Schwierigkeiten und der damit verbundenen Arbeit nicht aus dem Wege zu gehen, sondern sich aktiv damit auseinanderzusetzen. Wenn wir missionale Leiter sein wollen, müssen wir Veränderungsprozesse verstehen, die sich im Kontext radikalen Wandels vollziehen. Wir müssen den Unterschied zwischen der Veränderung selbst und der Übergangsphase kennen. Veränderung ist eine Konstante in unserem Leben und unserer Arbeit, sie wirkt von außen auf uns ein und wir haben sie in der Regel kaum unter Kontrolle.

Steven arbeitet in seiner Gemeinde ehrenamtlich und hat vor einer Weile eine Veranstaltungsreihe ins Leben gerufen. Vor ein paar Tagen hat der Gemeindepastor mit ihm gesprochen und angekündigt, dass die Reihe nicht weiter fortgeführt werden könne und zu einem Ende gebracht werden müsse, der Gemeindevorstand habe gerade darüber entschieden. Steven war zutiefst enttäuscht und verärgert. Er hatte zwar Verständnis dafür, dass Kürzungen in der Gemeinde auch ihn und seine Arbeit betreffen konnten. Nur stand er jetzt vor der Herausforderung, diese Entscheidung seinen Mitarbeiterinnen und Mitarbeitern zu vermitteln. Er hatte den Eindruck, der Pastor würde sämtliche Entscheidungen allein treffen und erwarten, dass alle anderen die Änderungen einfach nur abnicken.

Stevens Reaktion veranschaulicht das, was wir die *Übergangsphase* nennen. Er reagiert auf eine bestimmte Weise auf die Veränderungen, die von außen kommen und ihn in die Pflicht nehmen. Will man auf gute Weise missional leiten, so muss man sowohl mit Veränderungen als auch mit der Phase des Übergangs umzugehen wissen. Alan machte eine ähnliche Erfahrung in einer großen Gemeinde, deren Leitung ihn gebeten hatte, sie in ihrem Veränderungsprozess zu begleiten. Das Leitungsteam beschrieb ihm ausführlich, was sie bereits alles unternommen hatten, um der Gemeinde die nötigen Veränderungen nahezubringen und sie von der Notwendigkeit der einzelnen, bereits ausgearbeiteten Schritte zu überzeugen. Allerdings sah man sich einem gewissen Widerstand seitens der Gemeindeglieder ausgesetzt, was die Leitung ratlos machte. Einer der ehrenamtlichen Mitarbeiter nahm Alan bei einer günstigen Gelegenheit zur Seite und sagte: „Natürlich haben wir eine Menge Wandel erfahren und müssen uns darauf unsererseits einstellen, das sehen auch alle ein. Aber diese Veränderungen sind immer dargestellt, dass sie uns von oben – von der Leitung vorgegeben werden und von uns ausgeführt werden müssen. Uns wird immer nur gesagt, wie die Veränderungen aussehen sollen und was wir tun sollen. Die ganze Kommunikation besteht doch eigentlich nur aus Ankündigungen, Listen und Powerpoint-Präsentationen, durch die wir erfahren, was andere längst entschieden haben. Viele von uns haben die Nase wirklich voll, wir sind stinksauer!"

Als Alan im Leitungskreis von diesem Gespräch berichtete, reagierten alle erstaunt und manche auch ein wenig verletzt. Geschockt wussten sie zunächst gar nicht, was sie sagen sollten, bis einer der Pastoren meinte:„Ich glaube, da ist was dran. Genau so sind wir vorgegangen; ich denke, wir haben an der Stelle tatsächlich Fehler gemacht." Im Team entstand ein Gespräch: Jemand meinte, sie habe schon länger das Gefühl gehabt, dass es an dieser Stelle Probleme geben könnte; allerdings hatten alle so euphorisch an den Plänen gearbeitet, dass sie nicht wusste, wie sie ihre Unsicherheit ausdrücken konnte. Schließlich beschloss man, ein großes Treffen mit den ehrenamtlichen Mitarbeitern einzuberufen; hier machte die Leitung klar, dass sie die Kritik ernst nahm. Man entschuldigte sich für die ungeschickte Vorgehensweise. Dieses Treffen veränderte alles: Die Atmosphäre entkrampfte sich, die Ehrenamtlichen fühlten sich erleichtert und man konnte wieder zusammen lachen und entspannt miteinander umgehen. Vor allem aber entdeckte das Leitungsteam, wie viel Potenzial darin steckte, wenn auch die ehrenamtlichen Mitarbeiter mit auf die Reise genommen werden, Veränderungsprozesse zu *gestalten* und nicht bloß Vorgaben von oben auszuführen.

Wie Gemeindemitglieder innerlich auf Veränderungen reagieren, ist entscheidend für die ganze Gemeinde. Wie wir die Übergangsphase gestalten, ist ganz wesentlich für unseren Umgang mit den Veränderungen. Für Leiter ist nicht so sehr der Wandel an sich herausfordernd, sondern die Frage nach dem Umgang damit. Wir alle reagieren auf die eine oder andere Weise auf den Wandel. Unsere Reaktionen sind in der Regel rationalen Überlegungen geschuldet, gehen jedoch darüber hinaus viel tiefer: Sie sprechen unser innerstes Selbst an, all das, was uns prägt. Aus diesem Grund müssen wir dem Umgang mit dem Wandel Zeit einräumen und aufmerksam sein gegenüber dem, was die Menschen bewegt, die von den Veränderungen betroffen sind. Das bedeutet keinesfalls, dass Leiten in Zeiten des Wandels nicht länger relevant sei, vielmehr bedeutet es, dabei nicht aus den Augen zu verlieren, wie es den Menschen mit dem Wandel sowie dem Umgang damit geht.

Als eine große Gemeinde eine Konferenz zum Thema „Kirche für Kirchenferne" veranstaltete, machte sich aus einer anderen Gemeinde eine ganze Gruppe ehrenamtlicher Mitarbeiterinnen und Mitarbeiter auf den Weg, um auf dieser Konferenz gemeinsam über dieses Thema nachzudenken. Dort erfuhren sie, wie wichtig ein großes Foyer für ein Gemeindehaus sei, vielleicht sogar wichtiger als der Gottesdienstraum selbst. Einer der ehrenamtlichen Mitarbeiter war Architekt und fing sofort Feuer für diese Idee. Kaum war die ganze Gruppe heimgekehrt, hatte er ein paar grandiose Ideen entwickelt, wie all die Anregungen in ihrer Gemeinde umzusetzen seien. Bei einem Treffen mit dem Gemeindevorstand besprachen sie seine Idee: Man müsste für ein größeres Foyer einen Teil vom Gottesdienstraum abtrennen. Aber das war für niemanden ein Problem, alle waren restlos begeistert. Bis es darum ging, seinen Entwurf bei der nächsten Gemeindeversammlung vorzustellen.

Mit einem Enthusiasmus, den man sonst eigentlich nur von Evangelisationspredigern kennt, präsentierte er seine Idee und zeigte auf, wie sich das Gemeindegebäude verändern würde. Auf einmal entstand eine merkwürdige Spannung im Raum, und noch bevor die Präsentation beendet war, standen das Unbehagen und die Gereiztheit der Menschen im Raum. Kaum hatte der Architekt sich wieder hingesetzt, waren die Ersten auf den Beinen, um sich zu wehren. Ein junger Mann, der kreativ, innovativ und meistens leicht für neue Ideen zu gewinnen war, platzte heraus: „Was fällt dir ein, solche Pläne zu machen? Ich bin seit über zehn Jahren Mitglied dieser Gemeinde, hier habe ich geheiratet und träume seitdem davon, wie es ist, wenn meine Kinder in diesen Räumen einmal heiraten. Und jetzt kommst du und willst alles kaputt machen!" Diese Reaktion war nicht rational, sie war ein emotionaler Ausbruch eines Mannes, der sich gerade mit Veränderungen konfrontiert sah.

Die wenigsten Leiter, die Veränderungen in Gemeinden voranbringen wollen, wissen, wie sie dieses Thema – den Umgang mit Veränderungen – behandeln sollen. Aus diesem Grund scheitern auch so viele daran, wirkliche Veränderungen zu vollziehen. Leiter, die missionalen Wandel voranbringen wollen, müssen den eigenen Umgang damit erlernen. Im Falle des Architekten und seines Entwurfs für das Gemeindegebäude reagierte die Gemeindeleitung weise. Als sie von den energischen Gegenstimmen und den Einwänden hörte, ahnte sie, dass dem Ärger andere Probleme zugrunde lagen, und legte das Projekt auf Eis. Obwohl dies für den Architekten selbst nicht einfach war, entschied die Gemeindeleitung, ein weiteres Treffen einzuberufen, um diesen anderen Problemen auf den Grund zu gehen. Sie erkannten an, dass es einen Unterschied gibt zwischen Veränderungen und dem notwendigen Übergangsprozess, und wollten dies auch ernst nehmen.

Es dauerte nicht lange, bis sie merkten, was los war. Die meisten sympathisierten mit dem Mann, der davon träumte, dass seine Kinder einst in denselben Räumen heiraten würden wie er selbst. Man kam zu dem Schluss, dass es besser sei, vorerst im Leitungskreis auf Entscheidungen über die Umgestaltung zu verzichten und es nicht zu einer Abstimmung kommen zu lassen. Stattdessen konzentrierte man sich darauf, Bilder bzw. Vorstellungen zu entwickeln und zu vermitteln, wohin es mit der Gemeinde gehen könnte, um so bald wie möglich – und auf verschiedenste Art und Weise – sämtliche Mitglieder miteinander ins Gespräch zu bringen.

Als Resultat dieses Prozesses stellte sich bald heraus, dass die Menschen in der Gemeinde keineswegs verschlossen oder gleichgültig waren, wenn es um die Frage ging, wie man – auch auf neuen Wegen – die Gemeinde offener für andere gestalten könne. Allerdings brauchten sie Zeit, um sich mit den neuen Ideen anzufreunden und sich ihrer Gefühle dem gegenüber selber bewusst zu werden. Was sie nicht brauchten, waren Ideen von außen bzw. von oben, die ihnen einfach vorgesetzt werden. Im Laufe vieler Gespräche stellte sich heraus, dass die Menschen in der Gemeinde selbst eine Menge Ideen hatten, wie sie ihre Gemeinschaft so gestalten könnten, dass andere Menschen sich willkommen geheißen und wohlfühlen können. Letztlich bekam der Leitungskreis nicht die schicke Lounge mit Sofas und einer Espressobar, die sie sich gewünscht hatten. Stattdessen entstand bei den Gemeindemitgliedern aber eine offene und neugierige Haltung, die sich darin ausdrückte, dass kontinuierlich und mit viel Fantasie danach gefragt wurde, wie man ein ansprechendes und einladendes Umfeld für andere Menschen gestalten könne.

Aktionsteams gründen

Wenn es nun nicht die Aufgabe von Leitenden ist, für ihre Gemeinden umfassende Pläne und ausgeklügelte Strategien zu entwerfen, um sie in die wohl definierte und vorab bestimmte Zukunft zu führen, was sollen sie dann tun? Wie sollen sie in einer Zeit leiten, in der es keine klaren Vorstellungen darüber gibt, wohin es geht, wie Gott sich genau die Gemeinde vorgestellt hat in ihrem spezifischen Kontext? Die Antwort lautet: Neben dem Fördern einer missionalen Vorstellungskraft und der Unterstützung im Wachstum bedeutet Leiten auch, andere Menschen zu befähigen, zu beraten und es ihnen zu ermöglichen, sich in festen Aktionsteams zusammenzutun. Diese

Teams sollen keine Interessensgruppen sein, die eine bestimmte Position vertreten und dafür kämpfen. Noch müssen sie notwendigerweise mit den traditionellen Kleingruppen oder Hauskreisen übereinstimmen. Wenn eine Gemeinde sich mit Fragen bezüglich ihrer Rolle, der Mission, der sozialen und wirtschaftlichen Lage der Stadt, etc. beschäftigt, ist es wichtig, dass Leitende Möglichkeiten und Raum schaffen, sodass die Gemeindeglieder miteinander ins Gespräch über diese Themen kommen können. Das kann u.a. durch solche Praktiken geschehen, die in diesem Kapitel bereits angesprochen wurden. Möglicherweise erfährt jemand aus der Gemeindeleitung, dass mehrere Menschen in der Gemeinde über dasselbe Thema nachdenken oder ähnliche Vorstellungen davon haben, wie die Gemeinde sich in der Stadt engagieren kann. Alan hat das in einer seiner Gemeinden erlebt: Als er von mehreren Menschen hörte, die über die Möglichkeit nachdachten, das Gemeindehaus einmal die Woche für ein gemeinsames Abendessen mit den bedürftigen Menschen in der Umgebung zu nutzen, brachte er sie zusammen, sodass sie gemeinsam Pläne entwickeln konnten. Dieses Team war weder ein gewähltes Komitee noch ein traditioneller Hauskreis, sondern sie trafen sich, weil sie ähnliche Gedanken hatten, ohne jedoch ein klares Bild vor Augen zu haben, was aus ihren Ideen werden würde. Das Schöne daran ist, dass diese Gruppe sich wohl nie zufällig zusammengefunden hätte, noch wären sie einfach aus Sympathie zusammengekommen oder weil sie dieselbe Kleingruppe besuchten; dafür waren sie alle viel zu unterschiedlich.

Nach einigen Überlegungen und Planungen begannen sie ihr Projekt und kochten jeden Donnerstagabend ein Abendessen für viele Gäste. Als sich dieser Abend nach einer Weile etabliert hatte, war das Gemeindehaus regelmäßig voll mit Leuten aus der Stadt und der unmittelbaren Nachbarschaft. Arme und Reiche kamen zusammen, saßen gemeinsam an kleinen Tischen, freuten sich am leckeren Essen und erzählten sich gegenseitig aus ihrem Leben.

Dieses Projekt lief über mehrere Monate und führte zu neuen Überlegungen – wieder bei einer Reihe von Menschen, die sich vorher größtenteils gar nicht kannten bzw. kaum einen Bezug zueinander hatten. Die meisten waren auf irgendeine Weise unzufrieden damit, den Bedürftigen einfach nur Essen zu geben; das konnte doch nicht alles sein? Was könnte denn eine Gemeinde für diese Menschen noch tun? Alan nahm diese Fragen wahr; aber anstatt selbst Antworten darauf zu finden und in Pläne umzusetzen, brachte er die Menschen zusammen, die sich mit dieser Problematik beschäftigten. Innerhalb weniger Wochen stellte dieses Aktionsteam fest, dass unter ihnen Menschen waren, die sich in ihren Begabungen derart ergänzten, dass ganze neue, vorher ungeahnte Ideen entstanden, was gemeinsam für die Armen ihrer Stadt erreicht werden könnte. Eine dieser Ideen war, der Stadt alte Häuser abzukaufen und sie gemeinsam mit arbeitslosen Menschen der Stadt umzubauen, um insbesondere den älteren unter den Hilfebedürftigen ein gutes Zuhause zu ermöglichen. Obwohl dies gar nicht primäres Ziel dieses Projektes war, sind einige der hier Beteiligten allmählich Teil der Gemeinde geworden.

Alan berücksichtigte viele der in diesem Buch dargestellten Prinzipien und schenkte allen Diskussionen in der Gemeinde seine ganze Aufmerksamkeit, sodass er erkennen konnte, wenn ein bestimmtes Thema mehrere Menschen gleichermaßen beschäftigte. Diese konnte Alan dann zusammenbringen und sie dazu ermutigen, gemeinsam ins Gespräch zu kommen, um herauszufinden, wozu der Geist Gottes sie womöglich rief. Auf diese Weise können solche Aktionsteams Mission ins Leben rufen. Das geschieht allerdings nicht immer. Manche dieser Gruppen werden einfach nur zu Unterstützerkreisen, die anderen Aktionsteams dienen. Andere hingegen lösen Bewegungen aus, die sie nie vorher geahnt hätten, und werden Zeugen davon, wie durch den Geist und durch die Menschen Mission entsteht.

Jeder einzelne Faktor, der in diesem Kapitel beschrieben wurde, veranschaulicht, wie Leitende ihre Energie und ihre Fähigkeiten dafür einsetzen können, das Leben in der Gemeinde und damit auch das Leben der Menschen zu prägen und zu gestalten. Diese Arbeit hat gar nichts mehr damit zu tun, Gemeindebetrieb zu organisieren oder die Zusammenarbeit mit den Menschen in der Gemeinde darauf zu beschränken, sie auf Mitarbeiterlisten einzutragen und Arbeitsaufträge zu vergeben. Die Aufgabe der Leitung ist es vielmehr, Offenheit und Freiräume zu schaffen, neue Gedanken und Gespräche zu ermöglichen sowie die Vorstellungskraft der Menschen zu fördern.

9. Das Umfeld und die Kultur missional gestalten

Ein gutes Beispiel für eine Gemeinde, die keine Kosten und Mühen gescheut hat, eine missionale Gemeindekultur zu gestalten, ist die Southside Community Church in Vancouver, Kanada. Diese Gemeinde versteht sich als Dach für eine wachsende Zahl von missionalen Gemeinschaften, die sich auf den Großraum Vancouver verteilen. Dieses Prinzip ist bewusst gewählt, um sicherzustellen, dass Gemeinde immer als eine Gemeinschaft vor Ort präsent ist und wahrgenommen werden kann, nicht etwa als ein riesiger Komplex am Rande der Stadt, zu dem sämtliche Besucher aus den entlegensten Stadtteilen Sonntag für Sonntag fahren. Im Gegenteil: Jedes Gemeindeglied wohnt ganz in der Nähe von einem Treffpunkt einer Gemeinschaft. Diese teilen sich eine Leitung, die wiederum dafür zuständig ist, jeder einzelnen Gemeinschaft und Gruppe die besten Hilfen und die nötigen Ressourcen zur Verfügung zu stellen, um ihren Aufgaben vor Ort gerecht werden zu können. Die Southside-Gemeinde hat sogar ein gemeinschaftliches Budget, sodass die gemeinsamen Mittel allen Gemeinschaften zu Verfügung stehen.

Dieses Beispiel illustriert auf wunderbare Weise, wie eine Gemeinde ihrer Kultur rund um ihre Vorstellungen von stadtteilorientierter, missionaler Arbeit Gestalt geben kann. Direkt in den jeweiligen Nachbarschaften zu wohnen und involviert zu sein, lag der Southside-Gemeinde von Anfang an am Herzen; die Idee, als Gemeinschaft Teil des unmittelbaren Viertels zu sein, lag der Entwicklung also in jeder Beziehung zugrunde. Die Gemeindeglieder lassen sich bewusst darauf ein, sich besonders für die Menschen zu engagieren, in deren Nähe sie leben. Manchmal kommen ganz wunderbare Christen in diese Gemeinschaften und bleiben nicht lange, weil ihnen die Bereitschaft fehlt, sich für die Menschen in ihrer unmittelbaren Umgebung einzusetzen.

Die Gemeinschaften, die die Southside-Gemeinde ausmachen, sind sehr unterschiedlich; je nach Stadtteil, in dem sie sich befinden, sind ihre Zusammensetzung sowie ihr Stil ganz verschieden. Das kann dazu führen, dass man als Mitglied einer Gemeinschaft eine andere womöglich befremdlich findet. Wenn man sich aber auf die Gemeinschaft einlässt, in deren Nähe man wohnt, und sich – verpflichtet, sich in der Gemeinschaft für andere einzusetzen, so tun die Leitenden alles dafür, dass man sich in der Gemeinschaft schnell wohlfühlt. So wird ein missionales Umfeld geschaffen. Missional Leitende schaffen in und mit ihren Gemeinschaften als Organismen den Rahmen für missionales Leben.

Das erfordert die Fähigkeit, eine allgemeine (Organisations-) Struktur in der Gemeinde aufzubauen. Die Southside-Gemeinde setzt dies vorbildlich um und wird Zeuge davon, wie Menschen aus den Stadtvierteln aufgrund der Arbeit der Stadtteilgemeinden scharenweise zu Christus kommen und das Jüngerschaftsprogramm der Gemeinde durchlaufen.

Das Beispiel der Southside-Gemeinde

Die Southside-Gemeinde veranschaulicht, wie wichtig es ist, die Gemeindekultur missional zu gestalten. Die Herausforderung allerdings besteht darin, auch neue Mitglieder in die missionale Vorstellungskraft mitzunehmen, ohne dass grundlegende Werte oder Verpflichtungen verwässert werden. Das ist eins der größten Probleme, mit der die Gemeinde zu kämpfen hat; viele neue Mitglieder haben wenig Verständnis für die Gemeindekultur, sodass schnell die Tendenz entsteht zu versuchen, sie so zu verändern, dass in erster Linie die eigenen Bedürfnisse befriedigt werden. Die Southside-Gemeinde wirkt dem entgegen, indem neue Leute schnell in das Leben und die Arbeit der Gemeinde integriert werden und es eine konsequente Vermittlung missionaler Theologie gibt.

Für den Prozess, eine missionale Gemeindekultur zu gestalten, können wir vier Richtlinien ausmachen:

- Integration der Mitglieder
- Missionale Gemeindekultur

- Missionale Gewohnheiten und Praktiken
- Missionale Theologie

Neue Mitglieder in die Gemeinde integrieren

In der Southside-Gemeinde gibt es ein klares Verfahren, das zur Anwendung kommt, wenn die Gemeinde neue Mitglieder aufnimmt. Die Gemeindeleitung will damit sicherstellen, dass alle in der Gemeinde wissen, worum es ihr geht, und wie sie selbst Teil des Ganzen werden können. Außerdem soll das System so durchlässig sein, dass alle Mitglieder regelmäßig die Möglichkeit haben, mit ihren Leitenden und miteinander über das zu sprechen, was aktuell in den Gemeinschaften und der Gesamtgemeinde läuft. Ein Schwerpunkt liegt darauf, dass neue Mitglieder sich vollständig integrieren können. Wäre dieser für die Gemeinde bedeutsame Bereich weniger stark ausgeprägt, käme nicht nur das missionale Wesen der Gemeinde ins Schwanken, sondern auch der Fokus, vor Ort mit Menschen zusammen zu leben und zu arbeiten.

Entwicklungen und Entscheidungen, die in einem Teil der Gemeinde getroffen werden – insbesondere, wenn die Gemeinde aus mehreren Gemeinschaften besteht –, haben immer auch Konsequenzen für die anderen Teile. Es ist deshalb unverzichtbar, dass die Werte und Aufgaben der Gemeinde kontinuierlich kommuniziert und auch ganz praktisch vermittelt werden, um die neuen Mitglieder so einzuladen, sich auf das Leben und die Aufgaben in der Gemeinschaft einzulassen. Auf diese Weise verleiht die Gemeindeleitung der Gemeinde trotz aller Komplexität eine missionsgeprägte Struktur. Dabei berücksichtigen sie insbesondere das Beziehungsgeflecht zwischen den einzelnen Gemeinschaften. Die Gesamtgemeinde veranstaltet monatlich ein gemeinsames Treffen, um den Gemeinschaften die Gelegenheit zu geben, voneinander zu hören und die eigene Arbeit vorzustellen und Erfahrungen auszutauschen. Jede Gemeinschaft ist um sogenannte Missionsgruppen gestaltet, in denen – anders als in klassischen Hauskreisen – jeder davon erzählt, wie er sich in der Nachbarschaft oder am Arbeitsplatz engagiert. Auf jeder Ebene arbeitet diese Gemeinde daran, Menschen um ihre zentrale Vision, ihre wichtigsten Aufgaben und grundlegenden Werte zu versammeln und zusammenzubringen.

Missionale Gemeindekultur

In jeder Gemeinde gibt es bestimmte Gewohnheiten, Einstellungen, Werte und typische Aktivitäten, die jeweils die Gemeindekultur ausmachen. Die Southside-Gemeinde hat ihre verschriftlicht. Einer ihrer Werte ist „inkarnatorisches Leben". Der Wert ist zentral für ihr Verständnis von sich selbst und ihrer Arbeit. Die Gemeindekultur ist gleichbedeutend mit dem Gemeindeleben; das Gemeindeleben der Southside-Gemeinde ist geprägt von einer größeren Zahl kleiner, in diversen Stadtteilen verorteten Gemeinschaften sowie den sogenannten Missionsgruppen, die sich bewusst und auf vielfältige Weise damit beschäftigen, wie sie das Evangelium für die Menschen in ihrer Umgebung greifbar machen und wie sie diesen Menschen am besten dienen können.

Eine missionale Gemeindekultur zu entwickeln ist weder einfach noch läuft sie reibungslos ab. Während z.B. die Southside-Gemeinde bereits seit über zehn Jahren kontinuierlich an ihrer missionalen Ausrichtung arbeitet, gibt es immer wieder Menschen, die die Gemeinde kennenlernen und ihr beitreten und schließlich alles daransetzen, die Gemeinde wieder zu einer konventionellen, auf die Bedürfnisse der Mitglieder ausgerichteten Gemeinde zu machen. Es bedarf daher einer Menge Anstrengungen, die Vision und die Kultur der Gemeinde aufrechtzuerhalten. Vor diesem Hintergrund kann man die Gemeindekultur mit einem schön angelegten Garten vergleichen, in dem einem die Arbeit nie ausgeht.

In unserer Erfahrung mit dem Modell missionalen Wandels ist es so, dass es für Gemeinden, die sich vor allem in der performativen Zone wiederfinden, sinnvoll ist, ein oder zwei einfache Experimente ins Leben zu rufen, die sich erst einmal nur auf einen kleinen Bereich des Gemeindelebens beziehen. Zum Beispiel könnte eine Missionsgruppe gegründet werden, die eine spezifische Arbeit in einem benachteiligten Stadtteil unterstützt. Indem man etwas innerhalb eines begrenzten Experiments einfach einmal ausprobiert, erweitert sich automatisch die Vorstellungskraft dessen, was noch alles möglich ist. Mit der Zeit kann dieser Prozess (des Ausprobierens) dazu führen, dass eine Gemeinde es wagt, Überlegungen anzustellen, auf welch neue Weise sie sich als Gemeinde sehen und umgestalten wollen. Die Gemeindekultur verändert sich da, wo Experimente gewagt werden und andere zum Mitmachen eingeladen werden.

Missionale Gewohnheiten und Praktiken

Eigentlich haben wir diesen Faktor bereits besprochen. Geistliche Reifung erfolgt dort, wo Gottes Leute sich als Gemeinschaft von ganz spezifischen Praktiken und Werten prägen lassen. Im Laufe der langen und stabilen Periode, die nordamerikanische Christen im 20. Jahrhundert erlebt haben, haben sich die Gemeindekultur und die nationale Kultur immer weiter angenähert, das eine konnte ohne das andere kaum mehr gedacht werden. Als Folge davon sind so manche der Praktiken und Gewohnheiten verloren gegangen, die Christen als das „heilige" bzw. „ganz besondere" Volk (vgl. 1. Petrus) ausgemacht haben. Inzwischen aber leben nordamerikanische Christen in einer postchristlichen Welt, in der die christliche Geschichte und das, was Christen ausmacht, nur noch den wenigsten bekannt ist. Es ist entscheidend, dass Leiter Gemeinschaften von Gottes Menschen gestalten, deren gemeinsame Grundlage die Praktiken christlichen Lebens sind. Hier liegt der Schlüssel für missionale Leiterschaft: dass die Gemeinschaften auf den Praktiken aufgebaut werden, die im vorherigen Kapitel erläutert wurden.

Dabei sind missionale Praktiken mitnichten neue Fertigkeiten, die man mühelos erlernen könnte; sie lassen sich viel besser verstehen als eine verloren gegangene Lebensweise, die einst ganz zentral für das Christentum war. Jemand, der diese Lebensweise gemeinsam mit seinem Team wiedererlernt, ist Chris, den wir bereits aus einem früheren Kapitel kennen. Über mehrere Jahre hinweg standen nicht Termine und Aufgaben im Zentrum von seinen Teamsitzungen, sondern das Einüben diverser Praktiken. Chris hat auch mehrmals ganze Tage mit dem Vorstand verbracht, um über die Rolle und Relevanz solcher Praktiken zu diskutieren und sie einzuüben. Dieses Vorgehen hat nicht dazu geführt, dass nun alle zur Teilnahme am Gemeindeleben verpflichtet sind. Vielmehr entstand dadurch eine Atmosphäre, die viele dazu ermutigt hat, sich auf diese Praktiken einzulassen. Die Southside-Gemeinde hat eine Reihe missionaler Praktiken kultiviert, die den Menschen nicht aufgezwungen werden, ihnen jedoch zum Ausprobieren und Experimentieren zur Verfügung stehen.

Missionale Praktiken müssen eingeübt werden, und das erfordert Zeit, nicht zuletzt, weil sie selbst den meisten Pastorinnen und Pastoren fremd sind, deren Ausbildung eher auf Seelsorge als auf Unterweisung in geistlichen Praktiken abzielte. Deshalb müssen auch sie sich zunächst auf das Einüben geistlicher Praktiken einlassen, bevor sie andere darin anleiten. Gemeinden sind immer weniger Gemeinschaften des Bundes, sondern vielmehr – durch die Auswirkungen der Moderne – ein freiwilliger Zusammenschluss von autonomen Individuen, die ihm beitreten, um sich bestimmte Bedürfnisse erfüllen zu lassen, und die genau so lange bleiben, wie dies geschieht.

Weil missionale Praktiken diese Dynamik infrage stellen, leisten so viele Menschen in den Gemeinden Widerstand gegen sie: Die Widerstandskraft der Pastoren und Gemeindeglieder muss man realistisch einschätzen. Entsprechend ist die missionale Umgestaltung ein sehr langer Prozess, der kaum über Nacht vonstatten gehen kann. Nichtsdestotrotz ist es unsere Erfahrung – und die der Leitenden, mit denen wir im Austausch stehen –, dass dieser Prozess alle Beteiligten motiviert und begeistert. Es ist immer wieder zu beobachten, wie neue Gruppen und Bewegungen entstehen, wenn Christen die Bedeutsamkeit guter christlicher Gewohnheiten erkennen und sie konsequent ausüben. Dabei entdecken Leitende, dass viele Menschen geradezu darauf gewartet haben, sich mit auf diesen Weg nehmen zu lassen, und bereit dazu sind, diesen Lernprozess anzugehen.

Missionale Theologie

Wir haben mehrmals betont, wie wichtig biblische Erzählungen für missionale Gemeinschaften sind. Sie müssen sich kontinuierlich mit diesen Erzählungen auseinandersetzen, und in ihrem spezifischen kulturellen Kontext aus dieser Auseinandersetzung heraus zu Gottes missionalen Botschaftern werden. Dazu müssen Leiter zu Experten in einer Theologie werden, die nicht abstrakt bleibt, sondern die vor Ort Konsequenzen hat und greifbar wird. Theologisch zu reflektieren, was in unserer sich radikal verändernden Zeit nötig und angemessen ist, muss in der alltäglichen Arbeit von Pastorinnen und Pastoren viel mehr Raum gewinnen. Theologie ist keine vom Alltag losgelöste Disziplin für eine geistliche Elite, die mit der praktischen Gemeindearbeit oder dem Leiten kaum in Verbindung steht. Heutzutage brauchen wir Frauen und Männer in der Leitung, die theologisch denken und den ihnen anvertrauten Menschen helfen können, ihr Leben und ihre Schwierigkeiten im Lichte dessen zu sehen, wie Gott den Menschen in der Bibel begegnet ist. Eine theologisch geprägte Vorstellungskraft ist für Leiter unabdingbar, die eine missionale Gemeinschaft formieren wollen. Mark beispielsweise leitete einen Hauskreis und dachte viel darüber nach, was die Rolle seiner kleinen Gemeinschaft in ihrem gesellschaftlichen und auch konkret nachbarschaftlichen Kontext sein könnte. Er hat schon mehrere Bücher über missionale Gemeinden gelesen und verstanden, worum es beim Reich Gottes geht. Je mehr er las und die Bibel studierte, desto mehr erkannte er in den biblischen Erzählungen, dass das, worauf es wirklich ankommt, das konkrete Leben mit und für die Menschen ist. Auch in den Büchern von Lesslie Newbigin hat er dasselbe herausgelesen. Mit der Zeit merkte Mark, dass er zwar unentwegt mit Gemeindebelangen beschäftigt war, dass diese aber lediglich darin bestanden, an einer Menge Meetings teilzunehmen und seine Kinder zu Veranstaltungen zu fahren. Die Leute in seiner unmittelbaren Umgebung kamen dabei viel zu kurz. Diese Erkenntnis führte zu einer neuen Idee: Was, wenn es nicht die Aufgabe von Gemeinde ist, Menschen in ihre Räume bzw. Gottesdienste zu locken, sondern als Gottes Leute in ihrem ganz natürlichen Umfeld, z.B. in ihrer Nachbarschaft zu leben und zu wirken? Diese Idee kam zustande, weil Mark sich getraut hat, schwierige Fragen über Gottes Wirken in unserer Kultur zu stellen. Was daraufhin entstanden ist, würde ein weiteres Buch füllen, aber so viel sei gesagt: Mark könnte von einer ganzen Reihe faszinierender Begegnungen und Erlebnisse berichten, die

aus der Auseinandersetzung mit dem unmittelbaren Umfeld erwachsen sind und die auch die Vorstellungskraft der Nichtchristen nachhaltig verändert, weil sie das Evangelium verkörpert sehen.

Sich mit dem Kontext der Ortsgemeinde auseinandersetzen
Das nächste Kapitel handelt vom Kontext, in dem Gemeinden leben.
Wie kann eine Gemeinde lernen, Aufmerksamkeit für die Interessen
und Nöte ihrer Umgebung zu wecken? Diese Frage wird vor dem
Hintergrund der Kompetenzen und Fertigkeiten erörtert, die Leiter
benötigen, um eine missionale Auseinandersetzung zu fördern.

10. In der Auseinandersetzung mit dem Kontext die christliche Vorstellungskraft nutzen

Als die Southside-Gemeinde (die wir im vorangegangenen Kapitel vorgestellt haben) vor zehn Jahren in Vancouver gegründet wurde, ließ sie sich in einer heruntergekommenen Gegend nieder, in der viele Arbeitslose wohnten und die man als sozialen Brennpunkt bezeichnen kann. Die Wahl dieses Ortes hatte naheliegende Gründe: es gab ein leeres Gemeinde- bzw. Gemeinschaftshaus und die Mitglieder des Gründungsteams lebten ganz in der Nähe. Hier wollten sie als missionale Gemeinschaft leben und den Menschen vor Ort dienen.

Die Herausforderung bestand darin, das Stadtviertel und seine Nöte ernst zu nehmen und nicht eine vorab ausgeklügelte Strategie einzusetzen, die darauf abzielte, möglichst schnell zu einer möglichst großen Gemeinde zu werden. Deswegen wurde beschlossen, ausreichend Zeit darauf zu verwenden, die Menschen und Vereine vor Ort so gut wie möglich kennenzulernen. Außerdem wurde man auch ganz praktisch aktiv: Das Gemeinschaftshaus wurde von Grund auf renoviert und zum Kultur- und Gemeindezentrum umgestaltet, in dem alle Menschen willkommen waren. Außerdem haben immer wieder Mitglieder der Southside-Gemeinde Wohnblocks, Schulen und Cafés besucht, um mit so vielen Menschen wie möglich in Kontakt zu kommen.

Dadurch gewannen die Southside-Mitglieder zunehmend den Eindruck, dass dem Viertel eine eigene Identität fehlte, sie hatten auch keinen gemeinsamen Bezugs- oder Treffpunkt. Je bekannter die Southside-Gemeinde wurde, desto mehr Menschen ließen sich von ihrer Geschichte inspirieren und zogen in dasselbe Viertel. Mit der Zeit entwickelte sich bei den Verantwortlichen eine Idee: Die Gemeinde selbst könnte ein Fest für die Bewohner des Viertels ausrichten, von denen viele keine oder nur schlecht bezahlte Arbeit haben und die sich oft macht- und mutlos fühlen. Anstatt „Komm-zu-uns"-Gemeindeveranstaltungen in den Gemeinderäumen zu organisieren, stellten sie sich vor, wie es wäre, ein großes Straßenfest für und mit den Menschen des Viertels zu feiern.

Was daraus entstand, war eine Riesengaudi, ein von der South-side-Gemeinde gesponsertes Straßenfestival. Die Straße, an der das Gemeindehaus lag, wurde für einen ganzen Tag lang gesperrt und ein riesiger Grill wurde aufgebaut, um ein ganzes Schwein zu grillen. Am anderen Ende der Straße war ein Kinderbereich mit Bastelaktivitäten und Spielen. Spätestens als der Grillgeruch durch die Nachbarschaft zog, kamen die Menschen auf die Straße, um zu sehen, was los war. An diesem Tag fanden etliche Begegnungen und Gespräche statt, von denen viele über das ganze Jahr hinweg weitergeführt wurden.

Dieses erste Festival liegt mittlerweile zehn Jahre zurück; inzwischen ist es zu einem jährlichen Großereignis des Stadtviertels geworden, auf das sich alle freuen und bei dem jedes Jahr mehr Leute mithelfen, selbst die, die mit der Gemeinde nicht viel am Hut haben. Aber sie kennen sie als die Gemeinde, die sich für die Menschen in ihrer Nachbarschaft einsetzt, die mit den Kindern und Jugendlichen Unternehmungen plant und die an den Menschen interessiert ist. Die Geschichte hört hier auch noch längst nicht auf. Das Stadtviertel, in das die Southside-Gemeinde zuerst gezogen war, ist im steten Wandel begriffen; die Gemeinde muss sich kontinuierlich fragen, was es hier heißt, das Evangelium zu verkörpern. Außerdem hat die Gemeinde sich auf den Weg gemacht, keine Megagemeinde, sondern eine über die ganze Stadt verteilte Gemeinde zu werden, indem sie in anderen Vierteln und Gegenden der Stadt kleine Gemeinschaften gegründet hat, die sich nun ihrerseits mit der Frage auseinandersetzen, wie sie den Menschen in ihrer unmittelbaren Umgebung dienen können.

Einer der ersten leitenden Mitarbeiter der Southside-Gemeinde war Mike, der früher ein Gartenzentrum aufgebaut hatte, welches er aufgab, um als Teil der Southside-Gemeinde nach South Surrey, in einen anderen Stadtteil von Vancouver zu ziehen, was ebenfalls eine benachteiligte und arme Gegend ist. Wenn man mit Mike – oder einem anderen Gemeindemitglied in South Surrey – spricht, merkt man schnell, dass sie viele gemeinsame Werte haben und sich für ganz ähnliche Projekt engagieren. Sie leben in der Nachbarschaft der Gemeinde und haben ein Herz für die Menschen vor Ort. Diese Menschen sind für sie keine Missionsobjekte, sie haben sie einfach gern. Mike sagt das immer und immer wieder frei heraus: „Ich mag diese Menschen einfach." Er kann zu vielen Menschen Geschichten erzählen, weil er sie kennt, weil er für sie da ist und weil er dadurch ihr Leben verändert hat. Für die Southside-Gemeinde ist die Nachbarschaft kein demographischer Faktor, der in Gemeindewachstumsstrategien berücksichtigt werden muss. Die Gemeindeglieder leben nicht weit voneinander entfernt und haben ein ganz natürliches Interesse an der Situation ihres Stadtteils und der dort lebenden Menschen. Ihr positives Engagement und ihre Hingabe sind beträchtlich; sie werden inzwischen sogar von Schulleitern eingeladen, in den Schulen zu arbeiten. Die Menschen vertrauen ihnen und laden sie gern zu sich nach Hause ein.

Gemeinden finden sich zunehmend in veränderten Kontexten wieder; es gibt kaum noch Gemeinden, die in sozial oder ethnisch homogenen Stadtteilen verankert sind. Durch die Globalisierung leben wir in einer pluralistischen Kultur, in der unmittelbare Nachbarn aus den unterschiedlichsten Ländern kommen können. Gleichzeitig machen technologische Entwicklungen es möglich, die entferntesten Länder in unsere Wohnzimmer zu holen und mit Menschen auf der anderen Seite der Welt zu kommunizieren. Christen leben in dieser veränderten Welt und müssen sich auf einen Kontext einstellen, der immer weniger von christlichen Vorstellungen geprägt ist.

Zu Beginn des 20. Jahrhunderts besuchten die Menschen eine Gemeinde in ihrer Nähe, sodass sie sie zu Fuß erreichen konnten. Diese Situation hat sich besonders im Verlauf der zweiten Hälfte des 20. Jahrhunderts grundlegend verändert: Immer mehr Autos, der Ausbau der Vorstädte, die gesteigerte Mobilität der Menschen – all dies hat dazu geführt, dass das Konzept der Nachbarschaftsgemeinde veraltet ist. Inzwischen ist es nicht ungewöhnlich, dass die Mitglieder einer Gemeinde so weit weg wohnen, dass sie mit dem Auto fahren müssen; manchmal 10, 20 oder sogar 30 Kilometer. Gemeinden, die in relativ menschenleeren Vororten angesiedelt sind, werden trotzdem Sonntag für Sonntag von unzähligen Menschen besucht, die aber mit dem Stadtteil sonst nichts zu tun haben. Sie besuchen die Gottesdienste, um religiöse Dienstleistungen in Empfang zu nehmen. Dass ihre Gemeinde an einem ganz bestimmten Standort verankert ist, dass sie eine Rolle in ihrem Stadtteil spielen könnte, das alles hat für viele überhaupt keine Bedeutung.

Wie können wir vor diesem Hintergrund den Kontext der Gemeinde bestimmen? Was bedeutet hier Gemeinschaft? Die Tatsache, dass Gemeinden an einer bestimmten Stelle verortet sind, ist für uns entscheidend. Insbesondere, da Menschen immer mehr Sehnsucht nach Gemeinschaft haben und ein Dazugehörigkeitsgefühl vermissen; diese Sehnsucht bleibt in unserer Welt leicht auf der Strecke, wo uns die Anforderungen nach Flexibilität, Mobilität, Erfolg und Reichtum immer mehr zerreißen. Wir sind der Meinung, dass Gemeinden heutzutage ein riesiges Potenzial haben, wenn sie sich darauf einlassen, kleinere, vor Ort angesiedelte Gemeinschaften zu werden. Gemeinden wie die Southside-Gemeinde haben das bereits verstanden und umgesetzt.

Eine andere Gemeinde, mit der wir gearbeitet haben, musste irgendwann feststellen, dass ein Großteil ihrer alten und neuen Mitglieder aus dem gesamten Stadtgebiet kam. Gleichzeitig hatten sie aber fest im Blick, eine Gemeinde für den Stadtteil zu sein, obwohl dies die Mehrheit derer ausschloss, die von weither fahren mussten, um an den Gemeindeveranstaltungen teilzunehmen. Aus dieser Spannung heraus entwickelte die Gemeinde eine neue Vorstellung von sich selbst: Anstatt alle Mitglieder mühevoll darauf einzustimmen, sich auf den Stadtteil der Gemeinde zu konzentrieren (um – alten Konzepten gemäß – die Gemeinde Fremden gegenüber attraktiv zu machen), begann sie, sich selbst viel mehr wie eine alte Kathedrale zu verstehen, die als Trainingszentrum für eine ganze Reihe kleinerer Missionsgemeinschaften fungieren kann, die sich auf die Stadtteile ihrer Mitglieder verteilten. Diese Vorstellung hat das gesamte Denken der Gemeinde umgekrempelt. Der Gedanke, in der Gemeinde eher ein geistliches Rüstzentrum zu sehen als ein Einkaufszentrum voller religiöser Güter, die man zum eigenen Nutzen konsumiert, hat die Art und Weise, wie die Gemeindemitglieder sich und ihr Umfeld betrachteten, grundlegend verändert. Eine Gemeinde kann entsprechend fünf, zehn oder noch viel mehr kleinere Gemeinschaften vor Ort haben, in denen die Mitglieder sich engagieren.

Welche Fähigkeiten brauchen Leitende, die in ihren Gemeinden eine solche Vorstellung kultivieren wollen? Alle lassen sich hier nicht aufzählen, unsere Erfahrung zeigt aber, dass es auf ein paar Fähigkeiten ganz entscheidend ankommt. Diese lassen sich gut am Beispiel der Southside-Gemeinde veranschaulichen. Die Frauen und Männer, die in dieser Gemeinde Leitungsverantwortung tragen, haben viel Zeit damit verbracht, um zu verstehen, wie ihre Nation säkular und pluralistisch geworden ist und welche Veränderungen damit einhergegangen sind. Als Nächstes haben sie sich daran gemacht, zu verstehen, welche Auswirkungen diese Veränderungen auf ihre Stadt Vancouver hatten, eine der buntesten Städte Kanadas, in der nur 7% der Einwohner zu einer Gemeinde gehören. Schließlich ermutigten sie die Gemeinschaften und Missionsgruppen in den Stadtteilen dazu, sich für die Menschen in ihrer Nachbarschaft einzusetzen; diese Gruppen wurden letztlich zu den entscheidenden Faktoren im Veränderungsprozess der Gemeinde. Gleichzeitig war klar, dass diese Gemeinschaften selbst Veränderungen unterworfen sind, sodass man kontinuierlich am Ball bleiben musste, um beständig neue Ideen und Vorstellungen zu entwickeln. Bei alledem müssen sämtliche Veränderungen und Aufgaben klar in den biblischen Erzählungen verankert werden, um die Identität der Gemeinde selbst nicht aus den Augen zu verlieren. Was dies konkret für die Aufgaben der Leitenden bedeutet, soll im Folgenden näher ausgeführt werden.

Wachsendes Verständnis von unserer Gesellschaft

Es ist entscheidend, dass Menschen ein tieferes Verständnis ihres gesellschaftlichen Kontexts entwickeln können. Sich mit den Veränderungen auseinanderzusetzen, die nicht nur die Gesellschaft, sondern genauso auch die Gemeinde betreffen, ist eine echte Herausforderung, insbesondere deshalb, weil wir nicht außerhalb der Gesellschaft bzw. der Gemeinden stehen, sondern mittendrin. Wie und worüber wir nachdenken, wird ganz wesentlich davon beeinflusst, was wir jeden Tag in den Medien lesen oder hören, oft auf ganz subtile Weise. Bislang durchschauen wir längst nicht alles, was es mit den Veränderungen in unserer Gesellschaft auf sich hat, wie sie zu interpretieren sind, welches Ausmaß sie haben und worauf sie sich auswirken werden. Es ist zum Beispiel unwahrscheinlich, dass wir (oder unsere Kinder) es noch erleben, dass es keine Drogenabhängigen geben wird. Wie verstehen wir also die Auswirkungen von Drogen in unserer Kultur, auf unseren Stadtteil, unsere Kinder und unsere Arbeitsplätze? Wie gehen wir als Gemeinde damit um? Es genügt bei Fragen dieser Art nicht, eine selbstgerechte Perspektive einzunehmen und die Realität unserer Gesellschaft zu ignorieren.

Hier müssen missional Leitende die Aufgabe übernehmen, zu übersetzen bzw. zu verdeutlichen, was es mit unserer Gesellschaft auf sich hat. Sie können so ein Umfeld schaffen, in dem Menschen mehr und mehr erkennen, welche sozialen und kulturellen Kräfte Einfluss auf ihr Leben nehmen. Dies können sie umso mehr, je stärker sie zwei miteinander verknüpfte Fähigkeiten entwickeln. Zum einen ist dies die Fähigkeit, den eigenen Kontext *lesen* zu lernen, also hinter das Sichtbare zu blicken und in der Tiefe die Bedeutung ausfindig zu machen. Dazu ist es wichtig, dass Menschen neue Fragen zu ihrem Kontext und ihrer Gemeinde stellen lernen.

Zum anderen müssen sie die Fähigkeit entwickeln, die biblischen Erzählungen selbst zu Wort kommen zu lassen und sich fragend zu unserem gesellschaftlichen Kontext zu stellen. Wir haben es uns z.B. angewöhnt, Sitzungen, zu denen wir Nachbargemeinden einladen, stets mit dem Lesen eines bestimmten Bibeltextes zu beginnen und zu beenden. Wir nehmen dazu immer den Text aus Lukas 10,1-12, in dem wir davon lesen, wie Jesus 70 Jünger aussendet. Einmal kam dabei die Frage auf, wann wir endlich damit beginnen würden, das Evangelium zu verkündigen, was uns die Gelegenheit bot, gemeinsam über diese Stelle bei Lukas zu sprechen sowie darüber, warum wir immer wieder die gleiche Passage lasen, ohne irgendwann auch mal andere Texte gemeinsam zu lesen. Wir konnten veranschaulichen, wie wichtig es ist, einen Text wirklich aufzunehmen, auf sich wirken zu lassen, anstatt das Wort Gottes dafür zu gebrauchen, letztlich unsere eigene Meinung zu legitimieren.

Unsere Gespräche über Lukas 10,1-12 führten dazu, dass man die Idee immer mehr schätzte, vor Sitzungen gemeinsam in Gottes Wort einzutauchen, um bewusst auf Gott zu hören. An dieser Stelle sind wir noch mal auf die Frage nach der Evangelisation eingegangen und haben darauf unsererseits mit Fragen geantwortet: Was ist das Evangelium nach Lukas 10, und was ist die Gemeinde? Schlagartig veränderte sich die Atmosphäre des Gesprächs: klar war nun vor allem, dass gar nicht so klar war, wie das Evangelium zu verstehen sei. Die Debatte nahm Fahrt auf, als man bemerkte, dass es in dieser Textstelle die Gemeinde war, die in den Genuss der Gastfreundschaft kam und in den Dörfern und Städten aufgenommen wurde. Die 70 Jünger wurden in Privathäusern willkommen geheißen, sie saßen mit ihren Gastgebern am Esstisch und hörten sich aller Wahrscheinlichkeit nach an, was diese ihnen aus ihrem Leben zu erzählen hatten. Diese Erkenntnis löste die Diskussion darüber aus, wie so etwas heute in den Gemeinden aussehen könnte – eine hervorragende Frage, um sich mit der eigenen Aufgabe im Stadtteil neu auseinanderzusetzen.

Den eigenen Kontext zu verstehen ist ein doppelseitiger Prozess, der sowohl dazu führt, die eigene Lebenswelt aus einer neuen Perspektive zu sehen, als auch die Bibel neu zu sich sprechen zu lassen (wie in dem Gespräch über Lukas 10). Als Leitende können wir diesen Prozess nicht nur formell durch Aufgaben wie Predigen o.Ä. unterstützen; wir müssen unseren Gemeinden vielmehr auch dabei helfen, ihre Fähigkeit zum Dialog und zum aktiven Zuhören zu entwickeln, um sich auf diese Weise mit ihrem Kontext auseinanderzusetzen.

Vor diesem Hintergrund ist klar, dass Leitende die Gesellschaft, so gut es geht, verstehen müssen, um bei ihrer missionalen Umgestaltung von Gemeinden alle Aspekte mitzuberücksichtigen. Um ihr Verständnis von Gesellschaft zu vertiefen, müssen sie sich darauf einstellen, viel zu lesen, gesellschaftliche Gruppen zu beobachten und an ihnen teilzunehmen sowie viel mit anderen zu diskutieren, um sich – auch intellektuell – herausfordern zu lassen. Ein solches Verstehen stellt sich nicht automatisch und schon gar nicht über Nacht ein; es erfordert Zeit und viele Gespräche. Noch nie ist es für Pastorinnen und Pastoren so wichtig gewesen wie heute, sich in ihrer Gesellschaft auszukennen.

Das Engagement der Gemeindemitglieder fördern

Eine uns bekannte, große Gemeinde inmitten einer nordamerikanischen Metropole war immer schon sehr stolz auf ihr gesellschaftliches Engagement. Ihre Mitglieder spendeten viel Geld an gemeinnützige Organisationen in der Stadt und immer wieder gingen einige von ihnen auf Kurzzeitmissionseinsätze. Seit einiger Zeit hatten sie sogar einen Jugendpastor mit Migrationshintergrund, um dem multikulturellen Umfeld der Gemeinde gerecht zu werden (allerdings lief diese Arbeit nicht so gut wie erhofft). Die Gemeinde hatte damit zu kämpfen, dass immer mehr Leute in größere, auf „Sucher" ausgerichtete Gemeinden in den Vororten abwanderten. In dieser Situation schlug der Hauptpastor der Gemeinde vor, zu Schuljahresbeginn in die Schulen zu gehen und ärmeren Kindern Schulmaterialien zu schenken. Auf diese Weise konnte man nicht nur die Kinder, sondern auch deren Eltern und Lehrer kennenlernen und ihnen helfen.

Die Gemeindemitglieder sträubten sich zunächst und meinten, die Kinder könnten in die Gemeinde kommen, wenn sie etwas bräuchten; dort wurde ihnen schließlich schon immer weitergeholfen. Warum jetzt anders? Nach vielen Gesprächen und Diskussionen erklärten sich letztlich doch einige dazu bereit, bei dieser Aktion mitzuhelfen.

Durch diesen Einsatz außerhalb des Gemeindegebäudes entstanden viele gute Beziehungen zu den unterschiedlichsten Menschen; die Gemeindemitglieder lernten, sich mit den Menschen in ihrem Umfeld einzulassen, ohne den Hintergedanken, sie dadurch in die Gemeinde zu „locken". Als Folge davon wird die Gemeinde inzwischen wahrgenommen als eine Gruppe von Menschen, die aufrichtig an ihrem Stadtteil interessiert sind und sich für ihn einsetzen. Weitere Felder haben sich aufgetan, z.B. mit der Eröffnung einer Kunstgalerie, eines Cafés oder einer Tanzschule, in der die Kinder Ballet lernen können. Die Gemeinde sieht diese Bereiche inzwischen als Möglichkeit zu dienen an. Hier ähnelt diese Gemeinde stark der Southside-Gemeinde, in der die Mitglieder höchsten Wert auf eine lebendige Beziehung zu den Menschen und Gruppen in ihrem Stadtteil legen.

Die für die meisten Gemeinden typische Herangehensweise an die Arbeit mit den Menschen in ihrer Stadt basiert auf der Annahme, dass man gute Veranstaltungen organisieren muss, damit die Menschen – dadurch angezogen – in die Gemeinde kommen. Die Veranstaltungen sind jedoch in der Regel so angelegt, dass sie dem Geschmack und den Bedürfnissen der Menschen *in* der Gemeinde entsprechen, und zwar, weil man sich zuvor gar nicht wirklich mit den Menschen *außerhalb* der Gemeinde auseinandergesetzt hat. Das ist es, was die Mitglieder der Southside-Gemeinde auf geniale Weise schaffen: Sie setzen ihrer Vorstellungskraft keine Grenzen und sind auf unglaubliche Weise kreativ in der Art und Weise, wie sie für andere Menschen da sind – als Freunde und als Zuhörer und nicht als die Gemeindeglieder, die mit ihren Plänen und Veranstaltungen Kirchenferne erreichen wollen. Eine ehrliche und offene Auseinandersetzung mit den Menschen und ihrer Stadt besteht eben nicht darin, sie zu Veranstaltungen *in* der Gemeinde einzuladen.

Leitende müssen lernen, Gespräche über die Aufgaben der Gemeinde in Gang zu bringen und zu allerlei Fragen zu ermutigen: Was sind unsere konkreten Aufgaben in unserer Nachbarschaft, an unserem Arbeitsplatz? Mark, den wir bereits aus Kapitel 8 kennen, hat sich diese Fragen selbst gestellt, nachdem er irgendwann plötzlich bemerkte, dass er seine Zeit hauptsächlich damit verbrachte, an Gemeindesitzungen teilzunehmen und seine Kinder zu Gemeindeveranstaltungen zu kutschieren – und zwar alles relativ weit weg von dem Ort, wo sie als Familie lebten. Irgendwann wurden die Fragen immer lauter: „Und was ist mit meinem Stadtteil und den Menschen, die dort wohnen? Wer sind diese Menschen und was brauchen sie? Wie kann ich für sie da sein?"

Mark, Nina und ihre Kleingruppe begannen, sich gemeinsam diesen Fragen zu stellen und Gottes Wort vor diesem Hintergrund zu lesen. Dadurch hat sich ihre Perspektive vollkommen gewandelt: Sie suchten Kontakt zu ihren Nachbarn sowie den Gruppen in ihrem Stadtteil und mit der Zeit veränderte sich ihre Haltung dazu grundlegend.

Ein ehrenamtlicher Mitarbeiter einer Gemeinde, mit der wir gearbeitet haben, versuchte einmal auf sehr kreative Weise, einen neuen Zugang zu seiner Umwelt zu finden. Um seinen Kontext besser zu verstehen, schrieb er Psalm 137 um:

Psalm 137 für das Jahr 2011
Inmitten dieser chaotischen Welt
bleibe ich stehen
schaue mich um
und frage mich,
was ist passiert, dass mir auf einmal alles fremd vorkommt?
Wie könnte ich mit den Jugendlichen darüber reden,
die überall Piercings und Tattoos haben?
Wie mit denen, die eine Sprache sprechen, die ich gar nicht verstehe?
Haben sie irgendeine Ahnung, was das Kreuz für mich bedeutet?
Wissen sie, dass das „Christkind" nicht dasselbe ist wie der Weihnachtsmann?
Wissen sie, dass Gott meine „feste Burg" ist?
Wie könnte ich mit ihnen reden?
Was soll ich sagen?
Ich hab das Gefühl, ich müsste einer Person aus der Zukunft Jesus erklären,
dabei stammt meine Sprache aus den 1960ern.
Wieso ist die gute Nachricht gut für sie?
Wie mache ich mich verständlich, ohne alles kaputt zu machen?
Ach, ich wünschte, es wäre alles wie früher. Aber so ist es nicht.
Deshalb brauche ich für mein altes Lied eine neue Melodie.

Missionale Zukunft

In der Auseinandersetzung mit dem eigenen Kontext entwickeln manche Menschen ungeahnte Energien für ein missionales Engagement in ihrer Stadt. Als Teil der Southside-Gemeinde hat Mike es sich beispielsweise zum Anliegen gemacht, die Schulen in seinem Stadtteil zu unterstützen. Er kontaktierte die Schulleiterinnen und Schulleiter und erkundigte sich danach, was die Schulen für die Schülerinnen und Schüler dringend bräuchten. Aus diesen Gesprächen entstand die Idee, in den Ferien Fußballkurse anzubieten, die sich im Lauf der Jahre als Fußballfreizeiten etabliert haben. Mit seiner Initiative und seiner Offenheit ist Mike ein Vorbild für missionales Engagement in seiner Gemeinde.

Die Arbeitskreise, die Alan in seiner Gemeinde ermöglichte, indem er diverse Menschen mit ähnlichen Ideen und Interessen zusammenbringen konnte, erfüllten eine ganz ähnliche Rolle. Andere in der Gemeinde konnten mit ansehen, welche Aktionen diese Arbeitskreise in ihrer Stadt organisierten und was dadurch alles in Bewegung kam. Das inspirierte andere, ähnliche Kreise zu gründen und selbst aktiv zu werden.

Je mehr dies geschah, desto weitere Kreise zogen die Aktivitäten und desto mehr Menschen wurden inspiriert und begannen, selbst fantasievoll zu überlegen, was es bedeuten kann, Gottes Leute in der Stadt zu sein. Dabei stellten manche fest, dass sie in derselben Straße lebten und machten diese kurzerhand zu ihrem kleinen Gemeindegebiet, dem sie sich verstärkt widmeten. Die Dynamik, die diese Gemeinde erleben durfte, kann kein Gemeindevorstand je planen oder formulieren; es gibt keine Strategien, wie man Menschen auf ein solches Programm einstimmen könnte.

Missional Leitende kultivieren das Umfeld, in dem eine solche Dynamik entstehen kann. Sie kümmern sich darum, dass Offenheit herrscht und dass das Ausprobieren – auch verrückter Ideen! – ermöglicht und dazu ermutigt wird. Wenn ein Teil der Gemeinde sich mit missionalen Ideen anfreundet und neue Aktionen ausprobiert, so macht das gleichzeitig auch anderen in der Gemeinde Mut, aktiv zu werden und sich zu engagieren. In mancher Hinsicht haben Leitende überhaupt keine Kontrolle über diese Vorgänge. Dennoch ist es so, dass diese Dynamik erst entstehen kann, wenn Leitende das dafür passende Umfeld kultivieren und unterstützen; sie sind gewissermaßen wie Geburtshelfer, die Menschen während des Geburtsprozesses herausfordern und ermutigen.

Biblische Grundlagen für Veränderung

Eine missionale Gemeinschaft zu gestalten, ist keine leichte Aufgabe – weder für die Leiter noch für alle anderen in der Gemeinschaft. Die Aussicht auf Veränderung ist für viele beunruhigend, vor allem wenn damit die Angst verbunden ist, Traditionen und Werte zu verlieren, die einen ein ganzes Leben lang begleitet haben. In gewisser Weise ist diese Angst auch nicht ganz ungerechtfertigt. Deswegen ist es unumgänglich, dass Leiter den kontinuierlichen Bezug zu biblischen Erzählungen gewährleisten, in denen Gott Israel genauso wie seine Gemeinde aus ihrer vertrauten Umgebung herausruft, damit sie sich wieder auf ihre eigentliche Berufung und Aufgabe in der Welt besinnen können. Das Wort Gottes enthält viele Erzählungen, die auf eine grundlegend missionale Theologie hindeuten. Je mehr Bezüge hergestellt werden zwischen unserem Wahrnehmen, Erleben und Interpretieren unserer Welt und den biblischen Erzählungen, desto deutlicher wird für uns Gottes Geschichte mit dieser Welt und was er mit ihr vorhat.

Manche Menschen fragen sich, warum wir so viel Zeit auf die Bibel verwenden, wenn wir in ihrer Gemeinde oder ihrem Verband arbeiten. Sie sind schnell frustriert, weil wir immer wieder zu den gleichen Geschichten zurückkommen. Dabei haben sie doch Geld investiert, und jetzt machen wir nur Bibelarbeiten? Wo bleiben die Antworten und praktischen Lösungen? Die meisten brauchen ein wenig, um zu verstehen, wie wichtig es ist, die biblischen Erzählungen zu kennen und gewissermaßen *in* ihnen zu leben. Ein Verbandsleiter wunderte sich einmal, warum Alan mit ihm und seinem Leitungsteam immer wieder über die Textstelle in Lukas 10 sprechen wollte. Er war fast schon gelangweilt, bis diese Passage einige in der

Gruppe dazu herausforderte, über ihr Verständnis von Evangelisation nachzudenken. Eine lebhafte Diskussion entstand und man setzte sich – zum Teil durchaus kontrovers – mit der Frage auseinander, was es bedeutet, in dieser Zeit und an diesem Ort Gemeinde zu sein. Ein wunderbarer Moment!

Die Bibel ist und bleibt das Zentrum christlichen Lebens. Die Geschichte von Gottes Handeln im Leben von Menschen, angefangen bei Adam über Abraham, Mose und später Matthäus, Paulus, Johannes und anderen hat auch im 21. Jahrhundert Bedeutung. Die Herausforderung besteht darin, die biblischen Erzählungen so zu kommunizieren, dass ein Bezug zwischen ihnen und den Erzählungen, die unser Leben heutzutage dominieren, hergestellt werden kann. Die kulturellen Erzählungen, in denen Angst und Sorge, Verlust und Frust zentral sind (vgl. Kapitel 4), kann man sowohl in der Gemeinschaft von Gottes Leuten finden als auch in unserer Gesellschaft als Ganzes, in unseren Städten und unseren Nachbarschaften. Wenn Leitende mit dem Modell missionalen Wandels und den damit einhergehenden Konzepten – Bewusstsein, Verstehen, Auswerten, Experimentieren und sich Verpflichten – ihren Gemeindemitgliedern helfen, die biblischen Erzählungen mit dem eigenen Leben in Verbindung zu bringen, so wird dies auch dazu führen, dass sie sich offen und aufrichtig mit den Menschen in ihrer Stadt und Nachbarschaft auseinandersetzen und ihnen – auf viele praktische Weisen – die Bedeutung der biblischen Erzählungen näherbringen können.

Für Pastorinnen und Pastoren, die eine konventionelle Ausbildung genossen haben, ist es eine echte Herausforderung, eine solche Verbindung zwischen biblischen Erzählungen und dem Gemeindeleben herzustellen. In einer Gemeinde war der Pastor es seit jeher gewöhnt, seine Predigten auf der Analyse des griechischen Urtexts aufzubauen und die grammatischen und semantischen Implikationen desselben detailliert darzulegen. Er konnte sich überhaupt nicht vorstellen, dass er damit irgendjemanden langweilte, schließlich hatte er an den besten evangelikalen Hochschulen studiert und kannte nichts anderes, als die Bibel durch den Bezug zum Original auszulegen und daraus Prinzipien für das tägliche Leben zu ziehen. Lange Zeit rang er mit sich, einen neuen Predigtstil zu finden. Er wollte sich vor allem auf die biblischen Erzählungen konzentrieren und die Menschen ansprechen, indem sie in die Erzählungen mit hineingenommen wurden und so merkten, dass ihre Fragen und Anliegen hier eine Rolle spielten und ernst genommen wurden, jedoch ohne dabei sofort die Lösungen zu präsentieren, die sowieso häufig an der Komplexität vorbeigingen. Es ging darum, die Welt neu sehen zu lernen.

Als der Pastor sich auf diesen ihm zunächst sehr fremden Umgang mit der Bibel einließ, hatte er Sonntag für Sonntag aufmerksamere Zuhörer. Die Gemeindemitglieder entdeckten die Welt der Bibel fast als eine ihnen fremde Welt, die auf einmal neue Fragen und Perspektiven auf das eigene Leben ermöglichte. Dem Pastor war klar geworden, dass er nicht mehr für die Antworten zuständig war, die vormals noch konstitutiv für seine Predigten gewesen waren. Anstatt beruhigende Antworten zu geben, sah er sich nun für das – ganz positiv gemeinte – Provozieren zuständig, d.h. die Menschen auch zu unbequemen Fragen herauszufordern und dazu, das eigene Leben im Kontext der biblischen Erzählungen zu hinterfragen. Eine Folge dieser Veränderung war, dass viele Gemeindeglieder immer umsichtiger wurden sowie aufmerksam zuhörten, welche Geschichten die Menschen in ihrer Nachbarschaft zu erzählen hatten.

Zusammenfassung

In diesem Kapitel ging es um die entscheidenden Fähigkeiten, die missional Leitende entwickeln müssen, wenn sie ihre Gemeinde dabei unterstützen wollen, ihre Kraft und ihre Fantasie für die Menschen in ihrer Stadt einzusetzen. Eine Gemeinde kann leicht den Zugang zu ihrem Kontext verlieren, es versäumen, dem Aufmerksamkeit zu schenken, was außerhalb der Gemeindeveranstaltungen und des Gemeindegebäudes stattfindet. Um dies zu verhindern, haben wir in diesem Kapitel vier Bereiche aufgezeigt, an denen Leitende arbeiten müssen:

1. Herausbekommen, welche Einflüsse bzw. Kräfte es sind, die das Leben der Menschen in ihrer Stadt bestimmen.

2. Beziehungen zwischen Gemeindegliedern und Menschen und Gruppen aus der Nachbarschaft bzw. der Stadt ermöglichen.

3. Diese Beziehungen pflegen und die missionale Vorstellungskraft zu einem wichtigen Bestandteil des Gemeindelebens machen.

4. Kontinuierlich alles mit den biblischen Erzählungen verknüpfen.

Der Geist ist ausgegossen in unsere Gemeinden um des Reiches Gottes und um der Welt willen. Wir können gar nicht weniger tun, als so zu leiten, dass unsere Leute das Evangelium in ihrem Kontext verkörpern können.

11. Ein Team zusammenstellen, um Leiten weiterzuentwickeln

Mit dem vorliegenden Buch haben wir versucht, einen Einblick zu geben, wie Frauen und Männer in Leitungspositionen eine missionale Gemeinschaft gestalten können. Dazu gehört die Frage, wie wir andere Leitende dazu einladen bzw. sie in diejenigen Veränderungsprozesse einbeziehen können, die wir hier umrissen haben. Kern des Buches ist das Modell missionalen Wandels.

Wie können Pastoren und Leitende sich mit den Grundgedanken dieses Buches sinnvoll auseinandersetzen? Sie müssen sich als Lernende verstehen, die sich prozesshaft das Sich-Bewusst-werden, das Verstehen, das Auswerten und das Experimentieren aneignen, um sich missionaler Leiterschaft nicht nur zu öffnen, sondern auch hingeben zu können. Dazu müssen Leiter sich auf das Risiko einlassen, das mit offenen Gesprächen, dem Zuhören sowie mit dem Experimentieren notwendigerweise einhergeht. In diesem abschließenden Kapitel geben wir einen kleinen Überblick über zwei Schritte, wie wir mit Leitern daran arbeiten, die Gedanken und die Übungen, die wir in diesem Buch entwickelt haben, in der Praxis umzusetzen. Der eine ist der 360°-Bewertungs- und Analyseprozesses, der andere das Pastoren/Leiter-Team.

Der 360°-Bewertungs- und Analyseprozess

Für das Bewusstsein, das Verständnis, das Auswerten und das Experimentieren muss Raum geschaffen werden. Um in dieser Phase ausreichend Unterstützung zu erfahren, haben wir den 360°-Bewertungs- und Analyseprozess entwickelt, der darüber Auskunft gibt, wie von anderen die missonale Leitungskompetenz bestimmter Personen eingeschätzt wird. Letztlich erhält ausschließlich die Leiterin oder der Leiter den Bericht über die diversen Einschätzungen; er oder sie kann diesen dazu nutzen, um sich bestimmter Bereiche bewusster zu werden und um sich zunächst selbst weiterzuentwickeln. Neben den klassischen Bereichen, die Leiter beherrschen sollten – wie Predigen, Seelsorge oder Gemeindepädagogik – brauchen sie die Fähigkeit, einen guten Umgang mit Veränderungen gestalten und missionale Gemeinschaften prägen zu können. Darauf liegt der Schwerpunkt der Befragung für Pastoren und Leitende.

Dazu gehört ein Fragebogen, den man online ausfüllt; außerdem werden noch 15 bis 25 andere Personen ausgewählt, die diesen Bogen ebenfalls ausfüllen. Nachdem wir sämtliche Fragebögen erhalten haben, fertigen wir einen ca. 50-seitigen Bericht an, der als Feedbackbogen dient. In diesem Bericht beziehen wir uns kontinuierlich auf die sechzehn Faktoren missionaler Bereitschaft, analysieren den aktuellen Stand der Fähigkeiten und machen Vorschläge, welche Fertigkeiten und Kompetenzen für den jeweiligen Kontext der Leitenden am dringendsten vertieft werden sollten.

In Abbildung 11.1 werden die Inhalte der Befragung zusammengefasst. Dabei misst der 360°-Bewertungs- und Analyseprozess das Maß an Bereitschaft innerhalb von vier Bereichen (vgl. Tabelle 11.1).

Der große Vorteil dieses Prozesses liegt darin, dass er es einem Leiter bzw. einer Leiterin ermöglicht, Feedback von einer größeren Gruppe von Menschen zu bekommen, die den Leitungsstil aus ganz unterschiedlichen Situationen in und außerhalb der Gemeinde kennen. Feedback zählt dabei zu den wertvollsten Geschenken, die man Leitenden machen kann. Leider gibt es viel zu selten Situationen, in denen man einander ein solches Feedback gibt, das wirklich zu Veränderung und zur Entwicklung von neuen Fähigkeiten beitragen kann. Aus unserer Erfahrung erhalten Leitende in der Regel ausschließlich zwei Arten von Feedback: Lob und Schuldzuweisung. Entweder werden sie als wunderbare Menschen gepriesen oder sie werden beschuldigt, sich nicht ausreichend um die Erwartungen und Bedürfnisse der Menschen zu kümmern. Weder die eine noch die andere Art von Feedback führt zu einer Weiterentwicklung des Leitungsstils. Unser 360°-Bewertungs- und Analyseprozess hingegen erlaubt es den Leitenden, die Außenperspektive auf sich selbst und ihre Leitungskompetenz einzunehmen.

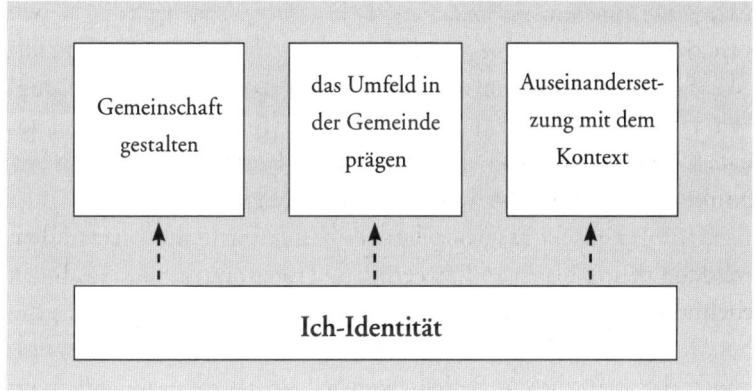

Abbildung 11.1 Der Rahmen für die Befragung für Pastoren und Leitende

Tabelle 11.1 *Sechzehn Kompetenzen missionaler Leiterschaft*

Bereiche missonaler Leiterschaft	Notwendige Kompetenzen
1. Persönliche Kompetenzen	1. Persönliche Reife 2. Konfliktmanagement 3. Courage / Mut 4. Vertrauenswürdigkeit
2. Kompetenzen im Umgang mit anderen	5. Missionales Denken erzeugen 6. Wachstum kultivieren 7. Veränderung ermöglichen 8. Aktionsteams gründen
3. Kompetenzen innerhalb der Gemeinde	9. Partizipation an Gemeinde unterstützen 10. Missionale Kultur entwickeln 11. Missionale Praktiken kultivieren 12. Missionale Theologie praktizieren
4. Kompetenzen innerhalb der Gesellschaft	13. Verständnis für die Gesellschaft aufbringen 14. Engagement der Gemeinde fördern 15. Missionale Zukunft gestalten 16. Verständnis der biblischen Grundlagen 17. für Veränderung pflegen

Der 360°-Feedbackprozess

Der Feedbackteil unseres 360°-Bewertungs- und Analyseprozesses (Abbildung 11.2) ist konstitutiv für den gesamten Prozess. Die Ergebnisse der Online-Befragung der 15-25 Teilnehmer, die von der jeweiligen Leiterin bzw. dem jeweiligen Leiter ausgesucht wurden, können zusammengenommen wie ein detailreiches Bild betrachtet werden, das abbildet, wie andere die Leiterschaft im Licht der genannten Kompetenzen wahrnehmen. Dabei urteilt das Feedback nicht oder schreibt vor, was am Leiten richtig und was falsch ist; es liefert auch keine Rezepte für die konkrete Arbeit. Sein Wert liegt darin, die Reflexion über den eigenen Leitungsstil zu unterstützen und Bereiche aufzuzeigen, die noch weiter vertieft werden könnten bzw. sollten. Dieses „Bild", das andere für ihren Leiter bzw. ihre Leiterin gezeichnet haben, kann so als Ressource dienen, wenn man auf dem Weg ist, die einzelnen Schritte missionaler Leiterschaft zu erlernen, so, wie es im zweiten Teil dieses Kapitels skizziert wird.

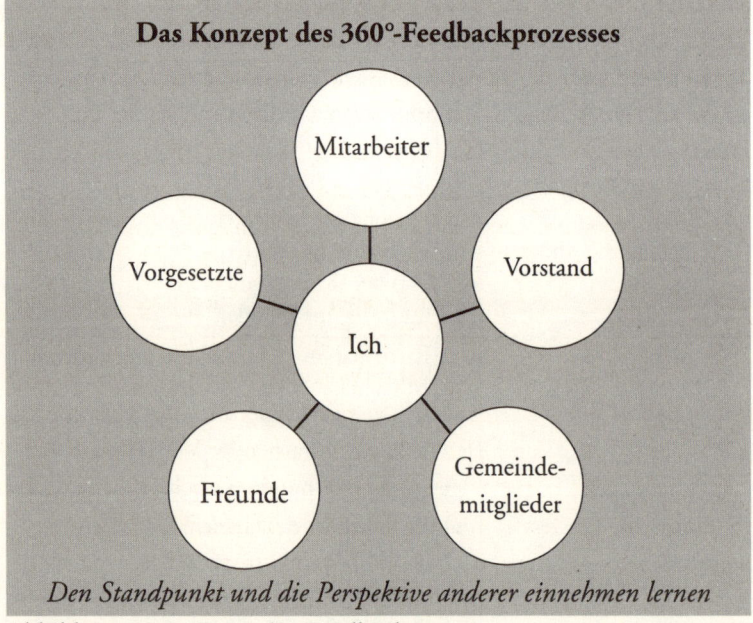

Den Standpunkt und die Perspektive anderer einnehmen lernen

Abbildung 11.2   Der 360°-Feedbackprozess

Der aus dem Feedbackprozess entstehende Bericht wird zur Grundlage des zweiten Schrittes: ein Leitungsteam zu entwickeln, das sich mit dem 360°-Bewertungs- und Analyseprozess befasst.

Es ist durchaus möglich, die Schritte aus dem folgenden Teil zu nutzen, ohne den 360°-Bewertungs- und Analyseprozess durchlaufen zu haben. Alternativ könnte man sich selbständig mit den Faktoren missionaler Bereitschaft befassen, um aus jedem Bereich einen auszuwählen, der für eine Fähigkeit bzw. Kompetenz steht, die man entwickeln möchte. Obwohl dieser Schritt auf das wichtige Feedback verzichtet, das für den Bewertungs- und Analyseprozess zentral ist, ermöglicht er die Arbeit im Leitungsteam, die im nächsten Abschnitt beschrieben wird.

Das Leitungsteam

Für diejenigen, die ihre missionalen Leitungskompetenzen (weiter-) entwickeln möchten, ist aus unserer Sicht nach dem Feedbackprozess auch die Teilnahme an einem Leitungsteam äußerst hilfreich. Dieses Team besteht aus sechs bis acht anderen Leiterinnen oder Leitern bzw. Pastoren aus der gleichen Gegend, die sich verbindlich in regelmäßigen Abständen über einen Zeitraum von zwölf bis achtzehn Monaten treffen, um sich gegenseitig in einer herausfordernden Übergangszeit zu unterstützen. Einmal mehr müssen sich die Mitglieder einer solchen kleinen Gruppe als Lernende auf einer Reise mit ungewissem Ziel verstehen, die eine völlig unbekannte Landschaft erkunden. Gleichzeitig haben sie aber das Privileg und die Verantwortung, für die Menschen in ihrer Gemeinschaft da zu sein und sie zu leiten. Hier gilt es – aus Verantwortung sich selbst und anderen gegenüber – auf unnötige Risiken und Experimente zu verzichten. Dennoch gibt es keine verlässliche Landkarte oder Wegbeschreibung, die Risiken und Experimente von vornherein ausschließen würden. Wie aber lässt sich beides unter einen Hut bringen? Wie können wir inmitten dieser unvermeidlichen Spannung unsere Arbeit verantwortungsvoll erledigen? Die Antwort darauf ist überraschend einfach: Wir sind auf andere angewiesen, die diese Reise mit uns machen!

Was wir brauchen, sind Gleichgesinnte, die sich darauf einlassen, eine Lerngemeinschaft zu werden, in der wir das Beste aus uns herausholen.

Teil einer solchen Lerngemeinschaft zu sein, ist für viele Leiterinnen und Leiter ungewohnt; in einem Team zu sein, das sich gegenseitig unterstützt, missionale Fähigkeiten und Kompetenzen zu vertiefen, dürfte für die meisten eine neue Erfahrung sein. Für die Auseinandersetzung mit diesen Kompetenzen gibt es aus unserer Sicht keinen besseren Ort als solche Teams. Wie solche Teams gestaltet werden können, darum geht es in diesem Abschnitt. Auf die Struktur eines jeden Treffens wird ebenso eingegangen wie auf die Frage danach, wie man Entwicklungspläne sinnvoll anlegen kann. Dieser Prozess soll dazu beitragen, dass Leitungskompetenz entwickelt und missionaler Wandel in den jeweiligen Gemeindekontexten möglich wird.

Abbildung 11.3 fasst den gesamten Prozess zusammen, den wir entwickelt haben. Ganz oben stehen die fünf Phasen des Modells missionalen Wandels, dabei gehören der Bewertungs- und Analyseprozess zu den Bewusstseins- und Verstehensphasen. Darauf folgt die Gründung eines Leitungsteams, das auch den Rahmen für die Auswertungsphase bereitstellt. Der Teamarbeit, die in diesem Abschnitt beschrieben wird, folgt die Experimentierphase, innerhalb derer die missionalen Aktionsteams eine wichtige Rolle spielen. Dieser Prozess basiert auf dem vom Leitungsteam erarbeiteten Entwicklungsplan und deutet die Stellen an, wo dieser Plan in die Tat umgesetzt werden kann. Auf diese Weise können die Pastoren und Leitenden zu jeder Zeit aus ihren eigenen Erfahrungen und denen der anderen lernen, wie mit dem Modell missionalen Wandels gearbeitet werden kann. Dieser Prozess bereitet unmittelbar auf die Arbeit mit dem Modell missionalen Wandels in der eigenen Gemeinde vor.

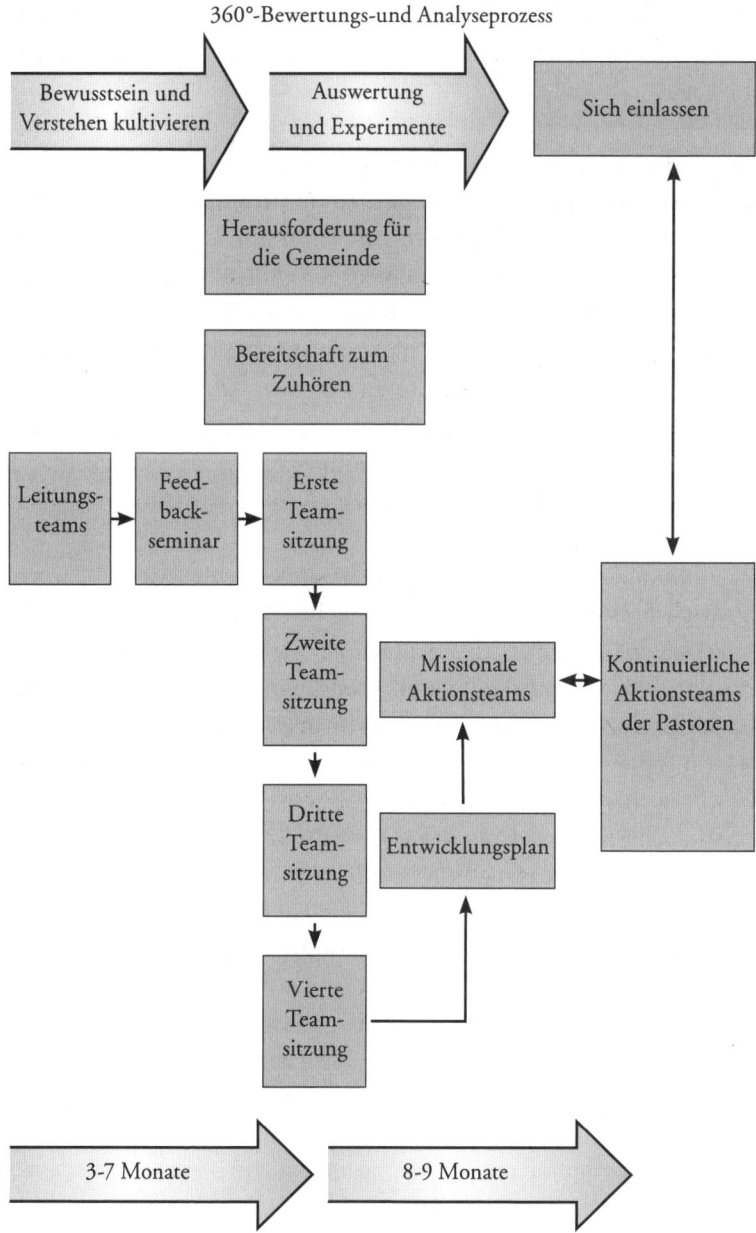

Abbildung 11.3   Überblick über den Prozess im Leitungsteam

Am unteren Rand von Abbildung 11.3 lässt sich für jede Phase eine
ungefähre zeitliche Angabe ablesen. Der hier skizzierte Teamprozess
beschreibt die ersten fünf bis sieben Monate des Prozesses; hier stehen vor allem die Feedbackberichte im Vordergrund, um die spezifischen Kompetenzen jedes einzelnen Teammitglieds zu bestimmen,
an denen er oder sie arbeiten will, und um sich im Zuhören zu üben,
um das eigene Verständnis zu vertiefen und die Bedeutung des Feed-
backs für die eigene Entwicklung als Leiterin oder Leiter besser zu
verstehen. Die auf den Entwicklungsplan folgenden Phasen nehmen
zusätzlich acht bis neun Monate in Anspruch, innerhalb derer die
Arbeit mit den missionalen Aktionsteams im Vordergrund steht.

Die ersten 5 bis 7 Monate im Leitungsteam
Folgende Schritte sind für die Anfangsphase entscheidend:

1. den 360°-Bewertungs- und Analyseprozess durchlaufen.
2. den Feedbackbericht erhalten und diesen in einer Feedbacksit-
    zung vertiefen.
3. mit fünf bis acht anderen Leitenden, die die ersten zwei Schritte
    auch durchlaufen haben, ein Leitungsteam gründen.
4. innerhalb der nächsten fünf bis sechs Monate Folgendes tun:
    *   aus jedem Bereich je einen Faktor missionaler Bereitschaft
        ermitteln. Diese Faktoren sollen Grundlage für Gespräche
        sein, in denen die Leitenden aber in erster Linie zuhören sol-
        len, um unterschiedliche Meinungen und Perspektiven ken-
        nenzulernen und zu verstehen, welchen Platz die jeweiligen
        Faktoren in der eigenen Person aktuell einnehmen.
    *   eine bedeutsame, missionale Herausforderung für die Leiter-
        schaft in den jeweiligen Gemeinden formulieren, die auf
        dem Weg zur Gestaltung einer missionalen Gemeinschaft
        hilfreich sein könnte.
    *   sich darauf einlassen, regelmäßig eine Reihe christlicher
        Praktiken auszuüben.
5. Auf der in Schritt 4 erarbeiteten Basis können sich die Teammit-
    glieder gegenseitig unterstützen, einen persönlichen Entwick-

lungsplan für ihren Leitungstil zu entwickeln. So wird die Phase erreicht, in der dieser Plan in der Gemeinde in die Tat umgesetzt wird (auf diese Phase wird in diesem Kapitel nicht eingegangen).

Die Bedeutung des Leitungsteams

Als einige Gemeindeverantwortliche Mühe hatten zu verstehen, warum sie sich treffen sollten, um sich über das Gelernte auszutauschen, beschlossen Alan und seine Mitarbeiterin Pat kurzfristig, eine Telefonkonferenz einzuberufen. Mitten in der Diskussion erwiderte Pat einem widerwilligen Gemeindepastor Folgendes: „Bill, aus Erfahrung werden Sie rein gar nichts lernen!" Schweigen. Niemand wusste, wie man auf diesen relativ unsensiblen Vorwurf reagieren sollte. War das nicht unlogisch, was Pat gesagt hatte? Es ist doch so, dass wir aus Erfahrung lernen, das hat man uns doch beigebracht? Pat fuhr fort: „Wir lernen aus unserer Erfahrung nur, wenn wir sie reflektieren, und dazu brauchen wir nun einmal andere Menschen."

Andere Menschen, vor allem diejenigen, denen wir vertrauen können, sind die Voraussetzung dafür, dass unsere Auseinandersetzung mit unseren Erfahrungen, Erwartungen, Taten und Herausforderungen effektiv ist und uns wirklich weiterbringt. Leitungsteams zu entwickeln ist ein ganz wesentlicher Bestandteil von missionaler Leiterschaft. Leitende entdecken das Potenzial, das entsteht, wenn sie zusammen und füreinander arbeiten und sich gegenseitig in der Entwicklung ihrer Leitungskompetenzen und den alltäglichen Herausforderungen in der Gemeinde unterstützen. Die meisten Pastoren stimmen uns aus vollem Herzen zu, wenn wir behaupten, dass Pastoren unter dem *sola-pastora*-Modell der Leiterschaft erheblich leiden. Es ist die Regel und keine Ausnahme, dass Pastoren sich chronisch überfordert und allein fühlen und meinen, persönlich versagt zu haben, wenn sie nicht sämtlichen Anforderungen, die an sie als die Hauptverantwortlichen der Gemeinde gestellt werden, gerecht werden. Die wenigsten aber wissen, wie sie daran etwas ändern könnten. Und dafür gibt es meist gute Gründe. Im Folgenden eine kleine Auswahl davon:

- Pastorinnen und Pastoren sind in der Regel so ausgebildet, in einem *sola-pastora*-Rahmen zu denken und zu handeln.

- Wir kennen keine anderen Modelle, an denen wir uns orientieren könnten. Modelle aus der Wirtschaft und dem Management funktionieren auch nicht wirklich gut.

- Wir sind zurückhaltend, wenn es darum geht, uns anderen gegenüber zu öffnen. Wir haben Angst davor, dass man uns besser kennenlernt, als uns lieb ist; auch dass unsere Schwachstellen als Leiter erkannt werden. Wir teilen uns eigentlich nur dann gern mit, wenn wir Erfolgsgeschichten erzählen können; für das Scheitern bleibt wenig Platz. Obwohl wir theologisch wissen, dass Demut und Ehrlichkeit für unser Leiten grundlegend wichtig sind, geben die vermeintlichen Vorbilder vor, erfolgreich zu erscheinen und zu handeln.

- Wir schrecken davor zurück, Zeit mit anderen Leitenden zu verbringen und einfach nur mit ihnen zu *reden*, weil wir uns vor der Reaktion unserer Gemeinden fürchten.

- Wir können uns nicht vorstellen, was passiert, wenn wir ein solches Leitungsteam gründen würden. Wir haben kaum Vorbilder, die uns zeigen könnten, wie man gemeinsam über seine Erfahrungen reflektieren und dadurch lernen und wachsen könnte.

Als Leitungsteam kann man dieser Dynamik gemeinsam entgegentreten. Dabei sind alle Mitglieder bestrebt, sich selbst in der eigenen Entwicklung helfen zu lassen und auch andere bei ihrem Lernprozess, missionale Leiter zu werden, zu unterstützen.

Die Grundlagen des Leitungsteams

Das Team aus fünf bis acht Leiterinnen bzw. Leitern trifft sich regelmäßig über einen Zeitraum von etwa vier bis sechs Monaten. Gegen Ende dieser ersten Phase erarbeiten alle Mitglieder einen Entwicklungsplan und bereiten sich auf die Phase der missionalen Aktionsteams vor. Diese Phase wird in Abbildung 11.3 aufgegriffen, in diesem Kapitel jedoch nicht erläutert. Als Gruppe arbeiten alle Teammitglieder daran, die wichtigsten Kompetenzen zu benennen, die die einzelnen Mitglieder weiterentwickeln wollen.

Folgende Ziele hat ein solches Team:

- Einander helfen, sich der inneren Bereitschaft zur Veränderung bewusst zu werden.
- Gemeinsam eine Reihe christlicher Praktiken einüben, die dem missionalen Leben Gestalt verleihen. Im Team legt man zusammen einige fest und verpflichtet sich dazu, diese regelmäßig zu praktizieren.
- Sich gegenseitig dabei unterstützen, einen Entwicklungsplan für die eigene missionale Leiterschaft aufzustellen.

Um auf diesen drei Ebenen effektiv zu arbeiten, muss das Team zunächst eine Art Bündnis entwickeln. Dadurch wird ein guter Rahmen für die Zusammenarbeit geschaffen und es werden bestimmte Vorsorgemaßnahmen getroffen:

1. Verbindliche Teilnahme an jedem monatlichen Treffen
   Dazu hält man sich ausreichend Zeit frei (fünf bis sechs Stunden) und trägt die Termine rechtzeitig in den Kalender ein. Diese Termine sollen nicht abgesagt werden.
2. Absolute Vertraulichkeit
   Was auch immer während der Treffen gesagt wird, bleibt vertraulich, es sei denn, die ganze Gruppe ist damit einverstanden, dass über bestimmte Dinge auch außerhalb der Gruppe gesprochen wird.
3. Gründliche Auseinandersetzung mit den vereinbarten christlichen Praktiken
   Man einigt sich verbindlich auf zwei oder drei Praktiken christlichen Lebens, denen man sich in den folgenden Monaten regelmäßig widmet, z.B. regelmäßig füreinander zu beten, das Stundengebet einzuhalten oder regelmäßig Fremde nach Hause einzuladen. Es ist hilfreich, sich genau darauf zu einigen, wie (oft) man dies tun will und wie man sich über die Erfahrungen damit austauscht.

4. Über den eigenen Weg und die Vorhaben ehrlich Rechenschaft
    ablegen

    Auf dem Weg zu Bewusstheit und Verstehen ist es unerlässlich,
    ehrlich zu reflektieren, wie man einander im Team zuhört und
    die christlichen Praktiken, auf die man sich geeinigt hat, in die
    Tat umsetzt. Nur wenn man ehrlich miteinander ist, kann es
    echte Entwicklung und Wachstum geben.

5. Regelmäßig miteinander und füreinander beten

    Gott ist es, der uns zu missionaler Leiterschaft beruft und befä-
    higt. Der Entwicklungsprozess, durch den die jeweiligen Leiter
    gehen, mag von anderen begleitet und gefördert werden; wohin
    er jedoch im einzelnen Fall führt, kann nicht vorausgesagt wer-
    den. Wird dieser Prozess von Gebet getragen, kann man als Lei-
    terin bzw. Leiter erkennen, wohin der eigene Weg geht.

Bestandteile eines jeden Teamtreffens

Das erste – und wichtigste – Element eines jeden Teamtreffens ist die
eingehende *Beschäftigung mit Gottes Wort*, was sowieso die Grundlage für die Entwicklung als missionale Leiterin bzw. missionalen Leiter darstellt. Jedes Treffen sollte daher damit beginnen, dass man sich
einem biblischen Text öffnet und in eine Auseinandersetzung tritt.
Das soll weder ein Bibelstudium im herkömmlichen Sinne sein noch
eine Gelegenheit, sich durch seine exegetischen Fähigkeiten bzw.
Kenntnisse besonders hervorzutun. Vielmehr ist diese Zeit dazu gedacht, sich gemeinsam einer Reihe von Fragen zu stellen, die uns
entdecken helfen, wo und wie Gott uns in einer bestimmten Passage
anspricht. Im Folgenden werden die einzelnen Schritte knapp zusammengefasst:

1. Gemeinsam wird der Text gelesen. (Wir lesen immer Lukas 1, 10-
    12, anstatt jedes Mal von einem Text zum nächsten zu springen).

2. Gemeinsame Stille. Dabei fragt sich jeder, an welcher Stelle des
    Textes etwas mit jeder/jedem persönlich geschehen ist, wo man
    sich angesprochen fühlt und wie Gott möglicherweise in diesem
    Zuhören zu Einzelnen spricht.

3. In kleinen Zweiergruppen tauscht man sich nun kurz (jeweils
    nur ein paar Minuten) darüber aus, wie man auf die Textpassage
    reagiert hat.
4. In der großen Gruppe berichten alle nacheinander und hören
    den anderen zu.

Das zweite Element eines jeden Treffens ist dem *Zuhören* gewidmet.
In der Phase der Zusammenarbeit als Team soll sich jeder intensiv auf
das Zuhören einlassen, um sich mit seiner persönlichen Bereitschaft
zur Veränderung auseinanderzusetzen. Während der Teamtreffen
soll reflektiert werden, was die einzelnen Teammitglieder im Rahmen dieser Phase hören und lernen.

Das dritte Element ist das Pflegen der *christlichen Praktiken*. Hier
legt man Rechenschaft voreinander ab, wie man im letzten Monat
mit den Praktiken zurechtgekommen ist und was man damit erlebt
hat.

Jeder erlebt seine ganz *eigene Geschichte in der Gemeinde*. Was man
dabei selbst als Leitender erlebt, geht als viertes Element in die Teamtreffen ein. Das soll dazu dienen, die Herausforderungen der Missionalen Leiterschaft im jeweiligen Gemeindekontext festzustellen.

Das fünfte und letzte Element ist die *Reflexion*. Wir lernen, indem
wir unsere Erfahrungen reflektieren. Am Ende eines jeden Treffens
soll daher kurz besprochen werden, was während des Treffens passiert ist, was funktioniert hat und was nicht, um die Reflexionskom-
petenz zu trainieren und eine erfolgreiche Teamarbeit zu leisten.

Das Programm für die ersten drei Teamtreffen

Zu Beginn des Treffens beschäftigt man sich mit Gottes Wort (30
Minuten).

Als Nächstes teilt sich die Gruppe in kleinere Dreiergruppen auf,
um sich in diesem Rahmen über ihre Erfahrungen mit Zuhörübun-
gen auszutauschen (45 Minuten; ca. 15 Minuten für jeden bzw. jede).
Hier berichtet jede Person über das Feedback, das sie im letzten Monat erhalten hat. Die anderen beiden aus der Kleingruppe geben ihrerseits Feedback, indem sie in erster Linie Rückfragen stellen, um

die berichtende Person besser verstehen zu können. In dieser Phase
steht das Zuhören weiter im Vordergrund; Ratschläge und neue Lö-
sungsstrategien sind hier fehl am Platz. Diese Kleingruppenzeit wird
so zur Grundlage des vierten Teamtreffens, in dem die individuellen
Entwicklungspläne bestätigt werden.

Als ganzes Team findet im nächsten Schritt eine allgemeine Aus-
tauschrunde statt (30 Minuten), in der man sich gegenseitig auf den
aktuellen Stand bringt.

Dem folgt das Gespräch über die christlichen Praktiken (45 Minuten). Jedes Gruppenmitglied ist hier gefragt, kurz über die eigenen
Erfahrungen zu berichten; die Aussprache dient dazu, herauszufinden, was die anderen gelernt haben und um einander Rechenschaft
abzulegen.

Wieder in Dreiergruppen findet der Austausch über die eigene
Geschichte als Leiter in der Gemeinde statt (45 Minuten). Innerhalb
dieser Kleingruppe wird im Laufe von vier Monaten daran gearbeitet, die grundlegende Herausforderung für das Leiten in der jeweiligen Gemeinde herauszufinden. Während der ersten beiden Treffen
können die Kleingruppenmitglieder die Geschichte der Gemeinde
durch eine kurze Präsentation vorstellen. Das Erzählen der Geschichten führt dazu, dass sich die individuellen Anforderungen an die Leiterschaft in der jeweiligen Gemeinde besser nachvollziehen lassen
und die entsprechenden Herausforderungen, mit denen die Leitenden in ihren Gemeinden konfrontiert sind, klarer herausgestellt werden können. Während des Erzählens können die Zuhörer Fragen
stellen, die das Verstehen und das Sich-bewusst-Werden fördern. Am
Ende des dritten Treffens stellt jedes Teammitglied die Leitungshe-
rausforderung vor, die man in diesem Kontext als zentral empfindet.

Als Nächstes kommen Hausaufgaben und Übungen für den
nächsten Monat, auf die sich das Team einigt, z.B. könnten dies Re-
cherchen oder Planungen sein (15 Minuten).

Am Schluss steht die Reflexionsphase (30 Minuten); hier soll zur
Sprache kommen können, was während des Treffens als hilfreich
oder weniger hilfreich empfunden wurde. Nur durch die Reflexion
unserer Erfahrungen können wir lernen.

Vorbereitungen für die Teamtreffen

Die Vorbereitung auf die Teamtreffen sollte jeweils drei Bereiche umfassen: die notwendigen Kompetenzen missionaler Leiterschaft (man sollte sich vorher überlegen, über welche man sprechen wird), das Zuhören (dies setzt die aktive Suche nach Gelegenheiten voraus, zu denen man sich vor allem im Zuhören übt) sowie die eigene Geschichte (in) der Gemeinde (wie man sich als Leiterin bzw. Leiter in der Gemeinde sieht und entwickelt).

Die nächsten Seiten sollen für diese Vorbereitung eine Hilfestellung bieten.

Auf welche Kompetenzen missionaler Leiterschaft will man sich konzentrieren? Bereits vor dem allerersten Teamtreffen sollte man sich überlegen, welche vier Bereitschaftsfaktoren man in den folgenden Monaten eingehender behandeln möchte. Anhand dieser Kompetenzen, die auf dem 360°-Bewertungs- und Analyseprozess basieren, sollen die Teilnehmerinnen und Teilnehmer das Selbstverständnis ihres eigenen Leitungsstils kennenlernen können. Natürlich ist es ratsam, zunächst den 360°-Bewertungs- und Analyseprozess zu durchlaufen. Dieser erste Schritt ist von großer Wichtigkeit. Deswegen empfehlen wir jedem Leitenden, sich in aller Ruhe mit den Ergebnissen des Berichts zu befassen, um anschließend nicht mehr als vier Kernkompetenzen auszuwählen, mit denen sie sich in den folgenden Monaten im Rahmen des Teamtreffens befassen wollen.

Als Hilfe für die Vorbereitung hat es sich als sinnvoll erwiesen, sich folgende Fragen zu stellen:

- Wo erziele ich hohe Ergebnisse?
- Inwiefern spiegeln sich bei diesen Faktoren meine Stärken und Fähigkeiten als Leiterin bzw. Leiter wider?
- An welchen Dingen muss ich am dringendsten arbeiten?
- Bei welcher Stelle bin ich von den Ergebnissen am meisten überrascht?
- Welche Ergebnisse finde ich beunruhigend?
- Was genau ist es, das mich so beunruhigt?

Anhand dieser Fragen soll jeder Leiter bzw. jede Leiterin vier Kompetenzbereiche auswählen, an denen er bzw. sie in den kommenden Monaten arbeiten will. Diese Bereiche sollten

- auf den individuellen Stärken aufbauen.
- in erster Linie für einen selbst wichtig sein; d.h. man soll sie sich nicht deshalb aussuchen, nur weil jemand anders sie für wichtig erachtet.
- so beschaffen sein, dass man sie in den nächsten sechs bis zwölf Monaten sinnvoll bearbeiten und entwickeln kann.

Beim ersten Teamtreffen stellt jedes Teammitglied die vier Bereiche vor, an denen es arbeiten möchte und begründet diese Auswahl. Jedes Teammitglied erhält von sämtlichen Teammitgliedern eine verbindliche Liste, um jederzeit darauf zurückgreifen und sie diskutieren zu können; so kann im Laufe der Zusammenarbeit das Team an der Entwicklung der anderen Anteil nehmen.

In den Wochen zwischen den Teamtreffen sollen bewusst Gespräche geführt werden, in denen man primär zuhört. Für diesen Bestandteil der Arbeit im Leitungsteam sucht man sich Menschen, mit denen man sich in den kommenden vier Monaten regelmäßig trifft, um ihnen vor allem zuzuhören. Wie diese Treffen jeweils ablaufen sollen, wird im Folgenden beschrieben; sie sollen insbesondere das Verständnis für die Auswahl der Kompetenzen fördern. Dieser Zuhörprozess erfordert Zeit. Man muss Zeit investieren, um sich mit den anderen Menschen zu treffen, um ihnen mit größter Aufmerksamkeit zuzuhören. Nur so entfaltet sich das ganze Potenzial, das in aufrichtigem und offenem Feedback steckt. Indem man sich bewusst Zeit nimmt, um zuzuhören, wächst man in seinem Bewusstsein und im Verstehen der ausgewählten Bereiche sowie dessen, worauf der Bericht des 360°-Bewertungs- und Analyseprozesses hinweist. Dieser Zuhörprozess wird während der ersten drei bis vier Monate der Teamtreffen fortgeführt; er ist gleichzeitig die Quelle für bestimmte Daten, die für das Erstellen des individuellen Entwicklungsplans benötigt werden. Im Folgenden wird beschrieben, wie diese Treffen gestaltet werden können und wie man sie optimal dazu nutzen kann, eine umfassende Rückmeldung zu den ausgewählten Bereichen zu erhalten.

Zuerst sollte man sechs bis acht Freunde, Mitarbeiter o.Ä. festlegen, denen man vertraut, die einen relativ gut kennen und deren Meinung und Ratschläge man schätzt. Unter diesen Menschen sollten solche sein, die entweder (1) den Fragebogen des 360°-Bewertungs- und Analyseprozesses ausgefüllt haben, (2) Kollegen aus dem Leitungskreis sind, (3) Mitglieder der eigenen Gemeinde sind oder (4) andere Leitende sind, mit denen man bekannt ist, aber nicht eng zusammenarbeitet.

Im Folgenden einige hilfreiche Kriterien, nach denen man diese Auswahl treffen kann: Die Menschen, die man aussucht, um ihnen bewusst und ausdrücklich zuzuhören, sollten

- vertraulich mit der Situation umgehen.
- sachliches Feedback leisten können.
- weder einen idealisierten noch einen negativen Blick auf einen haben, sondern das Leiten aus einer ausgewogenen Perspektive betrachten und beurteilen können.
- die spezielle Situation, in der man besonders verletzlich ist, in keiner Weise ausnutzen.
- dazu in der Lage sein, das Verhalten und die Meinungen anderer kritisch zu reflektieren.
- sich genau darüber im Klaren sein, wozu das Interview dienen soll.

Hat man eine Namensliste von Menschen gemacht, auf deren Meinung und Feedback man besonders viel Wert legt, denen man also ganz bewusst zuhören möchte, könnte man sie im nächsten Schritt folgendermaßen kontaktieren:

Ich melde mich mit einer konkreten Bitte bei dir, weil ich dich als einen weisen Menschen mit ausgewogenen Ansichten kenne und schätze. Mich interessiert, wie du einige Aspekte meines Leitens einschätzt, deshalb würde ich mich freuen, wenn du eine Stunde Zeit für mich findest, damit ich dir zuhören kann. Mein Ziel ist es, für diese Gemeinde der beste Leiter zu werden, der ich sein kann.

Aus diesem Grund durchlaufe ich aktuell einen Bewertungs- und Analyseprozess für missionale Leiterschaft. Etwa 12 bis 15 Personen haben in diesem Rahmen bereits einen Fragebogen ausgefüllt (möglicherweise auch du). Die Auswertung dieser Erhebung hat zum Teil ermutigende Ergebnisse gebracht; manche Bereiche allerdings machen einen gewissen Handlungsbedarf notwendig. Ich möchte nun in den nächsten Wochen einigen vertrauenswürdigen Menschen zuhören, um diese Bereiche besser zu verstehen. Es wäre mir eine Ehre, wenn du dich bereit erklären würdest, dich von mir zu diesen Punkten interviewen zu lassen.

Wenn du einverstanden bist, würde ich dir das Auswertungsergebnis von vier konkreten Bereichen zeigen und dich bitten, mir deine Gedanken dazu mitzuteilen. Zum Beispiel interessiert mich, welche Verhaltensweisen du an mir beobachten kannst, die möglicherweise zu diesen Ergebnissen geführt haben. Ich würde dir einfach zuhören, ein paar Notizen machen und u.U. ein paar Verständnisfragen stellen. In erster Linie aber möchte ich dir zuhören. Ich möchte, dass du mir nicht nur nette oder gekünstelte Dinge sagst – ich bin wirklich an aufrichtiger Rückmeldung zu meiner Rolle als Leiter interessiert, sodass ich daraus lernen kann. Nachdem ich die Interviews geführt habe, werde ich die Ergebnisse dazu nutzen, einen persönlichen Entwicklungsplan zu erstellen, um ein besserer Leiter zu werden. Also brauche ich ein ehrliches und offenes Feedback von dir.

Was die Interviews selbst betrifft, sollte man eine klare Struktur vorgeben und einige Verhaltensregeln beachten. Man sollte außerdem dafür sorgen, dass man das, was man in den Interviews erfährt, sinnvoll für sich festhalten kann.

Vor den Interviews

- sollte man einen Interviewplan erstellen, nach dem man über einen Zeitraum von etwa sechs bis zwölf Wochen bequem sechs bis acht Interviews führen kann.
- sollte man jeden Interviewpartner mehrere Wochen im Voraus anrufen.
- sollte man genau erklären, warum man sich meldet und wie viel Zeit man in Anspruch nehmen will (nicht mehr als eine Stunde für jedes Interview).
- sollte man eine geeignete Zeit und einen guten Ort für das Treffen festlegen (man sollte sich dabei immer persönlich treffen).
- sollte man sicherstellen, dass der Treffpunkt geeignet ist und man eine Stunde lang nicht gestört wird.
- sollte man eine Kopie der Kompetenzbereiche erstellen, die man aus dem Bericht zur Erhebung entnommen hat und an denen man vorwiegend arbeitet.

Zum Interview selbst

- sollte man pünktlich sein.
- sollte das Handy ausgeschaltet werden.
- sollte man einen Notizblock bereithalten; von einem Laptop raten wir ab, da der Bildschirm wie eine Wand zwischen den Gesprächspartnern wirkt.
- sollte der Interviewpartner herzlich begrüßt werden; man zeigt sich dankbar, dass er diese Zeit aufbringt.
- sollte noch mal darauf eingegangen werden, wozu das Interview gut sein soll und was man selbst erreichen möchte.
- sollte man der anderen Person die kopierten Teile des Berichts zeigen und noch mal betonen, dass man an einer ehrlichen Rückmeldung interessiert ist.
- sollte man zuhören, zuhören, zuhören! Fragen sollten nur gestellt werden, wenn sie dem Verständnis dienen. Außerdem sollte man sich Notizen machen, um sich auch im Nachhi-nein an die wichtigsten Punkte des Gesprächs erinnern zu können.

Auf Folgendes sollte man im Interview besonders achten:

- Man sollte nicht erklären oder rechtfertigen, warum man eine bestimmte Sache (so) gemacht hat.
- Man sollte sich nicht in Erläuterungen zu einer bestimmten Sache oder Veranstaltung verlieren. Der Schwerpunkt soll auf dem Zuhören liegen.
- Während des Interviews sollte man auf seine eigene Körpersprache und die des Interviewpartners achtgeben; angespanntes Atmen, Pausen oder das Lauterwerden der Stimme können Beklemmung signalisieren und als Folge davon die Kommunikation behindern.
- Das Interview sollte nicht länger als 50 Minuten dauern; man sollte die andere Person nicht über die vereinbarte Zeit hinaus strapazieren.
- Für den Fall, dass das Treffen in einem Café oder einem Restaurant stattfindet, sollte man darauf bestehen, die Rechnung zu bezahlen.
- Am Ende sollte man dem anderen herzlich dafür danken, dass er sich die Zeit genommen hat und das Risiko eingegangen ist, ehrlich die Meinung zu sagen und vermutlich auch einige Dinge angesprochen hat, die zu sagen ihn Mühe gekostet hat. Der andere sollte wissen, dass man ihm aufmerksam und wertschätzend zugehört hat, dass das Treffen wichtig war und dass man für die Rückmeldung sehr dankbar ist.

Nach dem Interview:

- sollte man sich sofort an einen ruhigen Ort begeben und möglichst wörtlich aufschreiben, was man vom Interview in Erinnerung hat. Auf diese Weise vertieft sich noch einmal das Zuhören und man kann sich bewusst damit beschäftigen, was gesagt wurde. Wir finden es an dieser Stelle hilfreich, ein Tagebuch zu führen, in dem man sich schriftlich mit diesen Interviews auseinandersetzen kann.
- sollte man eine E-Mail oder eine Karte an den anderen schreiben oder ihn direkt anrufen, um ihm nochmals ausdrücklich

für das Interview zu danken. Außerdem ist es hilfreich, das Interview noch mal Revue passieren zu lassen und die wichtigsten Aspekte in vier bis fünf Punkten zusammenzufassen.

- Sollte man auf Grundlage der bereits geführten Interviews nun weitere Fragen formulieren, die sich beim nächsten Interview als hilfreich erweisen könnten.

In den Leitungsteams berichten sich die Mitglieder gegenseitig, was sie in den Interviews erfahren und was sie daraus lernen. Auch in diesem Rahmen kann man wieder von der Rückmeldung der anderen Teammitglieder lernen. Alle Teammitglieder sollten ihre Interviews vor dem dritten Treffen als Leitungsteam geführt haben.

Die Geschichte des eigenen Leitens in der Gemeinde

Vor dem ersten Treffen als Leitungsteam sollte man sich mit den Fragen bzw. Anregungen beschäftigen. Zu jedem Treffen sollte man ein paar Stichworte zu jeweils vier dieser Punkte aufschreiben (die ersten vier zum ersten Treffen, die nächsten vier zum zweiten Treffen und die letzten vier zum dritten Treffen). Während der Teamtreffen kann nun jeder seine Geschichte vorstellen, gleichzeitig können die anderen Fragen stellen und so Feedback geben. Der Sinn und Zweck dieser Aufgabe ist es, die vordringlichste Herausforderung missionaler Leiterschaft in der spezifischen Gemeinde herauszufinden, die man als Leiter als Nächstes angehen sollte.

Hilfreich ist es hier, eine Art Autobiografie über das eigene Leiten in der aktuellen Gemeinde zu schreiben. Das soll eine kurze Geschichte sein. Welche Anforderungen werden gestellt und wie geht man mit diesen um?

Anhand folgender Fragen an sich selbst lässt sich diese Geschichte gliedern:

1. Zunächst sollte man einen kurzen historischen Abriss über die eigene Geschichte in der Gemeinde geben, vor allem in Bezug auf die eigenen Leitungsaufgaben. Welche Daten, Zeiträume

und Ereignisse (in chronologischer Reihenfolge) sind hier für mich als Leiterin bzw. Leiter relevant?

2. Wie würde ich die Gemeinde charakterisieren? Wodurch zeichnet sie sich aus, wofür steht sie?

3. Welche Bilder prägen die Gemeinde? Gibt es bestimmte Metaphern, die immer wieder verwendet werden, um die Gemeinde bzw. ihre Aufgaben zu beschreiben?

4. Wie versteht die Gemeinde sich selbst? Was ist ihr Verständnis von der eigenen Geschichte?

5. Welche Erfahrungen als Leiterin bzw. Leiter waren für mich die bedeutsamsten?

6. Perspektivenwechsel – wie würde wohl die Gemeinde mein Leiten beschreiben? Welche Bereiche oder Ereignisse wären aus Sicht der Gemeinde bedeutsam?

7. Welche Bibelstellen bzw. biblischen Themen sind für mein Verständnis a) von Leiterschaft und b) von der Gemeinde die wesentliche Grundlage?

8. Welche Ereignisse (1 – 2) in der Gemeinde haben mich als Leiterin bzw. Leiter am meisten geprägt? Wie betrachte ich sie im Nachhinein?

9. Welche bedeutsamen Erfahrungen aus meiner Kindheit und Jugend könnten für die Frage eine Rolle spielen, wie ich heute in der Gemeinde leite?

10. Welche Erfahrungen (1 – 2) waren in meinem bisherigen Leben bedeutsam, wenn es um die Frage nach seelischen Wunden sowie Heilung geht?

11. An welchen Stellen hat sich meine Ekklesiologie in den letzten fünf Jahren entwickelt? Inwiefern hatte das Einfluss darauf, wie ich mich als Leiterin bzw. Leiter verstehe und darauf, wie ich meine Leitungsaufgaben ausübe?

12. Welche Herausforderungen (2 – 3) sehe ich in Bezug auf meine Leiterschaft, die am dringlichsten angegangen werden müssen, um in der Gemeinde eine missionale Gemeinschaft zu gestalten?

Vorbereitungen für das letzte Treffen als Leitungsteam

Das letzte Treffen dient dazu, all das noch einmal zusammenzubringen, was man in der letzten Zeit an Erkenntnissen gewonnen hat. Im Anschluss an das dritte – und damit vorletzte – Treffen sollte man sich einen halben Tag Zeit nehmen, um den Reflexionsprozess zu Ende zu bringen. Alles Feedback – aus den Interviews und aus den Teamtreffen – soll nun noch einmal betrachtet und zusammengefasst werden, um im Anschluss daran einen ersten, vorsichtigen Versuch zu unternehmen, einen Entwicklungsplan für das eigene missionale Leiten zu entwickeln.

Der Reflexionsprozess

Vor dem letzten Teamtreffen vergegenwärtigt man sich noch einmal die vier Kernbereiche, die man ausgewählt hat, und schreibt für jeden eine Zusammenfassung dessen, was man an neuen Erkenntnissen gewonnen hat (jeweils ca. eine Seite). Diese Zusammenfassung kann durch folgende Reflexionsfragen angeleitet werden:

- Welche konkreten Optionen sehe ich, um meine Fähigkeiten und Kompetenzen in Bezug auf diese Bereiche zu entwickeln und auszubauen?
- Welche dieser Optionen erweisen sich als kompatibel mit der Herausforderung, mein Leiten grundlegend zu verändern bzw. an den Kontext anzupassen?
- Was brauche ich, wenn ich mich für bestimmte Optionen entscheide (Menschen, Finanzen, Zeit, Reisen)?
- Wenn ich diese Optionen auf der Stelle umsetze, was würde das konkret bedeuten?
- Wer oder was wäre davon betroffen?
- Wie würden andere Menschen reagieren?
- Welche Optionen wähle ich aus und wie mache ich meine Wahl auch denjenigen verständlich, die diese Entscheidungen mittragen müssen?

Die Herausforderung der Leiterschaft

Als Nächstes soll man ein bis zwei Absätze zum Thema „In der Gemeinde, in der ich momentan diene, werde ich im Laufe des nächsten Jahres folgende Herausforderung missionalen Leitens angehen" schreiben. Dabei sollen folgende Fragen reflektiert werden:

- Welche Möglichkeiten kenne ich, um mich auf diese Herausforderung einlassen zu können?
- Welche Kompetenzen und Fähigkeiten benötige ich, um mich dieser Herausforderung stellen zu können?
- Welche konkreten Maßnahmen kann ich im Laufe der nächsten Monate ergreifen, um mich mit dieser Herausforderung auseinanderzusetzen?
- Welche anderen Menschen in der Gemeinde(leitung) können mir dabei zur Seite stehen, einen Plan zu entwickeln, um dieser Herausforderung gerecht zu werden?
- Was muss ich mit wem wie kommunizieren, um diese Herausforderung Wirklichkeit werden zu lassen?
- Wer in der Gemeinde wird von dieser Herausforderung betroffen sein? Auf welche Weise?
- Was hindert mich persönlich daran, mich auf die Herausforderung einzulassen?
- Gibt es etwas in der Gemeinde, das mich daran hindert, mich auf die Herausforderung einzulassen?
- Mit welchen Folgen kann ich kurzfristig sowie auch langfristig rechnen, wenn ich als Leiterin bzw. Leiter an dieser Herausforderung arbeite?
- Was kann ich tun, um den Widerstand gegen die Veränderungen möglichst gering zu halten?

Auf Grundlage dieser Reflexionsarbeit kann nun ein Aktionsplan entworfen werden, der wiederum während eines Teamtreffens besprochen wird; hier stellt jedes Mitglied seinen eigenen Plan vor, um von den anderen Feedback sowie Bestätigung zu erhalten.

Entwurf eines Aktionsplans

Anhand der nachstehenden Fragen und Punkte sollen nun konkrete Schritte entwickelt werden, a) um die Fähigkeiten und Kompetenzen, für die man sich entschieden hat, zu entwickeln sowie b) um die Herausforderung der Leiterschaft konkret anzunehmen. Für jede dieser beiden Bereiche soll die folgende Vorlage verwendet werden:

- Die Fähigkeiten und Kompetenzen (bzw. die Herausforderung in Bezug auf das Leiten), die ich ausgewählt habe, um an ihnen zu arbeiten, sind:
- Wen beziehe ich ein, welche Funktionen haben diese Menschen?
- Was ist der Kern dessen, was ich diesen Menschen mitteilen will, und wie gehe ich dabei vor?
- Welche Materialien und Medien könnte ich nutzen, um effektiv mit ihnen zu kommunizieren? Wie will ich diese Kommunikation ganz konkret gestalten?
- Welche konkreten Schritte und Ziele nehme ich mir vor? Welchen Zeitrahmen setze ich mir dafür?
- Welche Mittel stehen mir zur Verfügung und welche brauche ich noch? Was kommt an Kosten, Verantwortung und zeitlichem Aufwand auf mich zu?
- Schließlich wird eine Präsentation entwickelt, um den Entwicklungsplan sinnvoll der Gemeindeleitung zu vermitteln.

Das letzte Teamtreffen

Während des letzten Teamtreffens stellt jeder den eigenen Entwicklungsplan vor, um von den anderen Rückmeldung zu erhalten. Zum Abschluss des letzten Treffens wertet das Team gemeinsam aus, was es gemeinsam und für die individuelle Entwicklung gelernt hat, und überlegt, wie man sich auch in Zukunft gegenseitig unterstützen und begleiten kann; es besteht also durchaus die Möglichkeit, dass man als Team weitere Treffen vereinbart, um sich auch bei der Umsetzung der jeweiligen Pläne in den kommenden Monaten zu unterstützen.

Fazit

Mit dem Ende dieses Buches sind wir gleichsam am Ende einer gemeinsamen Reise. Dieses Fazit wird gerade früh am Morgen von Alan geschrieben, während er einmal quer durchs Land fliegt. Hinter ihm liegen einige Tage Arbeit an einer theologischen Ausbildungsstätte sowie eine Konferenz mit einem Dutzend Pastoren, mit denen er die Merkmale missionaler Leiterschaft diskutiert hat, die wir in diesem Buch entwickelt haben.

Die theologische Ausbildungsstätte, mit der Alan gerade gearbeitet hat, ist in Nordamerika einzigartig. Es wird hier explizit danach gefragt, wie Leitende in den entstehenden missionalen Kontexten aus- und fortgebildet werden können, und zwar nicht nur am Fachbereich Praktische Theologie! In sämtlichen Disziplinen nimmt man am Diskurs teil und setzt sich mit der Frage auseinander, wie das Curriculum und die gesamte Ausbildung auf die Anforderungen missionaler Leiterschaft eingehen kann. Vor diesem Hintergrund hat Alan immer noch die Aussage von Todd – einem Theologie-Dozenten – im Ohr. Dieser hatte seinen Kolleginnen und Kollegen gegenüber ehrlich bekannt, sich selbst in einer *Übergangs*phase zu befinden, in der er sich damit beschäftigte, wie sein Beitrag zur Ausbildung missional Leitender aussehen könnte. Die grundlegenden Aussagen des vorliegenden Buches können Todd und seiner Fakultät bei dieser Auseinandersetzung behilflich sein.

Neben den Treffen mit den Lehrenden der Ausbildungsstätte arbeitete Alan auch mit einer Gruppe Pastoren, die gerade auf dem Weg sind, missional Leitende zu werden. Sie alle nehmen als Team an einem Prozess teil, wie er in diesem Buch beschrieben wird. Solche Teams gibt es inzwischen an vielen Orten in Nordamerika und Australien. Von einem Pastor in Pittsburgh wissen wir, dass er zum Vorstand seines Gemeindeverbands sagte: „Dieses Verständnis von Leiten und der Entwicklungsprozess, in den wir mit hineingenommen wurden, hat meine Perspektive auf den Dienst in der Gemeinde – und meinem Dienst selbst – völlig verändert." Der Vorstandsvorsitzende dieses Verbands wiederum berichtete uns davon, dass sowohl der Rahmen für das Leiten, den wir in diesem Buch erläutert haben, als auch die Teamarbeit, die wir in diesem letzten Kapitel vorgestellt haben, für ihn die wichtigsten Entdeckungen waren, die er in den letzten Jahren in Bezug auf Leiterschaft gemacht hat.

Dabei war unsere eigene Reise, die wir seit der Entstehung und mit der Entwicklung der Ideen und Praktiken, wie sie in diesem Buch beschrieben werden, unternommen haben, nicht leicht. Obwohl wir beide seit Langem als Leiter arbeiten (einer in der Geschäftswelt, der andere in der Gemeindewelt), haben wir erst spät den Rahmen kennengelernt bzw. entwickelt, den wir in diesem Buch vorstellen. Zu Anfang erschienen uns viele Aspekte und Ideen völlig kontraproduktiv und vor dem Hintergrund unserer praktischen Erfahrungen auch zum Teil nutzlos. Im Laufe der Zeit aber verstanden wir immer mehr, dass es ein Leiten gibt, das es einem erlaubt, sich radikal auf die Gemeinde und ihre Wahrheit einzulassen. Sie besteht darin, dass der Geist Gottes mitten unter den Menschen Gottes ist. Das bedeutet dann auch, dass die Antwort auf die Frage nach dem missionalen Leben bei den Menschen selbst zu suchen und zu finden ist. Beim Leiten geht es eben genau darum: ein Umfeld zu kultivieren, das Gottes Leute dazu befreit, wieder die Bewegungen des Geistes zu spüren. Der Geist weht, und wo wir uns auf ihn einlassen, können wir unsere Segel setzen und diese von ihm füllen lassen, sodass wir mutig auch in den Gewässern segeln können, von denen wir keine klaren, vorgefertigten Karten haben.

Es gab für uns beide viel zu entdecken und mit dieser Reise gewannen wir immer mehr an Freiheit und Energie dazu, sodass sich über kurz oder lang alles verwandelte, was wir über das Leiten in der Gemeinde zu wissen glaubten.

Vor vielen Jahren fing Alan mit dem Surfen an, einem Sport, der – wenn man ihn erst einmal beherrscht – es einem erlaubt, über das Wasser zu fliegen, den Wind für sich zu nutzen und immer wieder Bauchkribbeln zu erleben, wenn man eine gute Welle erwischt. Beim Surfen-*Lernen* aber machte Alan unerwartete Erfahrungen. Kurz nachdem er sich sein erstes Surfbrett gekauft hatte, fuhr er mit seiner Familie für drei Wochen in den Urlaub – natürlich in die Nähe eines wunderbaren großen Sees.

Jeden Nachmittag, wenn der Wind stark genug geworden war, schnappte er sich sein Brett und das Segel, um sich ans Üben zu machen – Surfunterricht hielt Alan für überflüssig, und das Handbuch hatte er im Nu durchgelesen, ohne dass es ihn sonderlich beeindruckt hätte. Die erste Aufgabe bestand darin, das Gleichgewicht zu halten, während man in relativ flachem Wasser einfach nur auf dem Brett stand. Als Nächstes musste der Mast aus dem Wasser gehoben und gegen den Wind gehalten werden – wieder ohne dabei das Gleichgewicht zu verlieren. Diese Übungen nahmen in den folgenden Tagen Alans ganze Aufmerksamkeit in Anspruch, aber immerhin hatte er ja Urlaub und noch so einiges vor. Zum Beispiel endlich einmal raus aus dem seichten Wasser in tiefe Gewässer zu surfen, wo der Wind so richtig blies! Nach etwa einer Woche autodidaktischen Lernens fühlte er sich schon fast wie ein Fortgeschrittener: Das Gleichgewicht zu halten war kein Problem mehr und auch mit dem Segel konnte er inzwischen richtig gut hantieren. Er konnte problemlos ein paar Meter aus der Bucht surfen und wieder zurückkommen, ohne dabei allzu häufig umzufallen. Sein eigener Segelgrundkurs war abgeschlossen, jetzt war es Zeit für ein Abenteuer!

Eines Nachmittags gegen halb fünf nahm Alan sein Brett und ging zum See. Der Wind wehte etwas, gerade so, dass sich das Wasser leicht an seinem Brett kräuselte. Das Segel lag gut in der Hand. Die Welt war wunderbar! Was Alan zu diesem Zeitpunkt noch nicht über das Surfen wusste, war die Tatsache, dass der Wind, das Wasser und das Land am Wasser in einem ganz speziellen Verhältnis zueinander stehen. Im Grunde ist es so, dass das Land am Ufer eines Sees den Wind in die Höhe drückt, sodass der Wind in den ersten hundert Metern relativ ruhig und handhabbar erscheint. Etwa hundert Meter weiter weg vom Land hingegen nimmt dieser Effekt ab, sodass man hier die volle Windstärke zu spüren bekommt. So auch Alan, der schneller wurde, je weiter er hinaussegelte. Der Wind riss immer mehr an seinem Segel und Alan lehnte sich immer weiter zurück, um weder das Segel noch das Gleichgewicht zu verlieren. Jetzt war es wirklich wie Fliegen – Fliegen auf dem Wasser, ein großartiger Adrenalinstoß. Alan war wie berauscht

– das war es doch, wofür man lebte, eine so unglaublich tolle Erfahrung mitten auf dem Wasser!

Etwa 20 Minuten später war Alan auf der anderen Seite des Sees angekommen und saß dort im Gras. Während er versuchte, wieder zu Atem zu kommen, genoss er es in vollen Zügen, den See und den Wind bezwungen zu haben. Inzwischen war es schon kurz vor sechs, Zeit also, um wieder zu seiner Familie zurückzukehren, bei den Vorbereitungen zum Abendessen zu helfen und einen entspannten Abend am Lagerfeuer zu verbringen. Und was für ein Abend das werden würde – er jedenfalls hatte eine Menge zu erzählen, sein Abenteuer hatte gerade begonnen und in den nächsten Tagen würde er den See restlos erobern.

Alan stieg auf sein Brett und richtete es so aus, dass er wieder auf die andere Seite des Sees gelangen würde. Sein Ziel fest im Blick wunderte Alan sich darüber, was nun geschah. Sein Segel fing den Wind ein, dieses Mal aber fiel er mit lautem Platschen direkt ins Wasser. Verdutzt kletterte er wieder auf das Brett, hob das Segel aus dem Wasser und richtete es ein zweites Mal direkt auf sein Ziel aus. Er konnte es in der Ferne gerade noch erkennen, es hätte also gar nicht so schwierig sein dürfen, sein Brett entsprechend auszurichten und nach Hause zu surfen. Allerdings spielten der Wind und sein Brett dieses Mal nicht mit, sie richteten sich überhaupt nicht nach Alans Vorstellungen davon, wie sie zu funktionieren hatten. Immer und immer wieder stieg er aus dem Wasser auf sein Brett, richtete es auf das Ziel aus und – fiel direkt wieder ins Wasser. Langsam wurde er wütend, wieso machte sein Brett so etwas mit ihm? Er konnte es sich einfach nicht erklären: Warum klappte es nicht so wie sonst? Was machte er falsch? Warum konnte er nicht einfach nach Hause surfen? Alan war ratlos. Und bald sehr erschöpft. Frierend und zitternd überlegte er, ob ihm etwas völlig Abwegiges helfen könnte – vielleicht bestand die einzige Möglichkeit darin, in eine andere Richtung zu segeln? Tatsächlich. Mit einem Winkel von etwa 90 bis 100 Grad surfte er in die „falsche" Richtung, behielt das Segel fest in der Hand und damit auch das Gleichgewicht. Langsam dämmerte es ihm: Anstatt in Richtung des Windes zu segeln, musste er ihn kreuzen.

Um das Ziel zu erreichen, kann man nicht einem linearen Weg folgen. Aber dieser Gedanke ist so merkwürdig und fremd – und vor allem anders als alles, was Alan bis dahin über das Erreichen von Zielen wusste.

Langsam bewegte Alan sich also weg von seinem Ziel. Allmählich drehte er sein Segel und langsam bewegte er sich letztlich wieder in Richtung des Ziels.

In den darauf folgenden Tagen experimentierte Alan mit diesem neu gewonnenen Verständnis des Surfens. Immer mehr lernte er so, wie sich der Wind und die Böen auf dem See verhielten. Und er lernte, wie er sich selbst dazu verhalten konnte. Damit begann das Abenteuer wirklich – die Böen zu suchen, über den See zu fliegen und sich dabei hingebungsvoll an der Schönheit des Lebens zu freuen.

Viele Leitende empfinden die Prinzipien und Kompetenzen, die wir im vorliegenden Buch beschrieben haben, als völlig verquer. Aber wir machen immer wieder die Erfahrung, dass dieselben Leitenden – wenn sie sich auf das Wagnis einlassen, ein Umfeld zu gestalten, in dem der Geist Gottes Raum hat – auch für sich selbst entdecken und erfahren, wie sie ihre Segel dem Geist Gottes entsprechend setzen können, um so ganz neu zu erleben, was Leben – und was Leiten heißt. Mögen die Leserinnen und Leser dieses Buches sich auf dieses Abenteuer einlassen und entdecken, wie der Geist Gottes weht – in ihrem Leben sowie in ihren Gemeinden.

Über die Autoren

Alan J. Roxburgh ist Pastor, Lehrer, Autor und Berater mit über dreißig Jahren Erfahrung im Leiten von Gemeinden, Beratertätigkeiten und in der Hochschulbildung. Zusammen mit seiner Frau Jane, einer Schulleiterin, lebt er in Vancouver, Canada. Er war Gemeindepastor in diversen Gemeinden und Gemeindegründungen in Kleinstädten, Vorstädten und einer urbanen Großstadt. Er hat ein Aus- und Fortbildungszentrum für Absolventen theologischer Ausbildungsstätten geleitet, die sich dort für ihre interkulturelle Arbeit in Canada sowie in anderen Ländern vorbereiten können. Weiter hat Roxburgh als Dozent sowie als Leiter eines Zentrums für Mission und Evangelisation gearbeitet. Er unterrichtet als freier Dozent an Ausbildungsstätten in den USA, Australien sowie in Europa. Einige seiner Bücher sind: *Reaching a New Generation*; *Leadership, Liminality and the Missionary Congregation*, *Crossing the Bridge: Leadership in a Time of Change*, and *The Sky Is Falling: Leaders Lost in Transition*. Alan war Teil des Autorenteams vom Buch *Missional Church: A Vision for the Sending of the Church in North America*.

Zurzeit arbeitet Roxburgh mit dem Allelon Missional Leadership Network, um Leitende für missionale Gemeinden auszubilden. Des Weiteren leitet er Konferenzen und Seminare mit Denominationen, Gemeinden und Ausbildungsstätten in ganz Nordamerika, Australien und dem Vereinigten Königreich. Er ist als Berater im Bereich missionaler Wandel und Systemwandel tätig.

Er hat das Gospel und Our Culture Network geleitet sowie ein Forschungsprojekt zur Erneuerung missionaler Systeme durchgeführt.

Wenn er gerade nicht unterwegs ist oder Bücher schreibt, geht er gern wandern oder Mountainbike fahren. Außerdem mag er Kaffee, Kochen und Zeit mit Jane und den Enkeln zu verbringen.

Fred Romanuk hat mehr als 25 Jahre Erfahrung als Berater im Missional Leadership Institute. Er hat an der York Universität, Toronto, in klinischer und Organisationspsychologie promoviert. Er hat am London Bible College in London, Ontario, studiert und hat einen anabaptistischen Hintergrund. Er war sowohl in Baptisten- als auch in mennonitischen Brüdergemeinden engagiert.

Romanuk hat sowohl mit großen nationalen als auch internationalen Organisationen gearbeitet, und zwar in Bezug auf den Umgang mit und die Gestaltung von Veränderungen. Er hat eine Beraterfirma gegründet und die Organisationseinheit einer großen internationalen Beraterfirma in Canada und Teilen der USA geleitet. Romanuk hat größere Initiativen für strategisches Planen geleitet für Firmen wie Panasonic in New Jersey, Hoechst Celanese in Montreal, British Electricity International in London, England, the Canadian Gas Association in Toronto, the United Way in Ottawa und viele weitere Organisationen in Canada und den USA.

Als Psychologe hat Romanuk vor allem daran gearbeitet, die Kompetenzen von Mitarbeitern in Leitungspositionen zu entwickeln.

Fußnoten

1 Mehr zu diesem Thema findet man in Kapitel 7 des von Darrell Guder herausgegebenen Buches „Missional Church: A Vision for the Sending of the Church in North America" (Grand Rapids, Michigan: Eerdmans, 1998) sowie in Alan Roxburghs „The Missional Congregation, Leadership, Liminality" (Harrisburg, Pennsylvania: Trinity Press International, 1998).

2 Zygmunt Bauman: „Society under Siege" (Cambridge, UK: Polity Press, 2002).

3 Robert Putnam: „Bowling Alone in America" (New York: Simon and Schuster, 2001).

4 Interessanterweise sind wir nicht die Einzigen, die mit den Konzepten arbeiten, die in diesem Modell konstitutiv sind. Unter denen, die ebenso organische Ansätze entwickeln, um zu beschreiben, welche Veränderungen unsere Organisationen nötig haben, ist David K. Hurst mit „Crisis and Renewal: Meeting the Challenge of Organizational Change" (Boston: Harvard Business School Press, 2002).

5 Steven Johnson: „Emergence: The Connected Lives of Ants, Brains, Cities, and Software" (New York: Penguin, 2001), S. 18.

6 Richard Pascale, Mark Millemann und Linda Gioja: „Surfing the Edge of Chaos" (New York: Random House, 2001), S. 113f.

7 Ulrich Beck: „Kinder der Freiheit. Wider das Lamento über den Werteverfall". In: Beck, Ulrich (Hrsg.). *Kinder der Freiheit.* Frankfurt am Main: Suhrkamp, 1997., 9-33. S. 21.

8 Beck (1997), S. 22.

9 Beck (1997).

10 Zygmunt Bauman: „Die Krise der Politik. Fluch und Chance einer neuen Öffentlichkeit". Hamburg: Hamburger Edition, 2000, S. 9.

11 Bauman (2000), S. 97f.

12 George Steiners „Von realer Gegenwart: Hat unser Sprechen Inhalt?" (München: Carl Hanser Verlag, 1990) illustriert diese

grundlegenden Bedürfnisse unserer Gesellschaft auf brillante Weise.

13 Alasdair MacIntyre: „Verlust der Tugend" (Frankfurt: Suhrkamp Verlag, 2006). In Kapitel 15 erörtert MacIntyre, dass unter der „Vorstellung des Selbst" der „Begriff eines Selbst" zu verstehen sei, „dessen Einheit in der Einheit einer Erzählung ruht, die Geburt mit Leben und Tod wie die narrative Einleitung mit der Mitte und dem Ende verbindet." (S.275) „Narrative Geschichte einer bestimmten Art erweist sich als die grundlegende und wesentliche Gattung der Charakterisierung menschlichen Handelns." (S. 279).

14 MacIntyre (2006), S. 289.

15 Jenny Rankin: „What Is Narrative? Ricoeur, Bakhtin, and Process Approaches" („Was ist Erzählung? Ricoeur, Bakhtin und prozessorientierte Ansätze") In: *Concrescence: The Australasian Journal of Process Thought*, 2002/3), S. 1.

16 Ron A. Heifetz: „A Survival Guide for Leaders." In: *HBR*, Juni 2002, S. 68.

17 Joseph J. Ellis: „Sie schufen Amerika. Die Gründergeneration von John Adams bis George Washington." München, C.H. Beck, 2005.

18 Ellis (2005), S. 16.

19 Ellis (2005), S. 294.

20 Ellis (2005), S. 334f.

21 Wayne Meeks: „The Origins of Christian Morality: The First Two Centuries" (New Haven, Connecticut: Yale University Press, 1993), S. 26.

22 Alan Kreider: „The Change of Conversion and the Origin of Christendom" (Harrisburg, Pennsylvania: Trinity Press International, 1999).

23 Kreider (1999), S. 90.

24 Vgl. D. Stephen Long: „The Goodness of God" (Grand Rapids, Michigan: Brazos Press, 2001). Long erläutert umfassend die Trennung zwischen Ethik und Theologie.

25 Lesslie Newbigin: „Proper Confidence. Faith, Doubt and Confidence in Christian Discipleship" (Grand Rapids, Michigan: Eerdman, 1995).

26 Vgl. Kreider (1999).

27 Stanley Hauerwas: „After Christendom?" (Nashville, Tennessee: Abingdon, 1991), S. 97.

28 Hauerwas (1991), S. 107.

29 Vgl. David Boschs These in seinem Buch „Transforming Mission: Paradigm Shifts in Theology of Mission" (Maryknoll, New York: Orbis, 1991), in dem er die Arbeit des Heiligen Geistes in der Apostelgeschichte als ein kontinuierliches Grenzüberschreiten beschreibt. Zentral ist, dass der Geist eine alternative Vorstellung entfaltet und zu erkennen gibt, eine Vorstellung, die sich deutlich von der geplanten, berechenbaren und strategischen unterscheidet, auf die die Leitenden in Jerusalem sich stets bezogen. Diese Sicht impliziert, dass moderne Vorgehensweisen wie Strategie-Management und Kontrollausübung – selbst, wenn sie sich für den Bau großer Gemeinden als erfolgreich erweisen – dem Leben der *ecclesia* ein falsches Gedankengut aufzwängen, was dazu führt, dass die Gemeinde immer weniger Vorgeschmack auf das sowie Zeichen und Zeugnis des Reiches Gottes sind.

30 In dieser Zeit arbeiteten wir vornehmlich anhand einer Eingangsanalyse „Executive Leader Missional Survey".

31 Robert W. Terry: „Authentic Leadership: Courage in Action" (San Francisco: Jossey-Bass, 1993), S. 113.

32 Vgl. Eugene Peterson: „A Long Obedience in the Same Direction" (Grand Rapids, Michigan, Eerdman, 1985).

33 Vgl. Kenneth Gergen: „Das übersättigte Selbst: Identitätsprobleme im heutigen Leben" (Heidelberg: Carl-Auer-Systeme-Verlag, 1996).

34 David Adam: „The Rhythm of Life" (Harrisburg, Pennsylvania: Morehouse, 1997).

35 Vgl. Patrick Keifert: „Welcoming the Stranger" (St. Paul, Minneapolis: Augsburg/Fortress, 1992).

Weitere Titel der *Edition Emergent*

N. T. Wright
Glaube – und dann?
Von der Transformation des Charakters
ISBN 978-3-86827-243-7
256 Seiten, Paperback

„Glaube – und dann?" Diese Frage treibt viele Christen um. Die einen betonen, dass der Glaube an sich schon das Ziel sei und die Hauptaufgabe in seiner Weiterverbreitung bestehe. Andere legen großen Wert auf die persönliche Lebensgestaltung und fordern daher, dass der Glaube auch in einer entsprechenden Frömmigkeit zum Ausdruck kommen müsse. Wieder andere sehen im Glauben eher so etwas wie die grundlegende Motivation, aus der heraus die Welt umzugestalten sei.

Der anglikanische Theologe N.T. Wright zeigt in diesem Buch anhand der antiken Tugendlehre und ihrer Weiterführung im Neuen Testament auf, dass das eigentliche Ziel des Glaubens die Transformation des Charakters ist. Jesus zu folgen bedeutet, ihm ähnlicher zu werden. Doch Wright belässt es nicht bei theologischen Überlegungen. Als Seelsorger macht er sich zugleich Gedanken darüber, wie all das praktisch werden kann.

Ein Buch für alle, die weder mit den Händen im Schoß auf die Wiederkunft Christi warten noch sich in hektische Aktivitäten stürzen wollen, sondern nach einem Weg suchen, durch den sich Glaube und Leben verbinden lassen.

Tobias Faix / Thomas Weißenborn (Hg.)
ZeitGeist
*Kultur und Evangelium
in der Postmoderne*
ISBN 978-3-86122-967-4
256 Seiten, Paperback

Die Welt ist anders geworden. Weniger rational. Emotionaler. Suchender. Traditioneller. Offener. Ein neues Zeitalter ist angebrochen und vieles verändert sich – auch unsere Gemeinden. Das bringt Unsicherheit mit sich. Die Postmoderne zwingt uns zu einem neuen Nachdenken über das, was wirklich trägt. Neue weltweite Entwicklungen, wie die Emerging Church-Bewegung, versuchen, in diesen Veränderungen Gemeinde neu zu leben. 24 Autorinnen und Autoren beschreiben aus unterschiedlichen Blickwinkeln, wie Christsein in unserem Kontext nicht nur möglich ist, sondern wie wir anfangen können, unsere Gesellschaft zu verändern. Im Zentrum steht dabei die Frage, wie der Geist und die Zeit zusammenzudenken sind. In vier Kapiteln werden diese Fragen aufgenommen, theoretisch durchdacht und praktisch reflektiert. Ein Buch, das die richtigen Fragen stellt, zum Mitdenken anregt und mit beispielhaften Initiativen und Projekten aus der Praxis inspiriert.

Die Autoren:
Christina Brudereck, Dr. Peter Aschoff, Gottfried „Gofi" Müller, Burkhard vom Schemm, Bettina Becker, Markus Lägel u.v.a.

Mit Statements von Torsten Hebel, Christoph Waffenschmidt und Prof. Dr. Johannes Reimer.

Tobias Faix / Thomas Weißenborn (Hg.)
ZeitGeist 2
Postmoderne Heimatkunde
ISBN 978-3-86827-121-8
320 Seiten, Paperback

Heimat – über Jahrtausende war damit eine Konstante im Leben der
Menschen verbunden. In den letzten Jahrzehnten hat sich das grundlegend verändert, nicht nur materiell, sondern auch im geistlichen
Bereich. Heimat ist keine Selbstverständlichkeit mehr, sondern etwas
Flüchtiges geworden, eine Durchgangsstation, kein Lebensgefühl.
Als „Postmoderne Heimatkunde" beschäftigt sich dieses Buch aus
einer theologischen Perspektive damit, wie wir – in unserer sich stetig
wandelnden Welt auf der Suche nach Heimat – gerade in der Veränderung bei Gott ein Zuhause finden können.

*„Das Buch stellt zentrale Fragen zum Geist der Zeit: Steht er gegen den
Geist Gottes? Wird er vom Evangelium beeinflusst, oder ist es eher umge-
kehrt? Inwieweit sind Kultur und Evangelium voneinander abhängig?
Es wird ein Blick in die Bibel und auf die ersten Gemeinden geworfen
und daraus eine Prognose erstellt, wie wir Wege zu einem neuen Denken
finden können." Lydia Oeser, jesus.de*

Daniel Ehniss, Björn Wagner (Hg.)
Beziehungsweise leben
Inspirationen zum Leben und Handeln im
Einklang mit Gott und Menschen
ISBN 978-3-86827-123-2
193 Seiten, Paperback

Wir leben in einem Beziehungszeitalter, denn unsere Beziehungen prägen uns, leiten uns und geben unserem Leben Sinn. Was, wenn man Gott konsequent als Gott in einer Dreieinigen Beziehung versteht? Gemeinsam mit 16 weiteren Autoren begeben sich die Herausgeber auf eine Reise, auf der sie die Dreieinigkeit beziehungsweise denken und unser Leben mit dieser Beziehung in Verbindung bringen. Dabei sind die Ergebnisse faszinierend, echt und wunderbar zugleich.

3 Themenkreise geben tiefe Einblicke in die Spiritualität des Alltags, praktische Impulse zum Handeln in Gerechtigkeit und hilfreiche Anstöße zum Leben in Gemeinschaft.

Brian McLaren
Höchste Zeit, umzudenken!
Jesus, globale Krisen und die
Revolution der Hoffnung
ISBN 978-3-86827-045-7
256 Seiten, Paperback

Einer Frage konnte Brian McLaren die vergangenen zwanzig Jahre nicht aus dem Weg gehen: Welche Bedeutung haben das Leben und die Lehren Jesu Christi für die aktuellen globalen Missstände?
Begleiten Sie den Autor auf der Suche nach einer Antwort auf diese spannende Frage. Lassen Sie sich mitnehmen in eine frische und herausfordernde Sicht auf Jesus und seine Lehren. Sie werden erleben, dass seine Botschaft uns auch heute mit einer neuen Vision und Leidenschaft erfüllen kann. Lösen Sie sich von den wohlbekannten Klischees und vorgefertigten Meinungen, und erkennen Sie die revolutionäre Kraft, die schon von Anbeginn in Jesu Botschaft enthalten war. Die Botschaft Jesu ist mehr als ein Freifahrtschein in den Himmel oder ein Rezept für Wohlstand. Sie ist die Einladung zu einer persönlichen und auch globalen Transformation. Sie stellt die Normen, die unseren Systemen zugrunde liegen, radikal in Frage.
Es ist höchste Zeit, um zu denken. Fangen wir an umzudenken.

Weitere Buchtipps

Johannes Reimer
Die Welt umarmen
Theologische Grundlagen
gesellschaftsrelevanten Gemeindebaus
ISBN 978-3-86827-085-3
384 Seiten, Paperback

Ein Buch voller Leidenschaft für die Welt, die Gott verloren hat und die er doch liebt. Ein Buch für Menschen, die Gemeinde bauen wollen. Ein Buch für Menschen, die diakonisch arbeiten und leben möchten. Ein Buch für Menschen, die versuchen, andere mit Gott in Kontakt zu bringen.

Johannes Reimer analysiert Gemeindemodelle und macht konkrete Vorschläge für einen gesellschaftsrelevanten Gemeindebau. Er geht aus von den anschaulichen Gemeindebildern des Neuen Testaments und untersucht ihre Auswirkungen auf das Gesellschaftsleben der ersten Jahrhunderte. Auch in der Kirchengeschichte späterer Jahrhunderte findet er interessante Beispiele für Gemeinden, die sowohl missionarisch als auch diakonisch ihre Umgebung durchdrangen. Schließlich beschreibt er, wie Gemeinde heute aussehen kann. So wie Gott in Jesus Mensch wurde, so sollten auch wir als seine Nachfolger mitten in der Welt leben und uns einbringen.

T. Faix, J. Reimer, V. Brecht (Hg.)
Die Welt verändern
*Grundfragen einer Theologie
der Transformation*
ISBN 978-3-86827-122-5
368 Seiten, Paperback

Wie sollen Christen auf die weitgreifenden gesellschaftlichen Veränderungen in der heutigen Welt reagieren? Mit Rückzug?
Im Gegenteil, sagen die Herausgeber dieses Buches und gehen die
Grundfragen einer Theologie der Transformation offensiv an. Kirchen und Gemeinden haben den öffentlichen Auftrag, Glauben zu
leben und darüber zu diskutieren, welche Rolle sie im 21. Jahrhundert spielen.

20 Autoren geben Antworten, wie transformatorische Prozesse und
ganzheitlicher Glaube gesellschaftsrelevant gelebt werden können.
Der Bogen wird weit gespannt: von der biblischen Grundlage und
dem interdisziplinären Dialog über die Lehren der Geschichte bis zur
Praxis transformatorischer Theologie.

Johannes Reimer
Multikultureller Gemeindebau
Versöhnung leben
ISBN 978-3-86827-246-8
272 Seiten, Paperback

Gegen die kulturelle Vielfalt unserer Gesellschaft in Deutschland wirken die meisten christlichen Gemeinden kulturell grau, behauptet Johannes Reimer. Und etwas provokant formuliert er: „Man könnte meinen, der Meistermaler sei an der christlichen Gemeinde vorbeigegangen, spiegelt sich doch die Multikulturalität der Gesellschaft in der christlichen Gemeinde nur bedingt wider."

Der Autor wirft einen Blick auf die Gemeinde des Neuen Testaments und folgert: Nichts war ihr fremder als graue Monokulturalität. Gemeinde Jesu ist Gottes Volk, zusammengestellt aus vielen Völkern dieser Erde. Und da darf die Gemeinde Jesu in Deutschland keine Ausnahme bilden. Eine gewagte These?

Dieses Buch ist ein Impuls, eine Gesprächsvorlage, ein Diskussionsbeitrag. Darin stellt der Autor die provozierende Frage, ob die allgegenwärtige missionarische Erfolglosigkeit der christlichen Kirchen und Gemeinden auch darin begründet liegt, dass diese das Evangelium am multikulturellen Kontext vorbei leben und verkündigen. Wenn ja, dann böte sich uns ein pragmatischer Grund, ja gar eine Notwendigkeit, Gemeinden multikulturell zu bauen.

David J. Bosch
Ganzheitliche Mission
Theologische Perspektiven
ISBN 978-3-86827-244-4
336 Seiten, Paperback

Wir leben in einer Welt, in der die Kirche ihre dominante Position verloren hat; aus der mächtigen Kirche von einst ist eine kleine Gemeinschaft geworden. Der Missiologe David Bosch geht in „Ganzheitliche Mission" der Frage nach, wie die Kirche ihrer Berufung unter diesen Umständen dennoch gerecht werden und Mission heute aussehen kann. Er ist davon überzeugt:

Die Kirche schuldet der Welt den Glauben. Christen sind Botschafter der Versöhnung. Sie kommen nicht aus Überlegenheit, sondern aus Solidarität, als Bettler zeigen sie anderen Bettlern, wo sie Brot finden. *Die Kirche schuldet der Welt Hoffnung.* Christen können Neues wagen, weil Gott alles neu machen wird. Wenn Gott einmal alle Tränen abwischen will, können wir uns nicht mit Tränen zufrieden geben oder Ungerechtigkeiten dulden.
Die Kirche schuldet der Welt Liebe. Jesus hat sich selbst als Diener verstanden. Er hat sein Leben aus Liebe dahingegeben, wegen seiner Narben glaubten die Jünger. Bis heute sind Christen dazu aufgerufen, als Dienende die Liebe Christi zu verkündigen.